MUSÉE LITTÉRAIRE CONTEMPORAIN A 10 CENTIMES LA LIVRAISON

# ALEXANDRE DUMAS

# BLACK

Prix : 90 centimes.

PARIS

MICHEL LÉVY FRÈRES, LIBRAIRES ÉDITEURS
RUE VIVIENNE, 2 BIS, ET BOULEVARD DES ITALIENS, 15
A LA LIBRAIRIE NOUVELLE

1864

# BLACK

PAR

## ALEXANDRE DUMAS

---

I

*Où le lecteur fait connaissance avec les deux premiers personnages du livre.*

M. le chevalier de la Graverie en était à son second tour de ville.

Peut-être serait-il plus logique d'entrer en matière en apprenant au lecteur ce que c'était que M. le chevalier de la Graverie, et dans lequel des quatre-vingt-six départements de la France était située la ville dont il longeait l'enceinte.

Mais nous avons résolu, dans un moment d'humour qui nous a probablement été inspiré par le brouillard que nous avons respiré dernièrement en Angleterre, de faire un roman complètement neuf, c'est-à-dire de le faire à l'envers des autres romans.

Voilà pourquoi, au lieu de commencer par le commencement, comme on a fait jusqu'à présent, nous le commencerons par la fin, certain que l'exemple sera imité, et que, d'ici à quelque temps, on ne commencera plus les romans que par la fin.

D'ailleurs, il y a encore un autre motif qui nous détermine à adopter cette façon de procéder.

Nous craignons que l'aridité des détails biographiques ne rebute le lecteur et ne lui fasse fermer le livre à la fin du premier feuillet.

Nous nous contenterons donc de lui dire pour le moment, et cela, parce que nous ne pouvons pas le lui cacher, que la scène se passe, vers 1842, à Chartres en Beauce, sur la promenade ombragée d'ormes qui serpente autour des vieilles fortifications de l'antique capitale des Carnutes, promenade qui est à la fois les Champs-Élysées et la petite Provence de toutes les générations de Chartrains qui se sont succédé depuis deux cents ans.

Puis, ayant posé nos réserves à l'endroit de l'individualité rétrospective de notre héros, ou plutôt de l'un de nos héros, afin que le lecteur ne nous accuse pas de lui avoir ménagé un coup de Jarnac, nous continuons.

Le chevalier de la Graverie en était donc à son second tour de ville.

Il arrivait à cette partie du boulevard qui domine le quartier de la cavalerie et d'où l'œil embrasse dans tous leurs détails les vastes cours de cette caserne.

Le chevalier s'arrêta.

C'était sa halte.

Tous les jours, le chevalier de la Graverie, qui sortait de chez lui à midi précis, après avoir pris son café pur et avoir mis trois ou quatre morceaux de sucre dans la poche de derrière de son habit, pour grignoter chemin faisant, ralentissait ou précipitait la seconde partie de sa promenade, de façon à se trouver au même endroit, c'est-à-dire à celui que nous venons d'indiquer, au moment précis où la trompette appelait les cavaliers au pansage de leurs chevaux.

Ce n'est point que rien au monde, à part le ruban rouge qu'il portait à son habit, indiquât, dans le chevalier de la Graverie, une tendance vers les exercices militaires; il s'en fallait du tout au tout : le chevalier de la Graverie était, au contraire, ce que l'on peut imaginer de plus bonhomme.

Mais il aimait à voir ce tableau pittoresque et mouvementé, qui le ramenait au temps où lui-même, — nous dirons plus tard dans quelles circonstances — avait été mousquetaire; ce dont il était très-fier depuis qu'il ne l'était plus.

Car, sans chercher, ostensiblement du moins, dans les souvenirs d'une autre époque, ses consolations du présent, tout en portant philosophiquement des cheveux qui avaient passé du jaune tendre au gris-perle; tout en paraissant aussi satisfait de son enveloppe qu'une chrysalide peut l'être de la sienne; tout en ne voltigeant pas sur les ailes de papillon d'un ci-devant jeune homme, le chevalier de la Graverie n'était point fâché de se poser en connaisseur aux yeux des pacifiques bourgeois qui, comme lui, venaient chercher leur distraction quotidienne en face des écuries du quartier, et de faire dire à ses voisins :

— Savez-vous que, vous aussi, chevalier, vous avez dû être un joli officier dans votre temps?

Supposition qui était d'autant plus agréable au chevalier de la Graverie, qu'elle était complétement dénuée de fondement.

L'égalité des rides, qui ne fait que préluder, chez les hommes, à la grande égalité de la mort, est la consolation de ceux qui ont à se plaindre de la nature.

Or, le chevalier de la Graverie n'avait point à s'en louer, de cette capricieuse nature, nourrice débonnaire des uns, marâtre capricieuse des autres.

Et c'est ici le moment, je crois, de dire ce qu'était physiquement le chevalier de la Graverie; le moral se développera plus tard.

C'était un petit homme, de quarante-sept à quarante-huit ans, grassouillet à la manière des femmes et des eunuques, lequel avait eu, comme nous l'avons dit, des cheveux jaunes qui, dans ses signalements, étaient généralement portés comme cheveux blonds; qui avaient encore de grands yeux bleu-faïence dont l'expression habituelle était l'inquiétude, quand la rêverie — le seul que le chevalier rêvait quelquefois — ne leur donnait pas une fixité morne; de grandes oreilles sans ourlets, molles et branlantes; des lèvres grosses et sensuelles, dont l'inférieure pendait légèrement à la manière autrichienne; enfin, un teint rougeâtre par places, presque blafard là où il n'était pas rouge.

Cette première partie de son corps était supportée par un cou gros et court, sortant d'un torse qui s'était porté tout entier vers l'abdomen, au détriment de bras étriqués et manquant de longueur.

Enfin, ce torse se mouvait à l'aide de petites jambes rondes comme des saucissons, et légèrement cagneuses du genou.

L'ensemble était vêtu, au moment où nous le présentons au lecteur : la tête, d'un chapeau noir à larges bords et à forme basse; le cou, d'une cravate de fine batiste brodée; le torse, d'un gilet de piqué blanc, recouvert d'un habit bleu à boutons d'or; enfin, la partie inférieure du corps, d'un pantalon de nankin, un peu court, serré au genou et à la cheville, laissant à découvert des bas de coton mouchetés qui se perdaient dans des escarpins à gros rubans.

Tel qu'il était, nous l'avons dit, le chevalier de la Graverie avait fait du pansage l'incident récréatif de la course qu'il accomplissait tous les jours avec la sollicitude religieuse que, arrivés à un certain âge, les caractères méthodiques mettent à accomplir une prescription médicale.

Il le gardait pour la bonne bouche; il en était friand comme un gastronome est friand d'un plat d'entremets.

Arrivé en face d'un banc de bois placé au bord du talus qui descend aux écuries, M. de la Graverie s'arrêta et regarda si la scène allait bientôt commencer; puis il s'assit méthodiquement, comme un vieil habitué se fût assis à l'orchestre de la Comédie-Française, attendant, le menton appuyé sur ses deux mains et les deux mains appuyées sur sa canne à pomme d'or, que le son de la trompette remplaçât les trois coups du régisseur.

Et vraiment, ce jour-là, l'intéressant spectacle du pansage en eût arrêté et captivé beaucoup d'autres, moins curieux et plus blasés que notre chevalier; non pas que l'opération quotidienne eût en elle-même quelque chose d'insolite et d'inaccoutumé : non, c'étaient bien les mêmes chevaux bais, alezans, rouans, noirs, gris, blancs, tigrés, pies, hennissant ou frémissant sous la brosse et l'étrille; c'étaient bien les mêmes cavaliers en sabots et en pantalons de treillis, les mêmes sous-lieutenants ennuyés, le même adjudant-major grave et compassé, guettant une infraction aux réglements comme le chat guette la souris, ou le pion les écoliers.

Mais, le jour où nous rencontrons le chevalier de la Graverie, un beau soleil d'automne reluisait sur cette masse grouillante de bipèdes et de quadrupèdes, et triplait la valeur de l'ensemble et des détails.

Jamais les croupes des chevaux n'avaient été si miroitantes, jamais les casques n'avaient renvoyé tant de feux, jamais les sabres n'avaient fait jaillir tant d'éclairs, jamais les physionomies n'avaient été si accentuées, jamais, enfin, le cadre n'avait été si splendide!

Les deux majestueuses flèches qui dominent l'immense cathédrale s'enflammaient sous un chaud rayon que l'on eût cru emprunté au ciel d'Italie ; les moindres détails de leurs fines dentelures s'accusaient par la vigueur des ombres, et les feuilles des arbres qui bordent la rivière d'Eure se nuançaient de mille teintes de vert, de pourpre et d'or.

Bien que le chevalier n'appartînt aucunement à l'école romantique, qu'il n'eût jamais eu l'idée de lire les *Méditations poétiques* de Lamartine ou les *Feuilles d'automne* de Victor Hugo, ce soleil, ce mouvement, ce bruit, cette majesté du paysage le fascinèrent, et, comme tous les esprits paresseux, au lieu de dominer la scène et de rêver à sa volonté en dirigeant sa rêverie par la route qui pouvait lui être la plus agréable, il fut bientôt absorbé par elle et tomba dans cet affaissement intellectuel, pendant lequel la pensée semble quitter le cerveau pour le corps, où l'on regarde sans voir, où l'on écoute sans entendre et où la foule des songes, se succédant les uns aux autres comme les facettes coloriées du kaléidoscope, — et cela, sans que le songeur ait la force d'accrocher un de ses rêves au passage et de s'y arrêter, — finit par produire une ivresse qui rappelle de loin celle des fumeurs d'opium et des mangeurs de hachich !

Il y avait quelques minutes que le chevalier de la Graverie se laissait envahir par cette somnolence, lorsqu'il fut ramené au sentiment de la vie réelle par une sensation des plus positives.

Il lui sembla qu'une main audacieuse cherchait furtivement à se glisser dans la poche gauche de sa redingote.

Le chevalier de la Graverie se retourna brusquement, et, à sa grande surprise, au lieu de la face palpitante d'un tire-laine ou d'un vide-gousset, il aperçut la physionomie honnête et placide d'un chien qui, sans être le moins du monde embarrassé de la circonstance du flagrant délit, continuait de convoiter la poche du chevalier, en agitant doucement sa queue et en se léchant amoureusement les babines.

L'animal qui venait d'arracher si inopinément le chevalier à sa rêverie, appartenait à cette grande race d'épagneuls qui nous sont venus d'Ecosse en même temps que les secours que Jacques Ier envoya à son cousin Charles VII. Il était noir, — nous parlons de l'épagneul, bien entendu, — avec une raie blanche qui, commençant à la gorge, lui traversait, en s'élargissant, le poitrail, et, descendant entre ses pattes de devant, lui formait une espèce de jabot; sa queue était longue et ondoyante; son poil soyeux avait des reflets métalliques; ses oreilles, fines, longues et placées bas, encadraient des yeux intelligents, presque humains, entre lesquels s'allongeait un museau légèrement teinté de feu à son extrémité.

Pour tout le monde, c'était un magnifique animal qui valait grandement la peine d'être admiré; mais le chevalier de la Graverie, qui se piquait d'indifférence à l'endroit de toutes les bêtes en général, et des chiens en particulier, ne prêta qu'une médiocre attention aux charmes extérieurs de celui-ci.

Il était désappointé.

Pendant la seconde qui avait suffi à la perception de ce qui se passait derrière son dos, le chevalier de la Graverie avait bâti tout un drame.

Il y avait des voleurs à Chartres !

Une bande de *pick-pocket* avait fait invasion dans la capitale de la Beauce, à l'intention d'exploiter les poches de ses bourgeois, bien connus pour les gonfler de valeurs de toutes sortes. Ces audacieux scélérats, démasqués, appréhendés au corps, traînés en cour d'assises, envoyés au bagne, tout cela grâce à la perspicacité, à la susceptibilité de sens d'un simple flâneur : c'était splendide de mise en scène, et l'on comprend qu'il était cruel de faire retomber de ces hauteurs accidentées dans le calme monotone des rencontres quotidiennes du tour de ville.

Aussi, dans son premier mouvement de mauvaise humeur contre l'auteur de cette déception, le chevalier essaya t-il de chasser l'importun par un froncement de sourcils olympien, à la toute-puissance duquel il lui paraissait impossible que l'animal pût résister.

Mais le chien essuya intrépidement le feu de ce regard et contempla, au contraire, son adversaire d'un air aimable. Il fit rayonner avec tant d'expression ses grandes prunelles jaunes, tout humides, que ce miroir du cœur qu'on appelle les yeux chez les chiens comme chez les hommes, dit clairement au chevalier de la Graverie :

— La charité, monsieur, s'il vous plaît !

Et cela, avec un accent si humble, si piteux, que le chevalier se sentit remué jusqu'au fond de l'âme, déplissa son front; puis, fouillant dans cette même poche où l'épagneul avait tenté d'introduire son museau pointu, il en tira un des morceaux de sucre qui avaient excité la convoitise du larron.

Le chien le reçut avec toute la délicatesse imaginable; en le voyant ouvrir la gueule pour y laisser choir cette friande aumône, jamais on n'eût pu croire qu'une mauvaise pensée, une pensée de vol, fût venue dans cet honnête cerveau; peut-être un observateur eût-il désiré une expression de physionomie un peu plus reconnaissante, tandis que le sucre craquait entre les dents blanches de l'animal; mais la gourmandise, qui est un des sept péchés capitaux, faisait partie des vices aimables du chevalier, lequel la regardait comme une de ces faiblesses qui charment les relations sociales. Il en résulta qu'au lieu d'en vouloir au chien de l'expression plus sensuelle que reconnaissante de sa physionomie, il suivit avec une admiration véritable et presque envieuse les témoignages de jouissance gastronomique que lui donnait l'animal.

Au reste, l'épagneul était décidément de la race des gueux! Le bienfait ne fut pas plus tôt absorbé, que l'animal ne sembla s'en souvenir que pour en solliciter un autre; ce qu'il fit en se léchant amoureusement les lèvres et avec les mêmes jeux de physionomie suppliants, les mêmes attitudes humbles et caressantes dont il venait d'expérimenter la valeur ; il ne se doutait pas que, comme presque tous les mendiants, d'intéressant il devenait importun; mais, au lieu de lui en vouloir de son importunité, le chevalier encouragea ces méchantes inclinations en lui prodiguant les morceaux de sucre et en ne s'arrêtant que quand sa poche fut entièrement vide.

Le quart d'heure de Rabelais de la reconnaissance allait sonner. M. le chevalier de la Graverie ne le voyait pas venir sans une certaine appréhension; il y a toujours une nuance de fatuité et d'égoïsme même dans le bienfait qui s'adresse à un chien; on aime à croire que la main dont il dérive en constitue tout le prix, et le chevalier n'eût, et ne s chant pas comme obligés, courtisans, tourner les talons aux plats nettoyés, que, malgré le brin de suffisance que nous inspirons, il n'osait trop espérer qu'un simple membre de la communauté canine ne suivît pas les traditions et les exemples donnés à ses pareils par les fils d'Adam, depuis la succession des siècles.

Quelque philosophe qu'une longue expérience de la vie eût dû le faire à cet endroit, il en coûtait au chevalier de la Graverie d'expérimenter, une fois de plus à ses dépens, l'ingratitude universelle; il ne demandait donc pas mieux que de sauver sa connaissance improvisée des embarras de cette terrible épreuve, et de s'épargner à lui-même les humiliations qui pouvaient en résulter; aussi, après avoir une dernière fois sondé la profondeur de sa redingote; après s'être bien convaincu qu'il n'y avait pas moyen de prolonger ces agréables relations de la durée d'un morceau de sucre; après avoir, aux yeux de l'épagneul, retourné sa poche pour donner une preuve de complète bonne foi, il fit au chien une amicale caresse, ayant pour but de lui tenir lieu à la fois d'adieu et d'encouragement; puis, se levant, il reprit sa promenade, sans oser regarder derrière lui.

Tout cela, vous le voyez, ne vous dénonce pas le chevalier de la Graverie comme un mauvais homme, ni l'épagneul comme un mauvais ch...

C'est déjà beaucoup, ayant à vous mettre un homme et un chien en scène, que l'homme ne soit pas méchant ni le chien enragé. Aussi me crois-je obligé, vu cette première invraisemblance, de vous répéter que c'est, non pas un roman, mais une histoire que je vous raconte.

Le hasard avait, cette fois, réuni un bon homme et un bon chien.

Une fois n'est pas coutume !

## II

Où mademoiselle Marianne donne le programme de son caractère.

Nous avons vu que le chevalier avait repris sa promenade, sans oser détourner la tête pour s'assurer si le chien le suivait, oui ou non.

Mais il n'était pas au pont de la Courtille, — endroit bien connu, non seulement des Chartrains, mais des habitants de tout le canton, — que sa résolution avait déjà subi un rude assaut, et ce n'était point sans une véritable force morale qu'il avait résisté aux suggestions du démon de la curiosité.

Cette curiosité, au moment où le chevalier de la Graverie arriva devant la porte Morard, était si fort excitée, que le passage de la diligence qui débouchait de la vieille route de Paris au triple galop de ses cinq chevaux, lui servit de prétexte pour se ranger ; et, en se rangeant, comme par mégarde, il retourna la tête, et, à sa grande surprise, il aperçut le chien qui emboîtait son pas et le suivait gravement, méthodiquement, en animal qui a la conscience de ce qu'il fait, et qui accomplit une action selon sa conscience.

— Mais je n'ai plus rien à te donner, pauvre brave bête ! s'écria le chevalier en secouant ses poches flasques.

On eût dit que le chien avait compris le sens et la portée de ces paroles; car il s'élança en avant, fit deux ou trois gambades folles, comme pour témoigner de sa reconnaissance ; après quoi, voyant le chevalier arrêté, et ne s chant pas combien de temps durerait la halte, il s'allongea à plat ventre sur le sol, appuya sa tête sur ses pattes de devant étendues, lança dans l'air trois ou quatre aboiements joyeux, et attendit que son nouvel ami se remît en marche.

Au premier mouvement que fit le chevalier, le chien se redressa sur ses quatre pattes et bondit en avant.

De même que l'animal avait paru comprendre les paroles de l'homme, l'homme parut comprendre les gestes de l'animal.

Le chevalier de la Graverie s'arrêta, et, levant et laissant retomber ses deux bras :

— Bon! dit-il, tu veux que nous nous en allions de compagnie, je le comprends ; mais, malheureux, je ne suis pas ton maître, moi, et, pour me suivre, tu dois abandonner quelqu'un, quelqu'un qui t'a élevé, logé, nourri, choyé, caressé, un aveugle dont tu es le bâton peut-être, une douairière dont tu es la consolation sans doute; quelques méchants morceaux de sucre te l'ont fait oublier, comme, plus tard, tu m'oublierais à mon tour si j'étais assez faible pour l'adopter. — Allons, allez-vous-en, Médor! dit le chevalier s'adressant cette fois à l'animal ; vous n'êtes qu'un chien, vous n'avez pas le droit d'être ingrat... Ah! si vous étiez un homme, continua, comme entre parenthèses, le chevalier, ce serait autre chose.

Mais le chien, au lieu d'obéir à l'ordre ou de se rendre à la considération philosophique du chevalier, redoubla ses abois, ses gambades, ses invitations à la promenade.

Par malheur, cette seconde série de pensées qui était montée au cerveau du chevalier comme une marée crépusculaire dont chaque vague s'avance plus ténébreuse, l'avait assombri ; sans doute, il avait de prime-abord été flatté d'inspirer l'attachement subit que lui avait témoigné l'animal ; mais, par un retour naturel, il avait réfléchi que cet attachement cachait sans doute une ingratitude plus ou moins noire; il avait pesé la stabilité d'une amitié si prime-sautière, il s'était enfin fortifié dans un parti qui semblait pris chez lui depuis nombre d'années, parti d'après lequel — nous l'expliquerons plus tard — ni hommes, ni femmes, ni bêtes, ne devaient avoir à l'avenir aucune part dans ses affections.

Par cet aperçu habilement ménagé, le lecteur doit commencer à s'apercevoir que le chevalier de la Graverie appartient à cette honorable religion qui a pour dieu Timon, pour messie Alceste, et que l'on appelle MISANTHROPIE.

Aussi, bien décidé à trancher dans le vif, en rompant dès son début cette liaison, M. de la Graverie essaya d'abord de renvoyer le chien par la persuasion. Après l'avoir, comme nous avons vu, appelé Médor, en l'invitant une première fois à se retirer, il lui renouvela la même invitation en l'appelant tour à tour des noms mythologiques de Pyrame, Morphée, Jupiter, Castor, Pollux, Actéon, Vulcain ; puis des noms antiques de César, Nestor, Romulus, Tarquin, Ajax ; puis des noms scandinaves d'Ossian, de Fingal, d'Odin, de Thor, de Feuris ; de ces noms, il passa aux noms anglais de Trim, Tom, Dick, Nick, Milord, Stopp; des noms anglais, il passa aux noms pittoresques de Sultan, Phanor, Turc, Ali, Mouton, Perdreau ; enfin il épuisa tout ce que, depuis les temps fabuleux jusqu'à nos temps positifs, le martyrologe des chiens put lui fournir de noms pour faire entrer dans la tête de l'épagneul obstiné qu'il était impossible qu'il continuât de cheminer à sa suite; mais, s'il y a un proverbe qui dit, à propos des hommes, qu'il n'y a pire sourd que celui qui ne veut pas entendre, il était évident, dans cette circonstance du moins, que le proverbe devait s'étendre jusqu'aux chiens.

En effet, l'épagneul, si prompt à deviner tout à l'heure la pensée de son nouvel ami, paraissait être maintenant à mille lieues de le comprendre ; plus la physionomie du chevalier de la Graverie devenait menaçante et sévère, et plus il cherchait dans sa gorge des notes métalliques et cuivrées, plus l'animal prenait des attitudes allègres et provoquantes, et semblait donner la réplique à un agréable badinage ; enfin, lorsque le chevalier, bien malgré lui, mais contraint par la nécessité de rendre sa pensée claire et saisissable, se décida, en levant sa canne à pomme d'or, à employer l'*ultima ratio* des chiens, la pauvre bête se coucha tristement sur le dos, et tendit, d'un air résigné, ses flancs au bâton.

Des malheurs, malheurs dont nous ne comptons aucunement faire un secret à nos lecteurs, avaient rendu le chevalier misanthrope, mais la nature ne l'avait pas créé méchant.

Aussi, cette humble attitude de l'épagneul désarma-t-elle complètement le chevalier ; il fit passer sa canne, de sa main droite dans sa main gauche, s'essuya le front, — car cette scène qu'il venait de jouer, et dans laquelle il avait joint le geste au dialogue, l'avait mis en nage, — et, s'avouant vaincu, tout en conservant à son amour-propre l'espoir d'une revanche :

— Sac à papier ! s'écria-t-il, viens si tu veux, chien de... chien! mais du diable si tu me suis plus loin que ma porte.

Mais le chien était probablement de cet avis que qui gagne du temps gagne tout ; car il se remit immédiatement sur ses quatre pattes, et, en animal parfaitement consolé et nullement inquiet, il anima le reste de la promenade par mille cabrioles autour du maître qu'il paraissait avoir choisi, le traitant si bien en vieil ami, que tous les Chartrains qui rencontrèrent le chevalier s'arrêtèrent ébaubis et rentrèrent chez eux, enchantés d'avoir à poser à leurs amis et connaissances cette énigme, sous la forme d'interrogation affirmative :

— Ah çà ! mais M. de la Graverie a donc un chien, à présent ?

M. de la Graverie, dont la ville s'occupait et, pendant deux ou trois jours peut-être, allait s'occuper, M. de la Graverie fut très-digne : il se montra tout à la fois complétement insoucieux de la curiosité qu'il soulevait sur son passage et d'une superbe indifférence vis-à-vis de son compagnon, s'arrêtant, absolument comme s'il eût été seul, partout où il avait l'habitude de s'arrêter : devant la porte Guillaume, dont on restaurait les vieux créneaux ; en face du jeu de paume, mal animé par la maladresse de six joueurs et les cris d'une douzaine de gamins qui se disputaient l'emploi de marqueurs de chasse ; auprès d'un cordier qui avait établi son atelier le long de la butte des Charbonniers, et dont, chaque jour, il inspectait le travail avec un intérêt dont jamais il n'avait même essayé de se rendre compte.

Si parfois une mine gracieuse, une caresse provoquante du chien arrachait malgré lui un sourire au chevalier, il le refoulait soigneusement en dedans, et, à l'instant même, reprenait son air gourmé, comme un ferrailleur qui, découvert par une feinte de son adversaire, se remet soigneusement en garde.

Ce fut ainsi qu'ils arrivèrent tous deux au numéro 9 de la rue des Lices, domicile, depuis nombre d'années, du chevalier de la Graverie.

Arrivé à cette porte, ce dernier comprit que tout le reste n'avait été qu'une espèce de prologue et que c'était là que la véritable lutte allait s'engager.

Mais le chien paraissait, lui, n'avoir rien compris du tout, sinon qu'il était arrivé au but de sa promenade.

Pendant que le chevalier glissait son passe-partout dans la serrure, l'épagneul, exempt, en apparence du moins, de toute inquiétude, attendait, placidement assis sur sa queue, que la porte s'ouvrît, comme si une longue habitude lui avait fait considérer la maison comme sienne; aussi, dès que le chevalier en eût fait tourner les gonds, l'animal, s'élançant vivement entre ses jambes, allongea-t-il le nez sur le seuil ; mais le maître du logis tira si vivement à lui la porte, entre-bâillée au tiers, qu'elle se referma sur le nez du chien, et que, de la secousse, la clef rejaillit au milieu de la rue.

L'épagneul s'élança après la clef, et, malgré la répugnance qu'éprouvent en général les chiens, si bien dressés qu'ils soient, à toucher du fer avec leurs dents, il prit délicatement la clef entre sa mâchoire supérieure et sa mâchoire inférieure, et la rapporta à M. de la Graverie, et cela, comme on dit en termes de chasse, à l'anglaise, lui tournant le dos et se dressant sur ses pattes de derrière, afin de ne point le salir avec ses pattes de devant.

Cette manœuvre, sans toucher M. de la Graverie, si séduisante qu'elle fût, donna cependant dans son cerveau matière à un certain nombre de réflexions.

La première fut qu'il n'avait point affaire au premier chien venu, et que, sans être précisément un chien savant, celui qui venait de lui donner cette preuve d'éducation était un chien bien élevé.

Sans que sa résolution première en fût ébranlée, il comprit cependant que l'épagneul méritait quelques égards, et, comme deux ou trois personnes s'étaient déjà arrêtées à le regarder, comme les rideaux de quelques fenêtres s'écartaient, il résolut de ne pas compromettre sa dignité dans une lutte où pourrait bien, vu l'entêtement et la vigueur de l'animal, ne pas demeurer à son avantage, et, cette résolution prise, il se décida à appeler une tierce personne à son secours.

En conséquence, il remit dans sa poche la clef que l'épagneul venait de lui rapporter, et, tirant une patte de chevreuil suspendue à une petite chaîne de fer, il fit retentir la sonnette à l'intérieur.

Malgré son retentissement parvenu distinctement à l'oreille du chevalier, la sonnette ne fit aucun effet; la maison resta muette comme si le chevalier eût sonné à la porte du château de la Belle au bois dormant, et ce ne fut que lorsque le chevalier eut redoublé ses appels, toujours avec un rapprochement de tentative et un redoublement d'efforts indiquant qu'il ne se lasserait pas le premier, qu'une fenêtre à guillotine glissa dans son châssis, au premier étage, et que la tête rechignée d'une femme de cinquante ans, à peu près, s'y encadra.

Cette tête s'avança avec autant de précaution que si quelque nouvelle invasion de Normands ou de Cosaques eût menacé la ville, et chercha à reconnaître l'auteur de cet étrange charivari.

Mais M. de la Graverie, qui s'attendait naturellement à voir s'ouvrir la porte du rez-de-chaussée et non la fenêtre du premier s'était effacé contre la porte, afin d'avoir moins de chemin à faire pour s'élancer à l'intérieur, et disparaissait à l'ombre d'une corniche toute chargée de giroflées de muraille, poussant là, vertes et drues, comme en plein parterre.

Il fut donc impossible à la femme de ménage de l'apercevoir : elle vit seulement le chien, qui, assis sur son derrière, à trois pas du seuil, eût attendant, comme le chevalier, que la porte s'ouvrît, leva la tête et regarda avec son œil intelligent le nouveau personnage qui entrait en scène.

La vue de ce chien n'était point faite pour rassurer Marianne, — c'était le nom de la vieille femme de ménage ; — sa couleur non plus ; on se rappelle que l'épagneul, à part deux taches de feu au museau et un jabot blanc au cou, était noir comme un corbeau ; et Marianne ne se rappelait aucune des connaissances de M. de la Graverie ayant un chien noir et ne voyait guère que le diable qui eût un chien de cette couleur.

Or, comme elle savait que le chevalier avait fait serment de n'avoir jamais de chien, elle fut bien loin de se douter que ce chien accompagnât le chevalier.

D'ailleurs, le chevalier ne sonnait point.

Le chevalier qui n'aimait pas à attendre, avait son passe-partout qui ne le quittait jamais.

Enfin, après un instant d'hésitation, elle se hasarda à interroger.

— Qui est là? demanda-t-elle timidement.

Le chevalier, guidé à la fois par le son de la voix et par le regard de l'épagneul, quitta son poste, fit trois pas dans la rue et leva la tête en se faisant un abat-jour de sa main.

— Ah! c'est vous, Marianne, dit-il; descendez

Mais, du moment qu'elle avait reconnu son maître, Marianne avait cessé de craindre ; aussi, au lieu d'obéir à l'ordre qui lui était donné :

— Descendre? demanda-t-elle; et pourquoi faire?

— Mais pour m'ouvrir, apparemment, répondit M. de la Graverie.

Le visage de Marianne, de doucereux et timide qu'il avait été d'abord, devint acariâtre et revêche.

Elle arracha une longue aiguille fichée entre son bonnet et ses cheveux, et, reprenant son tricot interrompu :

— Pour vous ouvrir? dit-elle; pour vous ouvrir?

— Sans doute.

— N'avez-vous point votre passe-partout?

— Que je l'aie ou que je ne l'aie point, je vous dis de descendre.

— Bon ! voilà que vous l'avez perdu ; car je suis sûr que vous l'aviez ce matin : pendant que je brossais vos habits, il est tombé de la poche de votre pantalon, et je l'y ai remis. Eh bien, c'est une étourderie dont je ne vous croyais point capable à votre âge ; mais, Dieu merci ! on apprend tous les jours.

— Marianne, reprit le chevalier en donnant de légères marques d'impatience, qui prouvaient qu'il n'était point autant que l'on pouvait le croire sous la domination de sa femme de charge, je vous dis de descendre.

— Il l'a perdu ! s'écria celle-ci sans avoir remarqué l'imperceptible nuance qui s'était faite dans le ton du chevalier ; il l'a perdu ! Ah ! mon Dieu, qu'allons-nous devenir ? Il me va falloir courir la ville, faire changer la serrure, la porte peut-être ; car je ne dormirai certainement pas dans une maison dont la clef court les grands chemins.

— J'ai la clef, Marianne, dit le chevalier s'impatientant de plus en plus ; mais j'ai dès raisons pour ne pas m'en servir.

— Jésus Dieu ! et quelles raisons, je vous le demande, peut avoir un homme qui a réellement son passe-partout, pour ne pas rentrer avec son passe-partout, au lieu de faire courir les escaliers et les corridors à une pauvre femme déjà écrasée d'ouvrage?... Et justement, cela me rappelle que mon dîner est sur le feu. — Ah ! il brûle, il brûle, je le sens ! A quoi pensez-vous, mon Dieu ?

Et mademoiselle Marianne fit un mouvement pour rentrer.

Mais le chevalier de la Graverie était à bout de patience ; d'un geste impératif, il cloua la vieille fille à sa place, en disant d'une voix sévère :

— Allons, trêve de paroles, et venez m'ouvrir, vieille folle !

— Vieille folle ! vous ouvrir ! s'écria Marianne en élevant convulsivement son tricot au-dessus de sa tête, à la façon des imprécations antiques. Comment ! vous avez votre clef, vous l'avouez, vous me la montrez même, et vous voulez me faire courir par la maison et traverser la cour ? Cela ne sera pas, monsieur ; non, cela ne sera pas ! il y a longtemps que je suis lasse de vos caprices, et je ne me prêterai point à celui-là.

— Oh ! l'abominable mégère ! murmura le chevalier de la Graverie tout étonné de cette résistance, et déjà brisé de sa lutte avec le chien ; je crois, en vérité, que, malgré sa supériorité dans les bisques d'écrevisses et les coulis de lapin, je serai forcé de m'en séparer ; seulement, comme je ne veux qu'à aucun prix cet épagneul maudit entre dans la maison, cédons-lui, quitte à reprendre notre revanche plus tard.

Alors, plus doucement :

— Marianne, dit-il, je comprends que vous vous étonniez de mon apparente inconséquence ; mais voici le fait : vous voyez ce chien...

— Certainement que je le vois, dit l'acariâtre personne sentant qu'elle regagnait en force tout ce que consentait à perdre le chevalier.

— Eh bien, il m'a suivi malgré moi, depuis la caserne des dragons ; je ne sais comment m'en débarrasser, et je voudrais que vous vinssiez le chasser tandis que je rentrerai.

— Un chien ! s'écria Marianne ; et c'est pour un chien que vous dérangez une honnête fille qui est depuis dix ans à votre service. Un chien !... Ah bien, moi, je vais vous montrer comment on les chasse, les chiens.

Et Marianne, pour cette fois, disparut de la fenêtre.

Le chevalier de la Graverie, convaincu que, si Marianne avait quitté la fenêtre, c'était dans le dessein de descendre et de venir l'aider dans le petit programme d'expulsion, honnête et modéré, qu'il s'était tracé vis-à-vis de l'animal, se rapprocha de la porte ; de son côté, le chien, décidément résolu à cultiver la connaissance d'un homme de la poche duquel sortaient de si bons morceaux de sucre, se rapprocha de M. de la Graverie.

Tout à coup, une espèce de cataclysme sépara l'homme de l'animal.

Une véritable avalanche d'eau, une chute du Rhin, un Niagara, tombant du premier étage, les inonda tous deux.

Le chien poussa un hurlement et s'enfuit.

Quant au chevalier, il tira son passe-partout de sa poche, l'introduisit dans la serrure, ouvrit la porte et en franchit le seuil dans un état d'exaspération facile à comprendre, et au moment même où Marianne faisait entendre cette recommandation un peu tardive :

— Prenez garde à vous, monsieur le chevalier !

III

L'extérieur et l'intérieur de la maison du chevalier de la Graverie.

Le numéro 9 de la rue des Lices consistait en un corps de logis, un jardin et une cour.

Le corps de logis était situé entre la cour et le jardin.

Seulement, il n'avait pas, comme d'habitude, la cour devant et le jardin derrière.

Non : il avait la cour à gauche et le jardin à droite.

Flanquée de cette cour et de ce jardin, la maison faisait face à la rue.

Dans la cour, par laquelle on pénétrait d'ordinaire, on ne trouvait pour tout ornement qu'une vieille vigne, qui, n'ayant pas été taillée depuis dix ans, lançait le long du pignon de la maison voisine, contre laquelle elle était appuyée, des sarments d'une vigueur qui faisait penser aux forêts vierges du nouveau monde.

Bien que cette cour fût pavée de grès, favorisée par l'humidité du sol et l'ombre des toits, l'herbe dans les interstices avait poussé si épaisse, si serrée, qu'elle formait une espèce de damier en relief, dont les cases étaient indiquées par les pavés.

Par malheur, le chevalier de la Graverie n'étant ni joueur d'échecs, ni joueur de dames, n'avait jamais songé à tirer parti de cette circonstance, qui eût fait le bonheur de Méry ou de M. Labourdonnais.

Extérieurement, la maison avait cet aspect froid et triste qui caractérise la plupart des habitations de nos vieilles villes ; le mortier qui la recrépissait, s'était écaillé par larges plaques, et la chute de ces écailles laissait voir la nature en moellons de la bâtisse, recouverte, en quelques places, de lattes clouées à côté les unes des autres ; ce qui donnait à la façade l'apparence d'un visage marbré par une maladie de peau. Les fenêtres, veuves de leur peinture grisâtre et devenues noires de vétusté, étaient à petits carreaux, et encore, par économie, avait-on choisi ces carreaux parmi ceux que l'on appelle des culs de bouteille; carreaux qui ne laissent pénétrer qu'une lumière verdâtre dans les appartements.

Tant que l'on n'avait fait que traverser cette cour, et que l'on était demeuré au rez-de-chaussée, il fallait que la porte de la cuisine fût entr'ouverte pour que l'on prit une idée passable et une opinion suffisante du maître du logis ; car alors, et par l'entre-bâillement, on apercevait des fourneaux de faïence blanche, propres et luisants comme le plancher d'un parloir hollandais, et le plus souvent empourprés par les rougeâtres reflets d'un charbon incandescent ; à côté du fourneau, un âtre immense, où d'énormes bûches brûlaient bravement et sans parcimonie, comme au temps de nos aïeux, servait de rôtissoire à une broche tournant au moyen de cette mécanique classique qui imite si agréablement le tic-tac d'un moulin ; le foyer carrelé de briques faisait lit à la braise, sans laquelle il n'y a pas de viande grillée, braise que rien ne saurait remplacer, et que les économistes modernes — exécrables gastronomes pour la plupart — ont cru remplacer par un four de tôle ; en face de cette cheminée et de ces fourneaux étincelants comme autant de soleils rougis, s'étalaient une douzaine de casseroles s'étageant par rang de taille et fourbies tous les jours comme les canons d'un vaisseau de haut rang, depuis l'énorme chaudron non étamé où se brassent les confitures et les sirops, jusqu'au vase microscopique où s'élaborent les coulis, les mirepoix et les espagnoles de la cuisine algébrique.

Pour qui savait déjà que M. de la Graverie vivait seul, sans femme et sans enfants, sans chiens ni chats, sans commensal d'aucune sorte, enfin, avec Marianne pour tout domestique, il y avait toute une révélation dans cet arsenal culinaire, et l'on reconnaissait le fin gourmet, le raffiné gastronome livré aux jouissances de la table, aussi facilement qu'au moyen âge, on reconnaissait un alchimiste aux fourneaux, aux creusets, aux cornues, aux alambics et aux lézards empaillés.

Maintenant, la porte de la cuisine fermée, voici ce que l'on voyait au rez-de-chaussée.

Un vestibule des plus mesquins, sans autre ornement que deux champignons de bois, auxquels le chevalier accrochait, en rentrant, à l'un son chapeau, à l'autre son parapluie, lorsqu'il sortait avec un parapluie au lieu de sortir avec une canne; qu'un banc de chêne sur lequel s'asseyaient les domestiques quand, par hasard, le chevalier recevait, et que des carreaux de pierres blanches et noires, médiocre contrefaçon du marbre, dont elles avaient la froideur et l'humidité; humidité et froideur qui persistaient en été comme en hiver.

Une vaste salle à manger et un immense salon dans lequel on ne faisait de feu que quand le chevalier de la Graverie donnait à dîner, c'est-à-dire deux fois par an, composaient, avec la cuisine et le vestibule, tout le rez-de-chaussée.

Ces deux pièces tenaient, au reste, ce que l'extérieur promettait en fait de délabrement : le parquet en était disjoint et bosselé, le plafond gris et sale ; les tapisseries déchirées, souillées, arrachées, s'agitaient au souffle du vent lorsque l'on ouvrait la porte.

Dans la salle à manger, six chaises de bois peint en blanc, forme empire, une table en noyer, un buffet, composaient l'ameublement.

Dans le salon, trois fauteuils et sept chaises couraient les unes après les autres, sans jamais parvenir à se joindre, tandis qu'une banquette à dossier, banquette et dossier rembourrés de foin, usurpaient audacieusement la place et le nom de canapé; la décoration et le mobilier de cet appartement de réception, appartement où, sauf les cas signalés, le propriétaire ne pénétrait jamais, était complété par une table ronde à bouillotte avec son flambeau, par une pendule aux aiguilles stagnantes et au balancier immobile, par une glace en deux morceaux reflétant des rideaux de calicot à bandes jaunes et rouges qui pendaient tristement devant les fenêtres.

Mais, au premier étage, c'était différent : le premier étage était, il est vrai, habité par le chevalier de la Graverie en personne; c'était là qu'eût conduit en droite ligne le fil parti de la cuisine, si le labyrinthe de la rue des Lices avait eu une Ariane.

Que l'on se figure trois pièces arrangées, meublées, tapissées avec le soin minutieux et la confortable coquetterie qui semblent l'apanage des douairières ou des petites-maîtresses : tout avait été prévu, tout avait été ménagé pour rendre l'existence douce, commode et agréable dans ces trois bonbonnières dont chacune avait sa spécialité.

Le salon, qui était la pièce principale pour la grandeur, était garni d'un meuble de forme moderne, capitonné avec la plus grand respect et la plus grande prévoyance, dans toutes les parties qui étaient destinées à servir de point d'appui à la grassouillette personne du chevalier ; une bibliothèque en bois noir, avec des incrustations de cuivre qui avaient des prétentions au Boule, était remplie de livres reliés en maroquin rouge, que la main du chevalier, il faut le dire, ne tourmentait que rarement et jamais pendant de longues séances ; une pendule représentant l'Aurore sur son char, char dont les roues formaient le cadran, flanquée de deux candélabres à cinq branches, indiquait l'heure avec une minutieuse précision; des rideaux d'un épais lainage, assortis sur le meuble du salon, se drapaient aux fenêtres avec une élégance que n'eût point désavouée un boudoir de la Chaussée-d'Antin, tandis que des lambris à fond blanc, conservant quelques vestiges dorés, faisaient foi, dans les locataires ou les propriétaires qui avaient précédé M. de la Graverie, d'une élégance encore supérieure à la sienne.

Du salon, on passait dans la chambre à coucher.

Ce qui attirait tout d'abord les regards en entrant dans cette chambre à coucher, c'était un lit monumental, comme largeur et comme hauteur. Ce lit était si élevé, que la première idée qui se présentait à l'esprit de celui qui le voyait, que quiconque avait l'ambitieuse prétention de dormir dans ce lit devait l'escalader au moyen d'une échelle; une fois arrivé sur cette montagne de laine et de duvet, entourée par un triple rang de rideaux, le conquérant, du milieu d'une alcôve ouatée et capitonnée comme un nid de chardonneret, dominait toute la position : de là, il pouvait, en ramenant son regard sur tous les points de la chambre, passer la revue des chaises, des fauteuils, des chauffeuses, des sofas et canapés, des tabourets, des coussins, des peaux de renard, s'élevant, s'étalant, s'allongeant sur une moquette épaisse et sourde comme un tapis de Smyrne, tout cela recouvert les uns, ou les unes, pour l'hiver, d'étoffes souples et moelleuses; les autres, pour l'été, de cuir ou de basane ; tous ou toutes, de forme savante, d'une combinaison confortable, d'une courbe ingénieuse, appropriés au repos et à la sieste, et paraissant garder à leur centre, une cheminée chargée de flambeaux et de candélabres, garnie de son écran, et combinée de telle sorte que pas un atome de sa chaleur ne fût perdu. Cette pièce, la plus éloignée de la rue, donnait sur le jardin, de manière à ce qu'aucun bruit de charrette et de voiture, à ce qu'aucun cri de marchand ou aboiement de chiens ne vînt inquiéter le sommeil du dormeur.

En repassant de la chambre dans le salon et en traversant celui-ci dans toute sa longueur, on allait se heurter à un énorme paravent en vieux laque, non-seulement originaire de Chine, mais de Coromandel, qui masquait une porte ouvrant sur une troisième pièce; cette dernière, drapée de tapisseries, n'avait pour tout meuble qu'une petite table ronde en acajou, un seul fauteuil en acajou et une servante également en acajou, dont le dessus de marbre supportait deux seaux de plaqué destinés à faire rafraîchir le vin de Champagne ; mais, sur toutes ses faces, — la chambre, bien entendu, — elle était garnie d'un rang d'armoires vitrées dont le contenu en faisait la digne et précieux appendice de la cuisine.

Chacune de ces armoires, en effet, avait sa spécialité.

Dans l'une étincelait une massive argenterie, un service de porcelaine blanche à filets vert et or, et au chiffre du chevalier; des cristaux de Bohême rouges et blancs, dont la finesse et la forme devaient certainement ajouter à la saveur des vins qu'ils étaient chargés de conduire à la bouche et de présenter, à travers deux lèvres sensuelles, aux houppes délicates du palais.

La seconde armoire contenait des pyramides d'un linge de table dont les reflets soyeux faisaient deviner la finesse.

Dans la troisième s'étalaient, comme dans une revue de soldats bien disciplinés, se tenant immobiles et rangés sur deux ou trois de hauteur, des vins d'entremets et de dessert colligés en France, en Autriche, en Allemagne, en Italie, en Sicile, en Espagne, en Grèce, emprisonnés dans leurs bouteilles nationales, les unes au col court et ramassé dans les épaules, les autres au col allongé et gracieux, celles-ci à l'estomac ventru portant étiquette, celles-là enveloppées de tresses de paille ou de roseaux, toutes attrayantes, pleines de promesses, parlant à la fois à l'imagination et à la curiosité, et flanquées, comme un corps d'armée de troupes légères, de liqueurs cosmopolites dans leurs cuirasses de verre de toutes couleurs et de toutes formes.

Dans la dernière enfin, et c'était la plus grande, s'accrochaient à la muraille, pendaient aux angles, se prélassaient sur les planches, des comestibles de toute espèce, termes de Nérac, saucissons d'Arles et de Lyon, pâtes d'abricots d'Auvergne, gelée de pomme de Rouen, confitures de Bar, conserves du Mans, pots de gingembre de Chine, pickles et sauces anglaises de tout acabit, piment, anchois, sardines, poivre de Cayenne, fruits secs, fruits confits ; enfin, tout ce que le bon et savant Dufouilloux dénombre et désigne par ces quatre mots pleins d'expression et dignes de rester dans la mémoire de tous les gourmands : *le harnois de gueule*.

Après cette visite domiciliaire, peut-être un peu minutieuse, mais qui cependant nous a paru nécessaire, le lecteur devinera sans peine que M. le chevalier de la Graverie était un homme très-charitablement occupé de sa personne et fort soucieux des satisfactions de son estomac ; nous ajouterons, pour ne pas laisser dans l'ombre un seul des traits de cette esquisse que nous sommes en train de tracer de lui, que cette tendance bien caractérisée vers la gourmandise était contrariée par la manie qu'avait le digne gentilhomme de se croire constamment malade et de se tâter le pouls tous les quarts d'heure; nous ajouterons encore qu'il était collectionneur de roses, enragé; puis, arrivé à ce point de notre récit et sentant l'impossibilité d'aller plus loin, non-seulement sans faire une halte, mais même sans retourner de quarante-huit à cinquante ans en arrière, nous demanderons à nos lecteurs la permission de leur raconter comment ces trois infirmités morales étaient venues au pauvre chevalier.

## IV

Comment et dans quelles circonstances naquit le chevalier de la Graverie.

Qu'on ne s'étonne pas trop de ce retour rétrospectif, que le lecteur a dû prévoir, au reste, en voyant que nous prenions notre héros à l'âge où d'habitude les aventures les plus intéressantes de la vie, c'est-à-dire les aventures d'amour, sont terminées ; nous nous engageons à ne pas dépasser l'an 1793.

En 1793, donc, M. le baron de la Graverie, père du chevalier, était dans les prisons de Besançon, sous la double accusation d'incivisme et de correspondance avec les émigrés.

M. le baron de la Graverie eût bien pu alléguer pour sa défense qu'à son point de vue, il n'avait fait qu'obéir aux lois les plus sacrées de la nature, en faisant parvenir quelque argent à son fils aîné et à son frère, tous deux à l'étranger ; il y a des moments où les lois civiles passent avant les lois naturelles, et cette allégation, il n'avait pas même songé à la faire ; or, *le crime* du baron de la Graverie était un de ceux qui, à cette époque, conduisaient le plus sûrement un homme à l'échafaud.

Aussi, madame la baronne de la Graverie, restée libre, fit-elle, malgré un état de grossesse avancé, les démarches les plus actives pour faire évader son mari.

Grâce à l'or qu'avait prodigué la pauvre femme, son petit complot marchait assez bien. Le geôlier avait promis d'être aveugle ; le guichetier avait porté au prisonnier une lime et des cordes à l'aide desquelles il devait scier un barreau et gagner la rue, dans laquelle madame de la Graverie l'attendait pour quitter la France.

La fuite était fixée au lendemain 14 mai.

Jamais heures ne semblèrent plus longues que les heures de cette fatale journée ne le parurent à la pauvre femme. A chaque instant, elle regardait l'horloge et maudissait sa lenteur. Parfois, le sang refluait à son cœur et l'étouffait tout à coup, et elle se disait qu'il était impossible qu'elle vît jamais luire l'aurore de ce lendemain si désiré.

Vers quatre heures du soir, n'y pouvant plus tenir, elle résolut, pour adoucir les terribles angoisses qui l'agitaient, d'aller trouver un prêtre réfractaire qu'une de ses amies cachait dans sa cave, et de lui demander d'unir ses prières aux siennes pour appeler la miséricorde divine sur le malheureux prisonnier.

Madame de la Graverie sortit donc.

En essayant de traverser, malgré son encombrement, une des ruelles qui conduisaient au marché, elle entendit sur la place le bruit sourd et continu d'une grande multitude. Elle essaya alors de revenir sur ses pas ; mais c'était chose impossible : la foule fermait l'issue ; marchant en avant, cette foule l'emporta sur un de ses flots, et, de même qu'un fleuve se jette dans la mer, le courant qui l'entraînait déboucha sur la place.

La place était encombrée de monde, et, au-dessus des têtes de tout ce monde, se dressait la rouge silhouette de la guillotine, au haut de laquelle étincelait, empourpré par un dernier rayon de soleil couchant, le fatal couperet, terrible emblème de l'égalité, sinon devant la loi, du moins devant la mort.

Madame de la Graverie frissonna et voulut fuir.

C'était encore plus impossible que la première fois ; un nouveau flot de peuple avait envahi la place et l'avait poussée au centre, et il ne fallait pas songer à rompre les rangs pressés de la multitude ; l'essayer, c'était risquer de se faire reconnaître pour aristocrate et compromettre dans sa personne non-seulement son propre salut, mais encore celui de son mari.

L'intelligence de madame de la Graverie, tendue depuis quelques jours vers un seul but, celui de l'évasion du baron, avait acquis un admirable degré de lucidité.

Elle songeait à tout.

Elle se résigna et se fit forte pour supporter avec courage, et sans trop témoigner son horreur, l'épouvantable spectacle qui allait se passer sous ses yeux.

Elle ne voila pas son visage de ses mains, démonstration qui eût attiré sur elle l'attention de ses voisins ; mais elle ferma les yeux.

Une immense clameur, qui gagnait de proche en proche, comme fait une traînée de poudre enflammée, annonça l'arrivée des victimes.

Il se fit bientôt un refoulement indiquant que la charrette passait et prenait sa place.

Quoique pressée, ballottée, soulevée même par la foule, madame de la Graverie, jusque-là, avait tenu bon et n'avait point regardé ; mais, en ce moment, il lui sembla qu'une force invisible et invincible surtout lui relevait les paupières. Elle ouvrit donc les yeux, aperçut à quelques pas d'elle la charrette des condamnés, et dans cette charrette son mari !

A cette vue, elle s'élança en avant en poussant un cri si terrible, que les curieux qui l'entouraient s'écartèrent pour laisser passer cette femme éperdue, haletante, aux yeux hagards ; elle refoula ceux qui la séparaient encore du tombereau, avec la toute-puissance que la femme la plus frêle trouve dans le paroxysme de la douleur poussée jusqu'au désespoir, et, faisant pour ainsi dire, le trou du boulet de canon dans cette masse compacte, elle atteignit la charrette.

Son premier sentiment et son premier effort furent de l'escalader pour arriver à son mari ; mais les gendarmes, revenus de leur première surprise, la repoussèrent.

Alors, elle se cramponna aux ridelles de la voiture et fit

entendre des hurlements de folie ; puis, s'arrêtant tout à coup sans transition, elle se mit à supplier les bourreaux de son mari comme jamais patient n'avait supplié les siens.

Ce fut un spectacle si horrible, que, malgré les appétits sanguinaires que la quotidienneté de ces horribles drames avaient nécessairement développés dans la multitude, plus d'un farouche sans-culotte, plus d'une de ces abominables mégères des halles, que l'on désignait du nom effroyablement caractéristique de lécheuses de guillotine, sentirent de grosses larmes ruisseler le long de leurs joues. Aussi, lorsque la nature eut succombé sous l'étreinte de la douleur, lorsque madame de la Graverie, sentant ses forces l'abandonner, fut forcée de lâcher la charrette et s'évanouit, la pauvre créature trouva autour d'elle des cœurs compatissants empressés à la secourir.

On la rapporta chez elle, et le médecin fut immédiatement appelé.

Mais la secousse avait été trop violente ; la pauvre femme mourut au bout de quelques heures, dans un accès de délire, tout en donnant naissance, deux mois avant terme, à un enfant faible et chétif comme un roseau, qui fut ce même chevalier de la Graverie dont nous écrivons aujourd'hui l'intéressante histoire.

La sœur aînée de madame de la Graverie, la chanoinesse de Beauterne, se chargea du pauvre petit orphelin, qui, venu à sept mois, était si délicat, que le médecin regardait comme impossible que l'on arrivât à le faire vivre.

Mais la douleur que lui causait la mort tragique de sa sœur et de son beau-frère développa chez cette vieille fille les instincts maternels, que Dieu a mis au cœur de chaque femme, mais que le célibat dessèche et raccornit dans celui des vieilles filles.

Le vœu le plus ardent de madame de Beauterne était d'aller retrouver ceux qu'elle pleurait, après avoir dignement et pieusement accompli la tâche que leur mort lui avait léguée ; elle voulut, avec cet entêtement qui caractérise les célibataires, que l'enfant vécût, et, en dépensant des trésors de patience et d'abnégation, elle arriva à faire mentir l'horoscope de l'homme de science, bien plus certain cependant lorsqu'il prédit la mort que lorsqu'il promet la vie.

Aussitôt que les chemins furent libres, nantie de son trésor, — c'est ainsi que madame de Beauterne appelait Stanislas-Dieudonné de la Graverie, — elle alla s'enfermer dans la communauté de chanoinesses allemandes dont elle faisait partie.

Une communauté de chanoinesses, hâtons-nous de donner cette explication à nos lecteurs, n'est pas un couvent ; c'est bien plutôt et presque au contraire, devrions-nous dire, une réunion de femmes du monde, rapprochées autant par leur goût et par leurs besoins que par les rigueurs de la dévotion ; elles sortent quand bon leur semble, reçoivent qui leur plaît ; leur toilette même se ressent de la facilité de leurs vœux, et, tant que l'élégance et même la coquetterie ne semblent compromettre que le salut du prochain, elles sont tolérées dans l'ordre.

Ce fut dans ce milieu, moitié mondain, moitié religieux, que le petit de la Graverie fût élevé. Ce fut entre ces bonnes et aimables femmes qu'il grandit.

Les lugubres accidents qui avaient signalé sa naissance intéressèrent prodigieusement à sa destinée toute la petite congrégation ; aussi jamais enfant, fût-il l'héritier d'un prince, d'un roi ou d'un empereur, ne fut choyé, ne fut dorloté, ne fut gâté comme celui-là. C'était entre les bonnes dames une émulation de gâterie dans laquelle, malgré sa tendresse pour le jeune Dieudonné, madame de Beauterne était presque toujours distancée ; une larme de l'enfant causait une migraine générale à toute la communauté ; chacune de ses dents amena dix nuits d'insomnie ; et n'était le rigoureux cordon sanitaire que la tante avait établi contre les friandises, l'impitoyable système de douanes qu'elle exerçait vis-à-vis des bonbons, le jeune de la Graverie eût succombé dans son bas âge, gorgé de douceurs, bourré de bonbons comme Vert-Vert, de sorte que notre narration serait déjà finie, ou plutôt n'aurait jamais commencé.

La sollicitude générale à son égard fut si grande, que son éducation s'en ressentit quelque peu.

En effet, la proposition que madame de Beauterne hasarda un beau jour, et qui ne tendait pas à moins qu'à envoyer Dieudonné parfaire son éducation chez les jésuites de Fribourg, fit jeter les hauts cris à toutes les chanoinesses. On la taxa de dureté envers le pauvre enfant, et le projet rencontra une réprobation si universelle, que la bonne tante, dont le cœur ne demandait pas mieux que de se rendre, n'essaya pas même de la braver.

En conséquence, le petit bonhomme resta libre de n'apprendre que ce qui lui plairait, ou à peu près ; et, comme la nature ne lui avait pas départi des inclinations scientifiques exagérées, il en résulta qu'il demeura très-ignorant.

Il eût été déraisonnable d'espérer que les bonnes et dignes femmes cultiveraient le moral de leur élève avec plus de perspicacité qu'elles ne faisaient de son intelligence ; elles ne lui apprirent donc non-seulement rien des hommes parmi lesquels il était destiné à vivre, ni des usages auxquels il devait se heurter, mais encore, par le soin avec lequel elles éloignèrent de leur petite poupée les réalités brutales de ce monde, les sensations qui pouvaient froisser sa tendresse, les secousses qui pouvaient faire tressaillir son cœur, elles développèrent outre mesure cette sensibilité nerveuse déjà disposée à être excessive par les émotions dont l'enfant, comme Jacques I$^{er}$, avait subi le contre-coup dans le sein maternel.

Quant aux études physiques qui constituent l'éducation d'un gentilhomme, il en fut de même ; on ne voulut jamais permettre que le jeune Dieudonné prît des leçons d'équitation, de sorte que l'enfant n'eut jamais d'autre monture que l'âne du jardinier ; et encore, lorsqu'il montait sur cet âne, l'animal était-il conduit par une des bonnes dames, qui remplissait bénévolement près du jeune de la Graverie le rôle qu'accomplissait avec tant de répugnance Aman près de Mardochée.

Il y avait dans la ville où était située la communauté religieuse un excellent maître d'armes, et l'on discuta un instant si l'on ne ferait pas apprendre l'escrime au jeune Dieudonné ; mais, outre que c'était un exercice fatigant, quelle chance qu'avec son charmant caractère, si plein de douceur et d'aménité, le chevalier de la Graverie eût jamais une querelle ! il eût fallu être un monstre de noirceur et de méchanceté pour lui vouloir du mal, et, Dieu merci ! les monstres sont rares.

A cent pas du couvent coulait une rivière magnifique, qui étendait, à travers les prés bariolés de pâquerettes et de boutons d'or, ses eaux au cours insensible et unies comme un miroir ; les jeunes gens de l'université voisine allaient là tous les jours accomplir des prouesses près desquelles celles du plongeur de Schiller étaient bien pâles ; on pouvait envoyer le jeune Dieudonné trois fois par semaine à cette rivière, en faire, sous la direction d'un excellent maître nageur, faire de lui un pêcheur de perles ; mais la rivière était un composé d'eaux de sources dont la fraîcheur pouvait avoir, sur la santé de l'enfant, une influence désastreuse ; Dieudonné se contenta de barboter deux fois par semaine dans la baignoire de sa tante.

Dieudonné ne sut donc ni nager, ni faire des armes, ni monter à cheval.

Il y avait là, comme on le voit, une grande ressemblance entre son éducation et celle d'Achille ; seulement, si, au milieu des bonnes dames qui entouraient le chevalier de la Graverie, un Ulysse quelconque eût apparu, tirant une épée du fourreau, il est probable qu'au lieu de sauter sur le glaive, comme fit le fils de Thétis et de Pelée, Dieudonné, ébloui de l'éclair du soleil sur la lame, se fût sauvé au plus profond des caves de la communauté.

Tout cela faisait à Dieudonné un tempérament physique et moral des plus déplorables.

Il avait seize ans, qu'il ne pouvait pas voir une larme trembler à la paupière d'autrui, sans se mettre à l'instant même à pleurer à l'unisson ; la mort de son moineau ou de son serin lui donnait des attaques de nerfs ; il composait de touchantes élégies sur le trépas d'un hanneton écrasé par mégarde ; le tout à la grande satisfaction et à l'applaudissement unanime des chanoinesses, qui exaltaient l'exquise délicatesse de son cœur, sans se douter que cette exagération de sensibilité devait nécessairement conduire leur idole à une fin prématurée, ou amener une réaction égoïste dans ces sentiments par trop philanthropiques.

D'après ces prémisses, on ne doit point s'attendre à voir Dieudonné recevoir de ses institutrices des préceptes sur l'art de plaire et des leçons sur la science d'aimer.

Il en fut pourtant ainsi.

Madame de Florsheim, une des compagnes de madame de

Beauterne, comme celle-ci son neveu, avait sa nièce auprès d'elle.

Cette nièce, de deux ans plus jeune que Dieudonné s'appelait Mathilde.

Elle était blonde, comme toutes les Allemandes; comme toutes les Allemandes, elle avait, en sortant du maillot, deux grands yeux bleus qui pleuraient le sentiment.

Or, dès que les deux petites créatures purent marcher sans lisières, il sembla divertissant aux bonnes chanoinesses de les pousser l'une vers l'autre.

Donc, si l'on n'apprit pas ou ne fit pas apprendre à Dieudonné à monter à cheval, à faire des armes et à nager, on lui apprit autre chose.

Quand, après avoir couru dans le parterre de la communauté, vêtu, comme un berger de Watteau, d'un habit et d'une culotte de satin bleu de ciel, d'un gilet blanc, de bas de soie et de souliers à talons rouges, Dieudonné revenait avec un bouquet de myosotis ou une branche de chèvrefeuille, on lui apprenait à présenter cette branche de chèvrefeuille ou ce bouquet de myosotis à sa jeune amie, et cela, en fléchissant le genou selon les conditions de l'antique chevalerie.

Quand le temps était mauvais et que l'on ne pouvait sortir, que madame de Beauterne se mettait à son épinette et jouait l'air du menuet d'*Exaudet*, on voyait s'avancer, comme deux petites poupées à ressorts, se tenant par la main, Dieudonné et Mathilde, cette dernière, bien entendu, aussi bergère que son danseur était berger; et alors commençait une représentation chorégraphique qui épanouissait les yeux et les cœurs des bonnes chanoinesses.

Enfin, lorsque, le menuet fini, Dieudonné baisait galamment la petite main blanche et parfumée de sa danseuse, alors c'était un ravissement général : les bonnes dames se pâmaient d'aise, pressaient les enfants dans leurs bras et les étouffaient de baisers.

Ce n'était plus Dieudonné, ce n'était plus Mathilde : c'était le petit mari, c'était la petite femme; et, quand on les voyait s'enfoncer sous les grands arbres du parc, comme deux miniatures d'amants, au lieu de leur crier : « N'allez point là, enfants, la solitude est dangereuse et le demi-jour est à craindre, » les bonnes chanoinesses eussent, si cela leur eût été possible, changé le demi-jour en crépuscule et chassé de la solitude jusqu'aux rouges-gorges et aux grillons.

Il en résultait que les deux bambins dédaignaient les jeux de leur âge pour des afféteries de sentiment qui énervaient prématurément leurs sens et défloraient leurs âmes.

Aussi, quelque purs, quelque angéliques que dussent sembler ces amours aux bonnes fées qui les protégeaient, le diable, qui les regardait du coin de l'œil, se promettait de n'y perdre rien.

C'était, en effet, fort imprudent, de la part de ces saintes femmes, de se conduire ainsi.

Mais que voulez-vous !

Les deux pauvres enfants étaient pour les mondaines recluses le regard de regret que le voyageur donne à la belle et riante vallée qu'il vient de traverser et qu'il quitte pour entrer dans la région des sables arides et désolés; il est vrai que, si ce spectacle reposait momentanément ces pauvres vieux cœurs endoloris, s'il adoucissait l'amertume des souvenirs, s'il redorait pour quelques instants les illusions de jeunesse perdues, s'il faisait oublier momentanément les dents d'ivoire et les cheveux cendrés, s'il ramenait la jeunesse que les pauvres femmes refaisaient sur elles, il leur coûtait, en définitive, plus de larmes que de sourires ; qu'après les joies éphémères de ce mirage, la résignation devenait plus difficile, l'espérance plus confuse, la foi plus tiède, et que bien des soupirs, qui ne venaient pas de cœurs contrits, se mêlaient aux prières qui venaient de cœurs souffrants.

Enfin, chose plus grave, sans paraître s'en douter le moins du monde, les graves dames profanaient ce qu'il y a de plus saint et de plus sacré sur terre, l'enfance.

## V

Premières et dernières amours du chevalier de la Graverie.

Lorsque Mathilde eut atteint quinze ans et Dieudonné dix-sept, ces beaux transports parurent singulièrement se refroidir.

Dieudonné ne rapportait plus de ses promenades ni myosotis ni chèvrefeuille; quand le menuet était fini, Dieudonné ne baisait plus la main de Mathilde, mais se contentait de lui faire une simple révérence. Enfin, l'on ne voyait plus les deux enfants s'enfoncer seuls et innocemment sous les ombrages et dans les pénombres du parc.

Seulement, un observateur eût pu voir Mathilde porter tendrement à ses lèvres des bouquets fanés qui lui venaient on ne sait d'où et qu'elle replaçait hâtivement dans son corset.

Seulement, ce même observateur eût pu remarquer que, quand Dieudonné donnait la main à Mathilde, pour accomplir avec elle les figures du ballet, Dieudonné pâlissait, Mathilde rougissait, et un frissonnement nerveux inondait leurs deux corps comme un fluide électrique.

Enfin, ce même observateur, toujours, n'ayant plus la vue arrêtée sur l'allée par laquelle tous deux autrefois s'enfonçaient dans le parc, pouvait suivre des yeux, l'un allant à droite, l'autre allant à gauche, et, après les avoir vus entrer de chaque côté opposé du bois, pouvait les voir se joindre près d'une charmante petite pièce d'eau dont le doux murmure faisait un adorable accompagnement au chant d'un rossignol qui avait posé son nid sur le bord d'un ruisseau.

Le jour où il atteignit sa dix-huitième année, — et Mathilde, par conséquent, sa seizième, — Dieudonné entra dans la chambre de sa tante, fit les trois saluts que sa tante lui avait appris à faire pour le cas où il serait présenté à la grande-duchesse Stéphanie de Bade ou à la reine Louise de Prusse, et il demanda solennellement à madame de Beauterne à quelle époque il pouvait être uni en mariage à mademoiselle Mathilde de Florsheim.

La chanoinesse eut un de ces accès de gaieté qui avaient, chez elle, un côté dangereux d'être si violents, qu'ils se terminaient presque toujours par une quinte. Puis, lorsqu'elle eut ri jusqu'aux larmes et toussé jusqu'au sang, tandis que Dieudonné, à la troisième position du menuet, attendait gravement sa réponse, elle lui dit que rien ne pressait, que des enfants de dix-huit ans avaient au moins quatre ou cinq ans devant eux avant de se préoccuper de ces sortes de choses, et que, quand le temps serait venu d'y songer, les idées du jeune homme se trouveraient peut-être modifiées du tout au tout à cet égard.

Dieudonné, en neveu bien appris, ne répliqua point et se retira en saluant respectueusement sa tante ; mais, sans qu'il se fût rien passé d'extraordinaire dans la soirée, lorsque, le lendemain matin, la femme de chambre de madame de Beauterne entra dans la chambre du jeune homme pour lui apporter le café à la crème traditionnel, elle trouva la chambre vide et le lit parfaitement intact.

Elle courut, tout effarée, annoncer l'incroyable nouvelle à sa maîtresse.

Au même instant, et comme pour la troisième fois, elle répétait à madame de Beauterne cette phrase :

— Je vous proteste, madame, que M. le chevalier n'a pas même couché dans son lit.

On annonça madame de Florsheim.

Madame de Florsheim, très-pâle et très-effarée, venait confier à madame de Beauterne que sa nièce Mathilde avait disparu dans la nuit.

Le crime des jeunes gens était aussi patent devant ces deux lits intacts, que si l'on eût vu leurs deux têtes sur le même oreiller. En un instant, le bruit de cette double fuite se répandit, et l'émoi fut grand dans la communauté.

Les deux tantes étaient naturellement les plus affligées ; elles priaient et sanglotaient.

Leurs compagnes jetaient feu et flamme sans réfléchir que l'heure de la moisson était arrivée, voilà tout, et qu'elles récoltaient ce qu'elles avaient semé.

Enfin, l'une d'elles ouvrit cet avis, que les pleurs et les cris n'avançaient à rien, que mieux serait de se mettre sans retard à la poursuite des fugitifs.

L'avis parut bon et fut adopté.

Ils étaient trop inexpérimentés tous deux pour avoir déployé de grandes ruses à cacher leurs traces ; aussi, dès le lendemain, les émissaires envoyés à leur poursuite ramenèrent-ils les fugitifs.

Les deux brebis égarées rentrèrent au bercail.

Mais ce n'était point là un dénoûment, et madame de Florsheim en réclamait un qui réparât convenablement la brèche faite à l'honneur de sa maison dans la personne de sa nièce.

Madame de Beauterne s'y refusait absolument.

Cette dernière avait conservé en France des biens considérables ; elle trouvait, en conséquence, que ce n'était point assez, pour l'héritier de ces richesses, de l'honneur d'être allié à l'une des familles les plus illustres de la Bavière ; elle exigeait encore que l'on ajoutât une dot à cet honneur ; et, comme les Florsheim avaient d'excellentes raisons pour repousser cette exigence de madame de Beauterne, la vieille dame demandait avec instance que l'affaire restât dans le *statu quo*, et que l'on passât l'éponge, sinon de l'oubli, du moins du pardon, sur le passé.

Cela n'avait été, assurait-elle, qu'une des péripéties de l'enfantillage, sans conséquence, que madame de Florsheim avait encouragé avec toute la communauté.

Madame de Beauterne garantissait, sur son propre honneur, que Dieudonné était trop pieux, trop bien élevé, et trop jeune surtout, pour qu'il pût résulter aucun inconvénient de ce voyage en tête-à-tête à Munich, avec sa petite amie ; — car c'est à Munich, fait que nous avons oublié de constater, qu'avaient été retrouvés les deux enfants.

Mais, à quelques mois de là, quoique l'on eût tenu les deux jeunes gens soigneusement séparés l'un de l'autre depuis leur retour, il fut clairement prouvé à madame de Beauterne qu'elle s'était beaucoup trop avancée en répondant corps pour corps de l'innocence de son neveu.

La chose était si grave, que, sur la sommation de madame de Florsheim, le confesseur de madame de Beauterne jugea à propos de s'en mêler.

Enfin, convaincue par les représentations du respectable directeur de sa conscience, madame de Beauterne, pour acquérir de nouveaux droits à la reconnaissance des deux jeunes gens, fit semblant de céder uniquement à leurs larmes et à leurs prières, et, à la grande joie de la communauté des chanoinesses, le mariage vint légitimer cet amour, qu'elles regardaient comme leur œuvre.

On établit le nouveau ménage dans une petite villa des environs ; et, patronée par les chanoinesses, qui en suivaient toutes les phases avec l'avidité curieuse, tracassière et jalouse d'autant de belles-mères, la lune de miel des deux époux menaça de s'éterniser.

La mort de madame de Beauterne fut le premier nuage qui passa sur ce bonheur ; la bonne dame laissait une trentaine de mille livres de rentes à son neveu ; mais, disons-le à la louange de celui-ci, ni cette honorable fortune, ni la conjugaison du verbe *aimer* qui occupait tous ses instants, ne l'empêchèrent de trouver de sincères et pieuses larmes pour honorer la mémoire de sa seconde mère.

En effet, Dieudonné, devenu jeune homme, avait dépassé ses vingt ans sans avoir vu cet âge d'épreuves altérer la douceur et la naïveté qui avaient caractérisé son enfance.

Il avait conservé ses élans de tendresse universelle et de commisération infinie ; seulement, ces sentiments s'étaient imprégnés d'une certaine teinte de tristesse et de mélancolie, probablement né avec lui, et résultat des événements qui avaient présidé à sa naissance.

Il présentait le singulier spectacle d'un homme qui ne possède ni goûts ni désirs. Le catéchisme lui avait appris le nom des passions ; mais, en grandissant, il l'avait oublié ; tout entier à l'amour, absorbé par Mathilde et dans Mathilde, il se prêtait avec une admirable docilité aux petits caprices de sa femme, nu peu plus éveillée que lui, et qui avait dû être au moins de moitié, sinon pour les trois quarts, dans l'épisode de la fuite ; au reste, ses caprices, obéis aussitôt que manifestés, resserrés au cadre étroit dans lequel ils vivaient, n'amenaient aucune commotion, aucun nuage, aucun trouble dans leur existence, digne de l'âge d'or.

Jamais le chevalier de la Graverie n'avait jeté un coup d'œil curieux par-dessus les murs qui bornaient son paradis terrestre ; instinctivement, sans se rendre compte pourquoi, le monde lui faisait peur, les bruits du dehors lui donnaient le frisson, et il les écartait de son mieux en se bouchant les oreilles le jour, et, la nuit, en ramenant la couverture par-dessus ses yeux.

Aussi fut-il tout bouleversé, lorsque, déjà ébranlé par la mort de sa tante, et encore mal remis de sa douleur, une lettre lui arriva timbrée de Paris et signée du baron de la Graverie.

Dieudonné n'avait entendu parler de ce frère aîné qu'à l'occasion de son mariage et par l'entremise de sa tante.

Nous avons dit que Dieudonné se bouchait les oreilles pour ne pas entendre les bruits du dehors.

On jugera s'il avait les oreilles bien bouchées.

Il avait à peine entendu le bruit qu'avait fait la première chute du trône de Napoléon, et n'avait point du tout entendu celui qu'avait fait la seconde.

L'armée française avait battu en retraite à travers toute l'Allemagne ; les armées allemande, autrichienne et russe l'avaient suivie ; le flot humain s'était brisé à l'angle du couvent, s'écoulant à droite et à gauche, et, à l'abri dans le navire de pierre, Dieudonné n'avait point senti le heurt de ces vagues vivantes.

Le baron de la Graverie apprenait donc à son cadet tout ce qu'il ignorait, c'est-à-dire comme quoi la Restauration avait ramené en France les princes de la maison de Bourbon, et lui signifiait d'avoir à accomplir un des devoirs de sa naissance, en venant se rallier autour du trône.

Il va sans dire que le premier mouvement de Dieudonné fut de refuser ; il maudit Louis XI, non point pour avoir fait exécuter Nemours et Saint-Pol, non point pour avoir fait assassiner le comte d'Armagnac, non point pour avoir inspiré une telle terreur à son père, le pauvre Charles VII, que celui-ci se laissa mourir de faim de peur d'être empoisonné, — mais pour avoir inventé la poste !

Nous avons dit que Dieudonné était médiocrement instruit, de sorte qu'il confondait la poste aux chevaux avec la poste aux lettres ; mais en réalié, toutes deux remontent à Louis XI, l'une était la conséquence de l'autre.

Il entra même dans un tel découragement, que madame de la Graverie, qui ouvrait la porte en ce moment, le vit les mains encore au ciel, et lui entendit murmurer cette phrase :

— Que ne suis-je né dans l'île de Robinson Crusoé !

Elle comprit qu'il avait dû se passer de choses bien déplorables dans la vie de son mari, pour qu'il risquât un tel geste et laissât échapper un pareil souhait.

Elle s'inquiéta donc à l'instant même de l'événement qui venait d'arracher à son époux ce geste exagéré et cette misanthropique boutade.

Dieudonné lui passa la lettre du même air que Manlius-Talma passait la lettre révélant sa trahison à Servilius-Damas.

Madame de la Graverie lut la lettre et ne parut nullement partager la douleur de son mari à l'égard de ce voyage et ses appréhensions à l'endroit du monde. Au milieu de la sévérité claustrale de son éducation, Mathilde avait, par les vieilles babillardes, toutes de race aristocratique, entendu parler non-seulement de la cour de France avant 1789, bien entendu, mais encore de toutes les autres cours, comme de véritables lieux de délices, et son instinct de coquetterie naturelle lui faisait désirer d'y briller.

Elle eut vingt raisons, sans avouer une seule fois qu'elle même le désirait, elle eut vingt raisons pour démontrer à son mari qu'il devait obéir aux prescriptions du chef de la famille, et il n'en fallait pas tant pour un homme habitué à écouter les paroles de Mathilde comme un Argien l'oracle de Delphes.

Le jeune couple se décida donc à abandonner le nid charmant qui avait abrité ses amours, et partit pour la France vers le mois de juillet de l'année 1814.

Dès la première poste commencèrent les tribulations du chevalier de la Graverie.

Tout entière au mouvement de la voiture qui les emportait tous deux, à la joie de contempler enfin des lieux et des objets nouveaux, Mathilde eut ses premières distractions et cessa de faire aussi consciencieusement sa partie dans le duo de tendresse élégiaque que Dieudonné chantait du matin au soir.

Dieudonné s'en aperçut bien vite, et son âme, impressionnable à l'excès, en fut douloureusement affectée.

Ce fut donc dans d'assez tristes dispositions d'esprit qu'il arriva à Paris et, qu'ayant cherché l'adresse du baron au bas de la malheureuse lettre qui causait tout ce dérangement, il se présenta devant son frère aîné qui, en véritable aristocrate qu'il était, avait arrêté son logement, rue de Varennes, n° 4, au faubourg Saint-Germain.

Le baron de la Graverie avait près de dix-neuf ans de plus que son frère.

Il était né en pleine monarchie, l'année même de l'avènement au trône de Louis XVI.

En 1784, il avait fait ses preuves de 1399, et était entré comme page aux écuries du roi.

En 1789, après la prise de la Bastille, il avait émigré avec son oncle.

Il en résultait que, n'ayant jamais vu son frère, il n'avait pas une profonde tendresse pour lui.

A ce défaut de tendresse se mêlait un vif sentiment de jalousie; car, hélas! comme on le verra par la suite, le baron de la Graverie n'était point parfait.

Il ne pouvait point, lui qui revenait de l'émigration sans aucune fortune, après mille dangers courus, il ne pouvait point pardonner à son frère cadet d'avoir hérité de la fortune entière de la chanoinesse de Beauterne, fortune à laquelle, en sa qualité d'aîné, il prétendait avoir des droits supérieurs à ceux d'un cadet.

Comment son frère avait-il gagné cette fortune? En faisant à l'ombre d'un couvent, sa cour à une vingtaine de vieilles femmes.

Si ce cadet s'était fait chevalier de Malte, comme c'était son devoir, à ce que prétendait le baron, peut-être lui eût-il pardonné ce qu'il appelait cette soustraction d'héritage.

Mais Dieudonné, au contraire, s'était marié, et le baron regardait comme tout-à-fait inconvenant qu'un cadet, c'est-à-dire un individu qui, pour lui, n'appartenait qu'à l'espèce neutre, eût songé à prendre femme, privant ainsi les fils que l'aîné pouvait avoir, d'une fortune qui, si elle avait été enlevée au père, devait, au moins, être restituée aux enfants.

Aussi, dès la première entrevue, le baron exposa-t-il au chevalier ses sentiments à cet égard, et ajouta-t-il avec un aplomb merveilleux que la Providence, qui avait déjà fait tourner à mal la première grossesse de madame de la Graverie, se refuserait, il l'espérait bien du moins, à doter d'une progéniture quelconque ce ménage de contrebande, et ferait, un jour ou l'autre, rentrer dans la branche aînée, à laquelle elle appartenait sans conteste, la succession de la chanoinesse.

Cet exorde exaspéra la chevalière de la Graverie, qui avait accompagné son époux chez le baron, et arracha deux grosses larmes des yeux de Dieudonné.

En excellent père qu'il sentait devoir être, il pleurait sa postérité condamnée au néant par le baron.

Il regardait alternativement sa femme et son frère, et semblait demander à celui-ci comment il pouvait lui reprocher sa Mathilde, si jolie, si bonne, si aimante.

Les charmes dont la jeune femme était douée, et que son amour doublait, triplait, quadruplait, n'étaient-ils donc pas une justification suffisante? ou, comme Alceste, le baron avait-il donc juré une haine éternelle aux femmes?

Mais, faisant un retour sur lui-même, réfléchissant que lui, en effet, qui était resté en France, qui n'avait couru aucun des dangers de la guerre, aucune des fatigues de l'émigration ; réfléchissant que lui était riche, tandis que son frère n'avait rapporté de l'exil que son épée et ses épaulettes, il eut un moment de doute et se demanda si, en effet, en acceptant l'héritage de la tante Beauterne, il n'avait pas fait une mauvaise action.

Alors, et sans vouloir prendre la peine de réfléchir, sans s'arrêter aux signes d'opposition que faisait la douce Mathilde, qui ne se contentait pas, comme saint Martin, de la moitié d'un manteau, demandant pardon à son aîné d'une faute dont il venait de comprendre les conséquences, à l'instant même il exigea que le baron reprît la moitié de la fortune de la chanoinesse, et voulut en signer la donation le jour même.

Ce à quoi le baron consentit sans se faire prier.

## VI.

Le chevalier de la Graverie aux mousquetaires gris.

Quelle que fût la sécheresse de son cœur, le baron parut touché de la délicatesse de son cadet, et, lorsque l'acte de donation rédigé par le notaire du baron eût été signé et paraphé au bas de toutes les pages et à chaque renvoi par le chevalier, il lui tendit les bras avec une expansion dans laquelle il oublia presque sa dignité de chef de famille; le chevalier s'y jeta en fondant en larmes, plus reconnaissant bien certainement de cette simple démonstration fraternelle, que le baron ne l'était des quinze mille livres de rente qui venaient de lui rentrer, et qui, avec ce qu'il possédait déjà, lui faisaient juste quinze mille francs de revenu.

De son côté, le baron déclara, après l'accolade donnée et reçue, qu'à l'avenir il voulait considérer et aimer Dieudonné comme son propre fils, et qu'il allait se charger de sa fortune à la cour avec la plus inquiète sollicitude.

Voulant lui en donner une preuve irrécusable, il demanda pour lui un brevet de mousquetaire gris, et, croyant lui ménager la plus douce des surprises, il ne lui dit pas un mot de ses démarches.

Il en résulta qu'un soir, en se mettant à table, Dieudonné trouva sous sa serviette un brevet signé Louis, lequel l'admettait à l'honneur de faire partie de ce corps privilégié.

C'était, en effet, un grand honneur : les jeunes gens des premières familles de France demandaient à entrer dans ce que l'on appelait à cette époque *la maison rouge*.

Car les mousquetaires noirs comme les mousquetaires gris étaient habillés de rouge, cette désignation venant de la couleur de leurs chevaux et non de celle de leurs casaques ; en outre, chaque mousquetaire avait le grade de lieutenant.

Mais, si grand que fût cet honneur, nous devons avouer que, depuis la lettre qui l'avait arraché aux douceurs de son ermitage, jamais M. de la Graverie n'avait éprouvé une secousse plus désagréable que celle qu'il ressentit à la vue de ce parchemin.

Il en eut des éblouissements vertigineux, et une sueur froide inonda tout son corps.

Avec une énergie que nul n'eût eu le droit d'attendre de cette nature débonnaire et facile, il repoussa cet honneur, s'en défendit par force raisons, dont la meilleure était, sans contredit, que, tout au contraire de Dartagnan, son illustre devancier, il ne se sentait aucune espèce de goût pour la casaque.

Le baron de la Graverie apprit ce refus par une lettre que le chevalier écrivit *ab irato*.

Il entra dans une majestueuse fureur ; ce refus du chevalier le compromettait gravement : il avait usé de tout son crédit pour obtenir du roi la précieuse signature. Or, un la Graverie se déclarer impuissant à remplir une charge militaire quelconque, c'était le livrer, lui, à la risée de la cour.

Il répondit donc à son frère qu'il eût, bon gré mal gré, à endosser la casaque, et il répondit au roi que le chevalier était si reconnaissant de la faveur accordée, que, ne sachant dans quels termes en faire ses remerciements, il le chargeait, lui, le baron, d'en exprimer à Sa Majesté toute sa reconnaissance.

Il n'y avait plus à s'en dédire pour le malheureux Dieudonné.

Le baron avait répondu et remercié en son nom.

Dieudonné avait un profond respect pour la hiérarchie de la famille ; il faisait plus qu'aimer son frère, qui avait pris pour son compte tous les chagrins et toutes les fatigues de la vie, ne lui en laissant, à lui, que les douceurs, et, malgré l'abandon de la moitié de son héritage, qu'il ne regretta qu'un seul instant, hâtons-nous de le dire, il se demandait quelquefois s'il n'était point coupable envers son aîné en détenant l'autre moitié.

Les reproches d'ingratitude que le baron vint lui faire en personne, — car, lorsqu'il avait la rare occasion d'adresser des reproches à son frère, le baron se donnait la satisfaction de les lui faire de vive voix, — ces reproches d'ingratitude, disons-nous, touchèrent si vivement Dieudonné, que, ne sachant que répondre, il resta absolument muet.

Madame de la Graverie fit, des yeux, à son beau-frère, un signe qui demandait grâce pour son pauvre mari, au nom duquel elle semblait s'engager.

En effet, Mathilde, qui n'avait pas encore eu le temps de perdre au frottement de la société française ses illusions germaniques, Mathilde regardait Dieudonné comme l'Antinoüs du XIXe siècle et ne doutait pas qu'un uniforme aussi élégant que l'était celui des mousquetaires, ne fît ressortir les avantages qu'elle lui supposait; elle s'était donc décidée, par coquetterie conjugale, à soutenir la thèse de son beau-frère.

D'ailleurs, la thèse n'avait plus besoin d'être soutenue, puisque le baron avait répondu et remercié au nom de Dieudonné.

Dieudonné, qu'il voulût ou ne voulût pas, était donc bel et bien mousquetaire gris des pieds à la tête, relevait désormais du maréchal duc de Raguse, commandant en chef la maison du roi, mousquetaires et gardes du corps.

En effet, huit jours après, le malheureux chevalier endossait l'uniforme avec la résignation et la bonne grâce d'un caniche que l'on revêt de la toque et de la tunique d'un troubadour pour lui faire faire les exercices sur la corde roide.

L'uniforme était magnifique, surtout en grande tenue.

Habit rouge, culotte de casimir blanc, grandes bottes montant jusqu'au-dessus du genou, casque à flottante crinière, cuirasse à croix soleillée d'or.

Mais le pauvre Dieudonné était bien empêché dans ce magnifique uniforme.

Il n'avait pas de lui-même une plus haute idée qu'il n'en devait avoir, et se sentait gauche et ridicule sous le harnais.

En effet, court et replet, il avait la figure rougeaude et imberbe d'un génovéfin : gentil à croquer sous l'aube d'un enfant de chœur, il était profondément absurde sous l'uniforme.

Et cependant, vêtu en bourgeois, le chevalier n'était pas remarquablement plus laid que la plupart des autres hommes ne se permettent de l'être, et la phrase consacrée par l'usage pour pallier le manque de grâce qui caractérise certains individus de l'espèce masculine, *il n'est ni bien ni mal*, pouvait s'appliquer au chevalier aussi bien, et nous dirons même mieux qu'à tout autre.

Mais l'uniforme, en donnant des prétentions à cette modeste tournure, en faisait saillir tous les défauts.

Était-il à pied, ses bottes avaient l'air de sortir de son abdomen, comme la manche d'un bilboquet de sa boule. Alors, l'un, à cause de ses petits bras courts et grassouillets, le comparait à l'oiseau de mer que la privation de ses membres si utiles a fait baptiser du nom de *manchot*; l'autre demandait au premier venu, en le voyant passer : « S'il vous plaît, monsieur, pouvez-vous me dire le nom du plumet qui se promène? »

Mais là encore était le beau côté de la situation.

Pour avoir une idée des angoisses que peut éprouver un homme sans en mourir, il fallait voir le chevalier de la Graverie à cheval.

A dix ans, lorsque le petit chevalier se trouvait au haut d'un escalier, il appelait sa tante la chanoinesse de Beauterne, afin qu'elle vînt lui donner la main et l'aidât à descendre.

A quinze ans, lorsque par hasard il avait monté l'âne du jardinier, une de ses nobles protectrices se tenait invariablement à la tête de l'animal, et l'autre à la partie opposée, afin que, s'il venait à l'âne la fantaisie de prendre le mors aux dents, l'une pût l'arrêter par la bride, et l'autre le retenir par la queue.

Or, quelque assiduité que le chevalier eût à suivre les écoles d'équitation, quelque patience qu'il déployât dans l'étude de la théorie, il fut impossible à ses membres ronds et roides à la fois de se plier aux mouvements do son cheval.

Choisi par son frère, quoique le chevalier l'eût demandé bien doux, le cheval de notre héros n'en était pas moins un cheval de course et de bataille sans défaut, mais plein de sang et d'ardeur.

Le chevalier avait demandé que ce cheval fût le plus bas possible; mais il y avait pour les chevaux de la maison du roi, mousquetaires, gardes du corps ou chevau-légers, une taille voulue, au-dessous de laquelle aucun cheval ne pouvait être admis.

Or, le chevalier, qui avait des vertiges en regardant du haut en bas d'un perron immobile, avait bien d'autres vertiges, lorsqu'il se trouvait sur la selle d'un cheval fringant et vigoureux.

Juché sur Bayard — c'était le nom que le baron avait jugé à propos de donner au cheval de son frère en souvenir du cheval des quatre fils Aymon — à peu près avec la même solidité et la même grâce qu'un sac de farine est juché sur le dos d'un mulet, le chevalier ne s'y maintenait, la plupart du temps, que par un miracle d'équilibre, et, dans les circonstances difficiles, grâce au bienveillant concours de ses camarades de droite et de gauche.

Au commandement inattendu de halte, n'eût été le poids respectable de son individu, vingt fois il eût rompu l'alignement en passant par-dessus la tête de sa monture.

Heureusement pour le chevalier que sa douceur, son obligeance, son humilité touchèrent ses camarades, qui eurent honte de prendre pour plastron un être complètement inoffensif, bien que, grâce à l'aide qui lui était donnée, s'il eût possédé la plus petite dose de suffisance, rien ne l'eût empêché de se regarder comme le plus brillant cavalier de son escadron.

Mais il n'en était point ainsi, et Dieudonné se trouvait si mal à son aise sous la belle croix brodée qu'il portait sur son uniforme, qu'il eût jeté la casaque aux orties, s'il n'eût craint de causer un chagrin à sa femme et de se mettre en guerre avec son aîné.

Une chose l'effrayait surtout : c'est qu'un jour ou l'autre, son tour viendrait de servir d'escorte au roi. Là, on n'était plus dans les rangs, on galopait à la portière, et chacun pour son compte. Et les sorties du roi avaient lieu avec une régularité désespérante; c'était un homme très-réglé dans ses habitudes, que le roi Louis XVIII.

Jamais il ne faisait un jour autre chose que ce qu'il avait fait la veille, ce qui eût fort simplifié le travail du Dangeau moderne, si, comme son illustre prédécesseur et aïeul Louis XIV, Louis XVIII avait eu un Dangeau.

Or, voici l'emploi qu'eut chaque journée du roi depuis sa rentrée à Paris, le 3 mai 1814, jusqu'au 25 décembre 1824, époque de sa mort : — que l'on me pardonne si je me trompe d'un jour ou deux; je n'ai pas sous la main l'*Art de vérifier les dates*.

Il se levait à sept heures du matin, recevait le premier gentilhomme de la chambre ou M. de Blacas à huit heures; à neuf heures, il prenait ses rendez-vous d'affaires; à dix heures, il déjeunait avec le service et les personnes autorisées une fois pour toutes à déjeuner avec lui, c'est-à-dire les titulaires des grandes charges et les capitaines des compagnies de la maison du roi; après le déjeuner, qui, dans les premiers temps, ne durait que vingt-cinq minutes, mais qui finit par durer trois quarts d'heure, et auquel madame la duchesse d'Angoulême et une ou deux de ses dames assistaient toujours, il passait dans le cabinet du roi et une conversation s'entamait; à onze heures moins cinq minutes, jamais plus tôt, jamais plus tard, la duchesse se retirait, et alors quelque histoire graveleuse tenue en réserve était racontée par le roi pour égayer ses auditeurs; à onze heures dix minutes, au plus tard, il congédiait son monde; aussitôt venaient jusqu'à midi les audiences accordées aux particuliers; à midi, le roi allait entendre la messe avec son cortége, composé souvent de plus de vingt personnes, jamais de moins; à son retour, il recevait ses ministres ou tenait son conseil, ce qui arrivait une fois par semaine; après le conseil, il passait une heure ou deux à écrire, ou à lire, ou à faire des plans de maison qu'il jetait ensuite au feu; à trois ou quatre heures, selon la saison, il allait à la promenade et faisait quatre, cinq et jusqu'à dix lieues dans une grosse berline, sur le pavé, et les chevaux courant ventre à terre. A six heures moins dix minutes, il rentrait aux Tuileries; à six, il dînait en famille, mangeait beaucoup et avec discernement, ayant des prétentions légitimes au titre de gourmand ; la famille royale restait réunie jusqu'à huit heures; à huit heures, tout ce qui avait le droit d'entrer chez le roi sans audience préalable, pouvait demander a être admis, et était reçu à son tour; à neuf heures, Sa Majesté sortait et passait dans la salle du conseil, où elle donnait le mot d'ordre du château; quelques personnes avaient le privilège d'entrer en ce moment et en profitaient pour faire leur cour au roi; l'ordre durait vingt minutes; après quoi, le roi se retirait dans sa chambre et commentait Horace, ou lisait Virgile ou Racine, et, à onze heures, il se couchait.

Plus tard, quand madame du Cayla et M. de Cases furent en faveur, madame du Cayla arrivait le mercredi après le conseil, et restait deux ou trois heures avec le roi sans que personne pût entrer.

Quant à M. de Cases, son tour venait le soir ; il passait dans la chambre du roi en même temps que Sa Majesté, y restait seul avec elle et n'en sortait qu'un quart d'heure avant le coucher du roi.

Au milieu de cette longue suite de petits devoirs que le roi s'était imposés, et qu'il accomplissait avec une ponctualité religieuse, une seule ligne avait préoccupé M. de la Graverie cadet.

C'était celle-ci :

« Tous les jours, que le temps soit bon ou mauvais, Sa Majesté sortira et restera dehors, de trois heures à six heures moins un quart. »

C'était la maison du roi qui fournissait les escortes pour les promenades, — la maison rouge comme les autres.

Mais, comme la maison du roi était considérable, le tour de chacun ne revenait que tous les mois.

Le hasard voulut que le chevalier fût vingt-cinq jours à attendre son tour.

Enfin, il arriva.

Ce fut un jour cruel ! Mathilde et le baron étaient enchantés : ils espéraient, l'un que son frère, l'autre que son mari serait remarqué par le roi.

Au moindre scintillement, la nébuleuse pouvait devenir une étoile.

Hélas ! la pauvre étoile future était cachée derrière un terrible nuage, celui de la peur.

De même que le jour était venu, l'heure vint ; l'escorte attendait à cheval, dans la cour.

Le roi descendit, et, comme d'habitude, à peine fut-il monté dans la voiture, que les chevaux partirent au galop.

Quiconque eût jeté les yeux sur le chevalier de la Graverie, l'eût vu si pâle, qu'il en eût eu pitié.

Il était dans la complète impossibilité de diriger son cheval ; par bonheur, le cheval était aussi bien dressé que le maître l'était mal ; le cheval dirigea le maître.

L'intelligent animal semblait tout comprendre, il se mit de lui-même à son rang et ne le quitta plus.

Il n'y avait pas à dire que l'on recourrait au pommeau de la selle : une main tenait la bride, l'autre le sabre.

Le chevalier se voyait tombant et s'embrochant sur sa propre lame ; ce qui lui causait des angoisses telles, que son corps s'éloignait lui-même de son sabre et sa main de son corps.

Ce jour-là, la course fut énorme ; on fit le tour de la moitié de Paris ; le roi sortit par la barrière de l'Étoile et rentra par la barrière du Trône.

Un bon cavalier eût été brisé ; le chevalier de la Graverie était rompu comme si on l'eût descendu de la roue.

Quoique l'on fût au mois de janvier, la sueur lui découlait du front, et sa chemise était mouillée comme si on l'eût trempée dans la Seine.

Il laissa son cheval à son domestique, et, au lieu de dîner au château avec ses camarades, comme c'était l'habitude, il sauta dans un fiacre et, en quelques secondes, revint rue de l'Université, n° 10.

Si courte que fût la course, il ne s'était pas senti le courage de la faire à pied.

En l'apercevant, Mathilde jeta un cri : il semblait vieilli de dix ans.

Le chevalier fit bassiner son lit avec du sucre, se coucha, de trois jours ne se leva point, et, pendant quinze, se plaignit de douleurs par tout le corps.

Hélas ! Il y avait loin de là à l'existence tranquille de la petite villa bavaroise ; à ces longs tête-à-tête entremêlés de caresses, à ces douces promenades pendant le crépuscule sur la lisière des bois et sur le bord de la rivière, promenades pendant lesquelles les silences des deux époux étaient aussi éloquemment amoureux que les caresses les plus tendres, tant la fusion de leurs âmes était complète. Plus d'isolements égoïstes au milieu des indifférents, plus de ces charmants tête-à-tête au coin du feu passés à se construire une petite vieillesse à la Philémon et Baucis.

Ce qui arriva de pis dans tout ceci, et l'aventure du lombago fit faire un grand pas à cette conviction, c'est que madame de la Graverie se vit forcée de reconnaître, par la comparaison, que son chevalier n'était pas précisément aussi supérieur aux autres hommes qu'elle l'avait supposé jusqu'alors.

C'est un moment fatal pour les amours et un terrible écueil pour la fidélité conjugale, que le moment où la femme en arrive à soupçonner que le Créateur pourrait bien ne pas s'être positivement reposé après avoir confectionné cet être exprès pour elle l'objet dont, jusque-là, elle avait fait son idole.

Un mari passé à l'état de monnaie légale n'a plus qu'un cours forcé.

Ce n'est pas que nous voulions dire que, du jour où elle fit cette fatale découverte, Mathilde cessa d'aimer son mari ; bien au contraire, les soins qu'elle lui rendit eussent pu faire penser l'indisposition qui suivit cette malheureuse journée de l'escorte, ne furent rien en comparaison de ceux qu'elle lui témoigna en public ; quelques prudes qualifièrent même d'indécente la tendresse que la jeune Allemande ne craignait point d'afficher pour M. de la Graverie ; mais nous devons, pour être en tout point fidèle à la vérité, avouer que, quand ils étaient seuls, Mathilde n'ouvrait plus guère la bouche que pour bâiller, et que ses devoirs et ses obligations de femme du monde commencèrent à se multiplier singulièrement chaque jour.

Il va sans dire que le chevalier de la Graverie ne s'aperçut de rien qui pût lui faire soupçonner qu'il n'était pas toujours le plus fortuné des hommes ; il voyait pour lui, dans le mariage, les gâteries auxquelles son enfance avait été habituée, et en était arrivé peu à peu à regarder comme très-simples et très-naturels les soins extraordinaires que lui prodiguait Mathilde, et à trouver que c'était bien le moins et le mieux qu'elle pût faire.

M. de la Graverie eût été bien certainement le plus heureux des époux, si, en même temps qu'époux, il n'eût eu cette malheureuse chance d'être mousquetaire gris.

C'était surtout ce terrible tour d'escorte qui revenait tous les mois, et qui, suspendu comme une épée de Damoclès au-dessus de sa tête, empoisonnait ses plus doux instants !

## VII

*Où il arrive un événement qui dispense le chevalier de la Graverie d'être d'escorte pendant trois mois.*

Le mois de février s'écoula comme s'était écoulé le mois de janvier ; le tour d'escorte du chevalier revint. Ce furent les mêmes angoisses, mais cette fois encore mieux justifiées. Mal tenu en bride, le cheval du mousquetaire s'abattit, M. de la Graverie sauta par-dessus sa tête, roula sur le pavé et se foula l'épaule.

On le rapporta chez lui presque content d'en être quitte pour si peu.

L'accident du chevalier se répandit. Tout ce qu'il y avait de bien placé à la cour déposa chez lui sa carte ou vint en personne.

Le roi fit demander trois fois de ses nouvelles.

Le baron était au comble de la joie.

— Sache exploiter la circonstance, lui disait-il, et ta fortune est faite.

Le chevalier ne demandait pas mieux que d'exploiter la circonstance, pourvu que ce ne fût point à cheval.

Aussi, quoique, en particulier, il eût tiré son bras de son écharpe ; quoique, quand il était seul, il le montrât devant une glace à poing à un être inconnu qui pouvait bien être le baron ; quoique, quand il s'agissait de serrer sa femme contre son cœur, il trouvât dans son bras foulé la même force que dans l'autre, en face des visiteurs qui venaient s'informer de sa santé, en face des officiers de la maison du roi qui venaient lui rendre visite, il feignait une douleur obstinée et faisait des grimaces diaboliques à chaque mouvement imprimé à son bras, volontairement ou involontairement.

Il espérait escamoter ainsi au moins un tour d'escorte.

En conséquence, non-seulement il ne sortait point, mais encore il ne quittait pas la chambre, ne se levait de son lit que pour s'étendre dans une grande bergère, et retrouvait cette félicité des tête-à-tête qu'il croyait à tout jamais perdue.

En effet, tandis que le chevalier lisait les journaux, et particulièrement le *Moniteur*, qui était sa lecture favorite, et dans la placidité duquel il trouvait quelque harmonie avec son caractère, Mathilde, assise auprès de lui, travaillait à un ouvrage d'aiguille quelconque, bâillant à se démonter la mâchoire, mais, chaque fois qu'elle bâillait, dissimulait à son mari cette disgracieuse action en levant sa tapisserie à la hauteur de son visage et en bâillant derrière la toile.

Le 7 mars au matin, Mathilde travaillant à sa tapisserie, le chevalier étendu dans son fauteuil et lisant le *Moniteur*, il tomba sur la proclamation suivante :

PROCLAMATION.

« Nous avions, le 31 décembre dernier, ajourné les chambres pour reprendre leurs séances au 1er mai ; pendant ce temps, nous nous livrions sans relâche à tous les travaux qui pouvaient assurer la tranquillité publique et le bonheur de nos peuples... »

— Ceci, c'est bien vrai, murmura le chevalier, et, pour mon compte, je n'ai à reprocher qu'une chose au roi : ce sont ses sorties journalières et sa manie d'être accompagné d'une escorte.

Puis, il reprit :

« Cette tranquillité est troublée ; ce bonheur peut être compromis par la malveillance et la trahison... »

— Oh ! oh ! fit le chevalier, entends-tu, Mathilde ?
— Oui, répéta Mathilde en étouffant un bâillement, j'entends : « Par la malveillance et la trahison ; » seulement, je ne comprends pas.
— Ni moi non plus, répondit le chevalier ; mais nous allons bien voir.

Et il continua :

« Si les ennemis de la patrie ont fondé leur espoir sur les divisions qu'ils ont toujours cherché à fomenter, ses soutiens, ses défenseurs légaux renverseront ce criminel espoir par l'inattaquable force d'une union indestructible... »

— Certainement, dit le chevalier, on renversera ce criminel espoir, et moi tout le premier, si mon bras va mieux.

Puis, se retournant vers Mathilde :

— Comme il écrit bien, le gouvernement ! n'est-ce pas, chérie ?
— Oui, dit Mathilde sans desserrer les dents, de peur, si elle desserrait les dents, de n'être plus maîtresse de sa mâchoire.
— Il est intéressant aujourd'hui, le *Moniteur*, fit le chevalier.

Et il continua :

« A ces causes, ouï le rapport de notre amé et féal chancelier de France, le sieur Dambray, commandeur de nos ordres, nous avons ordonné et ordonnons ce qui suit... »

— Ah ! fit le chevalier, voyons ce qu'ordonne le roi.

« Article 1er. Les chambres et celle des députés des départements sont convoquées au lieu ordinaire de leurs séances.

» Article 2. Les pairs et les députés absents de Paris s'y rendront aussitôt qu'ils auront connaissance de la présente proclamation.

» Donné au château des Tuileries, le 6 mars 1815, le vingtième de notre règne.

» Signé Louis. »

— C'est drôle, dit le chevalier, le roi convoque les chambres, et il ne dit pas pourquoi il les convoque.
— Tu m'as toujours promis de me conduire voir une séance pour me distraire, Dieudonné, dit Mathilde.
— Je t'y conduirai, dit le chevalier.
— Ah ! ce sera bien amusant, dit Mathilde bâillant à se fendre la bouche dans l'espoir du plaisir qu'elle y prendrait.

— Ah ! mais attends donc, s'écria le chevalier : « Ordonnance ; » il y a une ordonnance ; cette ordonnance va tout nous dire, peut-être :

Et il lut :

ORDONNANCE.

« Sur le rapport de notre amé et féal chevalier, chancelier de France, le sieur Dambray, commandeur de nos ordres, nous avons ordonné et ordonnons, déclaré et déclarons ce qui suit :

» Article 1er. Napoléon Bonaparte est déclaré *traître et rebelle* pour s'être introduit à main armée dans le département du Var... »

— Ta ta ta, fit le chevalier, que dit donc là le *Moniteur* ? As-tu entendu, Mathilde ?
— « Traître et rebelle pour s'être introduit à main armée dans le département du Var ; » mais qui cela est traître et rebelle ?
— Eh ! Napoléon Bonaparte, sac à papier ! Est-ce qu'ils ne l'avaient pas enfermé dans une île ?
— Si fait, reprit Mathilde, dans l'île d'Elbe même.
— Eh bien, alors, il n'a pas pu s'introduire dans le département du Var, à moins qu'il n'y ait un pont conduisant de l'île d'Elbe au susdit département. Continuons, continuons.

« Il est, en conséquence, enjoint à tous les gouverneurs, commandants de la force armée, gardes nationales, autorités civiles, et même aux simples citoyens de lui *courir sus*... »

— J'espère bien que tu vas te tenir tranquille, dit Mathilde, et ne pas t'amuser à lui courir sus ?
— Ce n'est pas tout. Attends donc... attends donc.

Et le chevalier reprit :

« De lui courir sus, de l'arrêter et de le traduire incontinent devant un conseil de guerre, qui, après avoir reconnu l'identité, prononcera contre lui l'application des peines portées par la loi. »

En ce moment, le chevalier fut interrompu dans sa lecture par le bruit que fit la porte de sa chambre à coucher en s'ouvrant, et par la voix de son domestique, annonçant son frère, le baron de la Graverie.

Le baron était équipé et armé en guerre, comme M. de Malbrouck.

Le chevalier pâlit en le voyant apparaître avec cet air formidable.

— Eh bien, dit le baron, tu sais ce qui se passe ?
— J'en ai quelque idée.
— L'ogre de Corse a quitté son île et a débarqué au golfe Juan.
— Au golfe Juan ! Qu'est-ce que c'est que cela ?
— C'est un petit port situé à deux lieues d'Antibes.
— D'Antibes ?
— Oui, et je viens te chercher.
— Me chercher ; moi ! et pourquoi faire ?
— Mais n'as-tu pas vu qu'il est enjoint à tout commandant de la force armée, à tout garde national, à toute autorité civile et même aux simples citoyens de lui *courir sus* ? Eh bien, je viens te chercher pour lui *courir sus*:

Le chevalier regarda Mathilde d'un air suppliant ; il reconnaissait humblement, dans toutes les grandes circonstances, qu'elle avait plus d'imaginative que lui, et il comptait sur elle pour le tirer de là.

Mathilde comprit ce regard de détresse.

— Mais, dit-elle s'adressant au baron, il me semble, beau-frère, que vous oubliez une chose.
— Laquelle ?
— C'est que, si vous êtes libre de prendre votre grand sabre et de courir sus à qui vous voulez, Dieudonné ne l'est pas.
— Comment ! il ne l'est pas ?
— Non ; Dieudonné appartient à la maison du roi, il fera ce que fera la maison du roi. Quitter Paris à cette heure, fût-ce pour courir sus à Napoléon, serait déserter.

Le baron se mordit les lèvres.

— Ah ! dit-il, il paraît que vous êtes le major général de Dieudonné ?

— Non, répondit simplement Mathilde, le major général de Dieudonné, est, je crois, le duc de Raguse.

Et elle se remit tranquillement à sa tapisserie, tandis que le chevalier la regardait avec admiration.

— Eh bien, soit, dit le baron, j'irai sans lui.

— Et l'honneur vous en reviendra à vous tout seul, dit Mathilde.

Le baron jeta un regard de haine à la jeune femme, et sortit.

— Que dis-tu de la visite de mon frère ? demanda Dieudonné tout tremblant encore.

— Mais je dis qu'après avoir soutiré de toi la moitié de ta fortune, il ne serait peut-être pas fâché de te faire tuer pour hériter du reste.

Dieudonné fit une grimace qui signifiait : « Tu pourrais bien avoir raison. » Puis il alla à Mathilde et l'embrassa, la serrant contre son cœur à l'étouffer, oubliant qu'il la serrait ainsi avec le bras dont il ne pouvait pas se servir.

Pendant toute la journée, la maison du chevalier ne désemplit pas.

Chaque visiteur parla de l'étrange événement; personne ne doutait que Napoléon ne fût pris et fusillé au bout de dix lieues.

Mais à cette question adressée vingt fois dans le cours de la journée au chevalier :

— Et vous, qu'allez-vous faire ?

Le chevalier répondit invariablement :

— Je suis de la maison du roi ; ce que fera la maison du roi, je le ferai.

Réponse que chacun trouva d'une convenance parfaite.

Tous les visiteurs, au reste, avaient rencontré le baron avec son grand sabre, et chacun savait qu'il s'apprêtait à courir sus à l'ogre de Corso.

Le même jour, vers deux heures, on apprit que M. le comte d'Artois allait partir pour Lyon, et M. le duc de Bourbon pour la Vendée.

En réponse à cette double nouvelle, Dieudonné annonça, en faisant d'effroyables grimaces, que son bras lui causait des douleurs épouvantables.

Le 8 et le 9, les nouvelles furent vagues.

On rencontrait partout le baron, qui n'attendait pour partir et pour courir sus à Napoléon, que de savoir précisément où il était.

A part les douleurs que lui faisait éprouver son bras, Dieudonné jouissait d'un grand calme.

D'où lui venait cette philosophie ? Etait-il de l'école stoïque ?

Non.

Mais une idée lui était venue, qui se cramponnait au fond de son esprit avec l'obstination de l'égoïsme.

A peine si nous osons avouer quelle était cette idée.

La Rochefoucauld a dit qu'il y avait toujours, dans le malheur même de notre plus grand ami, quelque chose qui ne nous déplaisait pas.

On pourrait ajouter que, dans les plus grands bouleversements politiques, au milieu des catastrophes qui renversent les trônes, les sceptres, les couronnes, il y a toujours un tout petit point qui fait que l'homme n'en veut pas trop à la cause renversante.

Dieudonné avait songé que, si Napoléon remontait sur le trône, Louis XVIII quitterait Paris; que Louis XVIII, quittant Paris, ne se promènerait plus de trois à six heures, et que, Louis XVIII ne se promenant plus, le service de l'escorte était supprimé.

Donc, plus d'angoisses pendant tout un jour, plus de transes pendant les trente autres.

A quoi tiennent les opinions, grand Dieu !

Le chevalier avait d'abord écarté cette idée comme indigne de lui ; mais peu à peu elle était revenue à la charge, et, ayant pénétré dans son cerveau, elle n'en voulait plus sortir.

Il en résulta que, le 9, quand Dieudonné lut dans le *Moniteur* que Napoléon entrerait probablement le 10 dans la soirée à Lyon, il ne fut pas si fortement impressionné de cette nouvelle qu'on aurait pu le croire.

Le baron avait annoncé que, sachant désormais où trouver Napoléon, il partirait sans faute le 11 ou le 12, c'est-à-dire dès que son entrée dans la seconde capitale du royaume se serait confirmée.

Le 15, dans la journée, le bruit se répandit que le duc de Raguse venait d'obtenir du roi que l'on fortifiât les Tuileries et qu'il s'y enfermât avec les ministres, avec les chambres, avec toute sa maison militaire. Les Tuileries pouvaient renfermer trois mille hommes.

Ce fut le baron qui vint annoncer cette nouvelle à son frère, en lui disant qu'il espérait bien le voir faire partie de la garnison.

— Je te croyais parti depuis le 11, lui répondit Dieudonné.

— J'allais partir, en effet, dit le baron, quand j'ai réfléchi que l'on vient de Lyon à Paris par deux routes, la route de Bourgogne et la route du Nivernais ; j'ai craint de prendre une route, tandis que l'usurpateur prendrait l'autre.

— C'est une raison, dit Mathilde.

— Oui, et je n'en vois pas, répondit le baron, à ce que mon frère ne se mette pas à la disposition du roi.

— C'est aussi ce qu'il va faire, dit Mathilde.

Et elle prit une plume, de l'encre et du papier.

— Que faites-vous ? demanda le baron.

— Vous le voyez, j'écris.

— A qui ?

— Au duc de Raguse.

— Quoi ?

— Que mon mari se met à sa disposition.

— Dieudonné ne sait donc plus écrire ?

— Non, quand il a le bras droit foulé..

Et Mathilde écrivit :

« Monsieur le maréchal,

» Mon mari, le chevalier Dieudonné de la Graverie, quoique assez grièvement blessé au bras pour que ce soit moi qui vous écrive, a l'honneur de vous rappeler qu'il fait partie de la maison rouge du roi. Quelque chose que vous décidiez, il demande à partager les périls de ses compagnons.

» Son dévouement pour Sa Majesté lui tiendra lieu de force.

» Il a l'honneur d'être,

» Monsieur le maréchal, etc., etc. »

— Est-ce bien ainsi ? demanda Mathilde au baron.

— Oui, répondit le baron furieux, c'est à merveille, et Dieudonné est bien heureux d'avoir une femme comme vous.

— Hein ! fit naïvement Dieudonné, quand je vous disais que c'était un trésor !

Le baron se retira en disant qu'il allait aux nouvelles.

Mathilde envoya sa lettre aux Tuileries.

Le 19, à neuf heures du matin, on apprit à Paris que Napoléon était entré le 17 à Auxerre, et qu'il continuait sa marche sur la capitale.

A onze heures, le roi, qui avait repoussé le plan du duc de Raguse, fit venir le maréchal et lui dit :

— Je pars à midi ; donnez les ordres en conséquence à ma maison militaire.

Le duc de Raguse donna ses ordres.

A midi, on annonça chez M. de la Graverie un aide de camp du maréchal.

Le maréchal répondait directement à madame de la Graverie, que le roi, sachant l'accident grave qui faisait garder la chambre à M. de la Graverie, et connaissant ses sentiments de dévouement à l'endroit de la monarchie, lui donnait congé de rester chez lui, sachant parfaitement que, s'il ne le voyait pas en ce moment suprême, cela tenait à la blessure qu'il s'était faite à son service.

— C'est bien, monsieur, répondit Mathilde à l'aide de camp ; dites à M. le maréchal que, dans une heure, M. de la Graverie sera au château.

Dieudonné ouvrait des yeux énormes.

L'aide de camp, émerveillé devant cette héroïne, salua avec admiration et se retira.

Mathilde passa la lettre à Dieudonné.

— Mais, dit-il, le roi me donnait congé, il me semble.

— Oui, dit Mathilde; mais ce sont de ces sortes de faveurs qu'un gentilhomme ne doit pas accepter ; il faut accompagner le roi dans sa retraite jusqu'au moment où la terre de France manquera devant lui, dussiez-vous vous faire attacher à votre cheval.

M. de la Graverie était un homme d'un sens droit.

— Vous avez raison, Mathilde, dit-il.

Puis, de la même voix que César eût fait le même commandement :

— Mon harnais et mon cheval de guerre! dit-il.

Une heure après, M. le chevalier de la Graverie était aux Tuileries.

A minuit, le roi partit.

En arrivant à Ypres, le roi le vit et le reconnut ; il était resté, lui troisième.

Le roi se fit apporter trois croix de Saint-Louis et les attacha lui-même à l'uniforme de ces trois fidèles.

Puis il les renvoya en France, en leur annonçant qu'il espérait les y revoir bientôt.

Le chevalier avait fait près de cent lieues à cheval, il en avait assez ; il vendit son cheval moitié de sa valeur, prit la diligence et revint à Paris.

Il est impossible de donner au lecteur une idée de la majesté du geste avec lequel il montra sa croix de Saint-Louis à Mathilde.

Mathilde était rayonnante.

Dieudonné demanda des nouvelles de son frère.

Il était enfin parti le 17.

Seulement, il était parti pour la Belgique, ne voulant pas rester à Paris, compromis comme il l'était par les dispositions belliqueuses qu'il avait imprudemment manifestées.

# VIII

### Où le chevalier de la Graverie fait de nouvelles connaissances.

On sait les événements qui suivirent le retour de l'île d'Elbe. Dieudonné, rentré dans son appartement de la rue de l'Université, pendit sa croix de Saint-Louis au chevet du lit de sa femme, en souvenir de ce que c'était à elle qu'il la devait.

Il ne fut nullement inquiété pendant les Cent-Jours.

Dieudonné était l'homme le plus heureux qu'il y eût au monde.

Il était chevalier de Saint-Louis et n'était plus mousquetaire !

La seconde Restauration s'accomplit ; le baron rentra à la suite des Bourbons et se réinstalla dans son appartement de la rue de Varennes.

Seulement, il ne vint pas voir son frère. Il regardait comme un grand passe-droit que Dieudonné eût été décoré et que lui ne le fût pas.

Il en résulta que le chevalier de la Graverie, n'ayant plus d'intermédiaire, arrangea directement son affaire avec le roi.

Il obtint de troquer son sabre de mousquetaire contre la baguette de maître des cérémonies, échange qui lui causa une grande joie, cette dernière charge, toute civile et toute pacifique, allant bien mieux à ses goûts que la première.

Mais il arriva qu'une fois débarrassé de son harnais, par une anomalie assez fréquente chez les hommes de son tempérament, le chevalier recherchait avidement la société de ceux qui portaient l'uniforme.

Il semblait avoir pris à tâche de prouver au monde entier, qui lui aussi avait eu le chef orné de ce bienheureux plumet, dont il était si incommodé alors qu'il avait le droit de le porter.

Ainsi, lorsqu'il était de service au dîner des Tuileries, il se plaçait de prédilection au milieu des officiers de la maison militaire et les traitait en camarades.

Un jour, il y fit la connaissance d'un capitaine de grenadiers à cheval, lequel, en vertu de la loi des contrastes, lui plut dès la première entrevue.

Ce capitaine était beaucoup plus âgé que M. de la Graverie, qui, à l'époque où nous sommes arrivés, atteignait sa vingt-cinquième ou vingt-sixième année ; quelques mois séparaient à peine cet officier du jour où l'ordonnance ministérielle le mettrait à la retraite.

Ses cheveux étaient gris et quelques rides précoces sillonnaient son front. Mais d'esprit, de cœur et de caractère, M. Dumesnil — c'était le nom du capitaine — avait toujours vingt ans ; c'était au point qu'il n'y avait peut-être pas dans toute la garde un sous-lieutenant qui pût lutter avec lui, de gaieté, de verve et d'insouciance.

A tous les exercices du corps, d'ailleurs tant négligés par M. de la Graverie, ou plutôt par les vieilles chanoinesses qui avaient fait son éducation, le capitaine Dumesnil était de première force.

Quant à son courage, il était proverbial dans l'armée.

Ces qualités firent sur le chevalier, par cela même qu'il ne les possédait point, une impression très-profonde ; il songea aussitôt qu'un tel ami serait bien précieux dans un intérieur un peu triste, comme l'était le sien ; il espéra qu'il distrairait Mathilde, qui devenait de moins en moins communicative dans le tête-à-tête ; il calcula qu'il profiterait de la bonne humeur qui ne pouvait manquer de venir à sa femme, comme elle lui venait à lui en écoutant les saillies de sa nouvelle connaissance ; en conséquence, il lui fit immédiatement toutes les avances qu'un amoureux pourrait faire à une femme désirée.

Au bout de quelques heures, la liaison était si bien ébauchée, que M. Dumesnil avait accepté de dîner le lendemain chez le chevalier, et cela, sans se faire beaucoup prier.

Le capitaine, disons le, du reste, en passant, était un des hommes qui prendraient leur couvert chez le diable, s'ils étaient sûrs que le rôti n'y fût pas trop brûlé.

Sans s'en douter, M. de la Graverie était précisément alors dans une des phases les plus critiques de la vie conjugale.

Depuis longtemps déjà, madame de la Graverie s'ennuyait. L'ennui, chez les femmes du tempérament dont était Mathilde, c'est le frisson qui précède la fièvre. L'année qui avait suivi la seconde Restauration avait été très-gaie ; la jeune femme se trouvait rassasiée de bruit, fatiguée de danses, saturée de coquetterie banale : elle commençait à ne plus aimer ces sortes de plaisirs pour les plaisirs seulement ; elle sentait le vide de son cœur, et madame de la Graverie était comme la nature, elle avait le vide en horreur.

Elle restait, d'ailleurs, la même, ou à peu près, pour son mari ; l'habitude, l'influence de l'éducation avaient stéréotypé en elle la femme de ménage attentive et minutieuse ; quel que fût le cours de ses pensées, elle n'en témoignait pas moins d'attachement à Dieudonné ; mais, au fond, la mélancolique tendresse du chevalier agaçait la délicatesse du système nerveux de sa femme, et les regards que celle-ci lui jetait sous le titre d'œillades d'amour, commençaient à se charger peu à peu de cette haine impatiente que les femmes comme elle portent toujours un peu à un mari qui s'obstine à ne pas leur laisser le moindre sujet de plainte, et, par conséquent, la plus petite revanche à prendre.

Or, le jour même où M. de la Graverie introduisait chez lui son ami de la veille, le baron, revenant pour la première fois chez Dieudonné, présentait à sa belle-sœur un jeune lieutenant de hussards, qui lui était on ne peut plus chaudement recommandé.

Ce jeune hussard était véritablement un des plus charmants officiers qui se pût voir ; il avait une taille d'une exiguïté et d'une souplesse toutes féminines, une tournure élégante, la moustache galamment retroussée, l'air suffisant ; c'était enfin un mannequin accompli, pour faire reluire avantageusement au soleil les tresses d'or d'un dolman ou traîner crânement une sabretache.

On n'a pas assez étudié, et l'on n'étudiera jamais quelle peut être, sur la santé et l'humeur d'une jolie femme, l'influence d'une agréable tournure et d'une humeur joviale. — A dater de ce bienheureux jour où le lieutenant de hussards et le capitaine de grenadiers vinrent s'asseoir au foyer du chevalier de la Graverie, un mieux sensible s'opéra dans l'état de la maîtresse du logis : la pâleur, qui avait momentanément obscurci son teint, s'effaça ; le cercle bleuâtre qui amortissait l'éclat de ses yeux, disparut ; elle redevint gaie, et elle assaisonna ses prévenances conjugales d'airs souriants qui en doublèrent le charme et le prix.

Le succès involontaire mais visible qu'ils avaient obtenu, attacha singulièrement les deux médecins, malgré eux, à la jolie malade. Ils ne quittèrent plus ses côtés, et quinze jours ne s'étaient point écoulés, qu'ils étaient devenus, des commensaux non-seulement ordinaires, mais quotidiens, de l'hôtel de la Graverie.

On les trouvait sans cesse réunis aux promenades et aux courses; ils faisaient leurs entrées de compagnie dans les bals et dans les spectacles; de sorte qu'aussitôt que l'on voyait poindre madame de la Graverie, on pouvait parier que M. de la Graverie venait derrière elle, et, derrière M. de la Graverie, les deux cavaliers servants.

Ce fut le plus extraordinaire peut-être, mais aussi le plus charmant des ménages.

Ce n'était point un ménage à deux comme les ménages vulgaires; ce n'était point un ménage à trois comme on en rencontre à chaque pas en Italie. Non, c'était un ménage à quatre, où figuraient, avec les mêmes priviléges, monsieur, l'ami de monsieur et le protégé de madame; tous trois très-élégamment et très-loyalement partagés, recevant chacun avec une scrupuleuse exactitude ce qui lui revenait de sourires, de mercis affectueux et d'œillades reconnaissantes, tous trois acquérant à tour de rôle le droit d'offrir leur bras à la jolie Mathilde et aussi celui de porter son châle, son éventail ou son bouquet à titre de dédommagement.

La justice distributive de madame de la Graverie était si parfaite, qu'elle ne fit pas un seul jour un jaloux ou un mécontent.

Mais le plus satisfait du trio masculin, le plus reconnaissant non-seulement à Mathilde, mais encore aux deux autres, était sans contredit Dieudonné, qui ne se sentait pas d'aise lorsqu'il songeait qu'il avait trouvé deux soupapes nouvelles par lesquelles il pouvait épancher le superflu de sa tendresse, qui, aux jours de son isolement, débordait de son cœur.

Comment madame de la Graverie s'y prenait-elle pour maintenir cette égalité d'humeur et cette abnégation dans sa petite cour?

C'est, nous l'avouons de bonne foi, un de ces secrets de femme, que, malgré nos études incessantes et réitérées en cet endroit, nous n'avons jamais pénétré.

Et, chose la plus extraordinaire de toutes, c'est que le monde ne médit presque pas de cette étrange agrégation. La jeune Allemande paraissait si candide; il y avait une telle naïveté même dans ses façons les plus compromettantes avec les deux officiers; tout en elle était d'un naturel si parfait, que l'on se fût fait accuser d'avoir très-certainement une méchante âme, si l'on eût osé se permettre de hasarder le moindre des soupçons.

Le baron de la Graverie fut l'ange à l'épée flamboyante qui chassa les trois bienheureux de leur paradis.

Une après-midi, Mathilde était légèrement souffrante; M. de Pontfarcy — c'était le lieutenant de hussards — se trouvait être de service; enfin, le chevalier de la Graverie et son ami, le capitaine de grenadiers, se promenaient seuls aux Champs-Élysées.

Bien que le quatuor ordinaire se trouvât considérablement réduit, M. de la Graverie paraissait fort joyeux; il bondissait plutôt qu'il ne marchait, et cela, malgré un embonpoint devenu respectable, eu égard à son âge. Le plus léger incident le faisait rire aux éclats, et il ne cessait de se frotter allégrement les mains, et, suivant les saintes lois de l'amitié, le capitaine Dumesnil partageait en tout point cette heureuse humeur.

Dans leur promenade, ils furent croisés par un homme qui ne semblait pas précisément aussi satisfait de la destinée qu'ils paraissaient l'être.

Cet homme, c'était le baron de la Graverie.

Il marchait la mine si soucieuse, si sombre, le chapeau si complétement rabattu sur les yeux, qu'ils le touchèrent sans le reconnaître.

Mais, lui, se sentant heurté, releva la tête et les reconnut.

— Par la mort-Dieu! je suis aise de vous rencontrer, chevalier dit le frère aîné en saisissant le bras de son cadet.

— Vraiment! dit celui-ci en faisant une grimace de douleur tant le baron avait serré fort.

— Oui, j'allais chez vous.

Dumesnil secoua la tête; il avait le pressentiment d'un malheur.

Mais, revenant rapidement à son humeur joyeuse :

— Eh bien, voyez, dit le chevalier, la bizarre chose, je disais à l'instant même à Dumesnil : « Il faut que tout à l'heure je passe chez mon frère, pour lui annoncer cette heureuse nouvelle. »

— Cette heureuse nouvelle?... répéta le baron avec un sourire lugubre. Ah! vous avez une heureuse nouvelle à m'apprendre?

— Oui.

— Eh bien, l'échange ne sera pas à votre avantage; car j'en ai, moi, une assez désagréable à vous offrir.

Il était facile de voir, pour un observateur aussi fin que l'était Dumesnil, que cette nouvelle, qui devait être si désagréable au chevalier, réjouissait fort le baron.

Dumesnil frissonna, et, comme le chevalier avait le bras appuyé au bras du capitaine, il frissonna lui-même par sympathie plutôt encore que par pressentiment.

— Mais qu'est-ce donc? murmura le pauvre Dieudonné en blêmissant, et il était d'avance terrifié par l'éclair de la bombe que le baron allait lancer au travers de son bonheur.

— Rien, pour le moment.

— Comment! rien pour le moment?

— Non, plus tard, je vous dirai cela, quand nous serons chez moi, si vous voulez bien m'y suivre.

Dumesnil vit que le baron désirait parler à son frère en particulier, et, comme le premier n'avait point caché au second que ce qu'il avait à lui dire n'était point agréable à entendre, il aimait autant n'en pas assister à l'entretien.

— Pardon, mon cher Dieudonné, dit-il, mais il me revient en mémoire que je suis attendu chez mon colonel.

Et il tendit une main au chevalier, tandis que, de l'autre, il saluait le baron.

Mais Dieudonné, menacé par un malheur inattendu, n'était pas homme à affronter seul ce malheur; il reprit et remit sous son bras le bras que le capitaine venait de lui retirer.

— Bah! fit-il, ce matin encore, vous m'avez dit, mieux que dit, déclaré que vous étiez libre pour tout le jour; vous resterez, monsieur le discret, et mon frère parlera devant vous. Que diable! vous avez accepté la moitié de ma joie tout à l'heure, c'est bien le moins que vous endossiez votre part de mon ennui.

— Au fait, dit le baron, je ne sais vraiment pas pourquoi je laisserais monsieur en dehors d'une confidence dans laquelle il a son rôle aussi bien que vous.

Le capitaine Dumesnil releva la tête, comme fait un cheval au bruit du clairon, et rougit légèrement.

— Au diable soit le vieux voltigeur qui nous aura gâté notre journée! murmura-t-il à l'oreille de Dieudonné.

Puis, tout haut, d'un ton qui tenait à la fois de la prière et de la menace :

— Monsieur le baron a sans doute bien réfléchi à ce qu'il allait entreprendre, dit-il; cependant, je me permettrai de lui faire observer que les confidences dont je parle sont parfois aussi dangereuses pour celui qui les fait, que douloureuses à celui à qui elles sont faites.

— Monsieur, répondit sèchement le baron, je sais à quoi m'obligent mes devoirs de chef de la famille de la Graverie, et je suis seul juge de ce que mon honneur commande.

Que veut dire tout ceci, mon Dieu? murmurait le pauvre chevalier en secouant la tête. Dumesnil a l'air très au courant de ce que veut me dire mon frère, et il ne m'en a pas parlé. Allons, mon cher baron, déboutonnez-vous tout de suite; la perplexité dans laquelle vous nous avez mis est plus douloureuse que ne le sera, j'en suis bien certain, ce que vous avez à m'apprendre.

— Suivez-moi donc chez moi, alors, dit le baron.

Et tous deux, redescendant les Champs-Élysées, marchèrent à ses côtés, et, par le pont de la Concorde et la rue de Bourgogne, arrivèrent à la rue de Varennes, demeure du baron.

Tous trois étaient si préoccupés, que, pendant cette longue course, pas un ne rompit le silence.

L'anxiété du pauvre Dieudonné redoubla lorsqu'il vit son frère aîné les faire entrer dans le cabinet le plus reculé de son appartement, et en fermer soigneusement la porte.

Quand il eut pris ces soins préliminaires pour assurer le secret de la conférence, le baron tira solennellement une lettre de sa poche et la présenta de la main droite à son cadet, tandis que, de la gauche, étreignant la main de celui-ci, il murmurait d'un air profondément compatissant :

— Pauvre frère! pauvre frère! malheureux chevalier!

Cet exorde était si lugubre, que Dieudonné hésita à prendre le papier.

Cette seconde d'hésitation suffit à Dumesnil pour jeter les yeux sur le pli et pour en reconnaître l'écriture fine et déliée. Avant que le chevalier eût pris une décision, le capitaine de grenadiers saisit la lettre.

— Par le sang-Dieu! dit le capitaine, il ne la lira pas, votre lettre, monsieur le baron.

Puis, se redressant, serrant le ceinturon de son habit d'un cran, et entraînant M. de la Graverie aîné dans un coin de la chambre :

— J'accepte vos reproches, monsieur, j'assume toutes les conséquences de ceci ; mais je ne laisserai pas mettre au laminoir le bonheur de votre pauvre frère ; il y a des gens qui ont besoin de rêver pour exister; pensez-y.

Puis, plus bas :

— Au nom du ciel, monsieur, laissez vivre le pauvre agneau, qui est bien fait de la meilleure pâte dont le ciel ait jamais fait cadeau à la terre.

— Non, monsieur, non, répondit le baron en élevant la voix, non, les questions d'honneur dominent toutes les autres dans nos familles.

— Bon ! bon ! dit le capitaine en ayant l'air de tourner la chose en plaisanterie, il en est un peu de l'honneur comme du mari outragé, convenez-en : il est sauf quand cela s'ignore, et à peine égratigné quand cela s'apprend.

— Mais, monsieur, il y a un coupable, dont il ne faut pas encourager l'impunité.

Le capitaine saisit le poignet du baron.

— Et qui diable vous demande grâce ? dit-il avec un regard flamboyant ; est-ce que vous ne comprenez pas que je me mets à votre disposition, monsieur ?

— Non, continua le baron en élevant de plus en plus la voix; non, il importe que Dieudonné sache que son indigne femme et son non moins indigne ami...

Le capitaine devint pâle comme un cadavre, et essaya de couvrir avec sa main la bouche du baron.

Mais il était trop tard, le chevalier avait entendu.

— Ma femme! s'écria-t-il, Mathilde ! elle m'aurait trompé, elle? Allons donc, c'est impossible.

— Allons ! fit le capitaine, il en est arrivé à ses fins, le bandit.

Et, haussant les épaules, il lâcha le baron et alla s'asseoir dans un coin de l'appartement, en homme qui a fait tout ce qu'il a pu pour empêcher une catastrophe, mais qui, la voyant arriver malgré ses efforts, s'y résigne tristement.

— Impossible? releva le baron sans faire attention à l'accent lamentable avec lequel son frère avait prononcé ces mots. Si vous ne me croyez pas, priez monsieur de vous rendre la lettre dont il s'est emparé, au mépris des convenances et du savoir-vivre, et vous y verrez la preuve de votre déshonneur.

Le capitaine Dumesnil, assis dans son coin, semblait impassible à la surface ; mais il mordait sa moustache en homme qui n'est point aussi calme qu'il voudrait le paraître.

Pendant ce temps, Dieudonné devenait de plus en plus pâle ; les quelques mots qu'il laissa échapper expliquaient cette pâleur croissante.

— Mon déshonneur ! répéta-t-il, mon déshonneur ! mais alors, frère, mon enfant!...

Le baron éclata de rire.

— Cet enfant, continua le chevalier, comme s'il n'eût pas entendu le rire sarcastique de son frère, cet enfant dont je me promettais tant de joie, depuis deux jours que Mathilde m'en a parlé; cet enfant, dont je rêvais tout éveillé et auquel je pensais endormi ; cet enfant, que je voyais déjà dans son berceau avec sa petite figure d'ange, rose et blanche ; cet enfant, dont le doux gazouillement bruissait d'avance à mon oreille ; cet enfant ne m'appartiendrait pas?.,. Oh ! mon Dieu ! mon Dieu ! continua-t-il avec une voix qui se fondait en sanglots, je perds à la fois ma femme et mon enfant!

Le capitaine se leva comme pour aller prendre le chevalier entre ses bras ; mais il se rassit aussitôt, et, au lieu de mordre ses moustaches, commença de se mordre les poings.

Mais, comme s'il ne voyait ni la douleur de son frère, ni la colère du capitaine :

— Oui, répliqua brutalement le baron ; car cette lettre, que le hasard a mise dans mes mains, que je désirais vous communiquer, et dont s'est emparé le capitaine Dumesnil, contient les félicitations que votre femme adresse à son amant, à propos de cette future maternité.

Le pauvre Dieudonné ne répondit point ; il était tombé à genoux, s'était caché le visage entre ses mains, et faisait entendre des sanglots convulsifs. Le capitaine Dumesnil ne put supporter plus longtemps cette scène.

Il se leva, et, marchant droit au baron :

— Monsieur, lui dit-il à demi-voix, en ce moment, comme vous le comprenez bien, puisque vous avez fait tout ce que vous avez pu pour cela, je ne m'appartiens plus ; mais, lorsque monsieur votre frère aura reçu la satisfaction qui lui est légitimement due, je pourrai qualifier votre conduite comme elle le mérite, et croyez bien que je n'y manquerai pas.

Et, en achevant cette phrase, l'officier salua et se dirigea vers la porte.

— Vous vous en allez, monsieur ? lui dit le baron.

— Je vous avoue, répondit le capitaine, que je ne me sens pas la force de supporter cette effroyable scène.

— Allez-vous-en, soit ! mais rendez-moi la lettre de madame de la Graverie.

— Et pourquoi donc vous la rendrais-je? demanda le capitaine avec hauteur en fronçant le sourcil.

— Mais par cette raison bien simple qu'elle ne vous est point adressée, reprit le baron.

Le capitaine se retint à la muraille, il avait failli tomber.

En effet, le capitaine, le lecteur a dû le comprendre, avait pensé jusqu'alors que l'accusation lui donnait dans toute cette affaire un rôle plus actif que celui qui venait de lui être fait par le baron.

Il prit vivement la lettre, qu'il avait placée dans une de ses poches, la déplia et en lut les premières lignes.

Au geste qui lui échappa, au mouvement de sa physionomie, le baron devina tout.

— Vous aussi ! s'écria-t-il en frappant ses mains l'une contre l'autre ; vous aussi ! Eh bien, alors, elle est encore d'un tiers plus coquine que je ne le pensais.

— Oui, monsieur, moi aussi, dit le capitaine en baissant la voix.

— Comment ?

— Oui, moi aussi, je suis un misérable, aussi misérable qu'elle pour avoir trompé ce brave, ce digne, ce loyal garçon ; mais dites-lui, lorsqu'il sera revenu à lui...

Mais Dieudonné, qui, pendant ce temps-là, était sorti de sa torpeur, l'interrompit.

— Dumesnil ! s'écria-t-il, Dumesnil ! ne m'abandonne pas, mon ami ; songe que je n'ai plus au monde que ton amitié pour me secourir et me consoler.

Le capitaine, retenu par son remords, hésitait.

— Oh ! mon Dieu ! mon Dieu ! s'écria le pauvre chevalier en se tordant les mains, l'amitié n'est-elle donc qu'un mot, comme l'amour ?

Le baron fit un mouvement pour s'avancer vers son frère.

Ce mouvement décida le capitaine.

Il saisit le bras du frère aîné avec une force qui arracha une crispation de douleur à ce dernier, et, à demi-voix, les yeux dans les yeux :

— Pas un mot de plus, monsieur, lui dit-il impérieusement ; voici la première fois qu'une faute de ce genre me laisse quelque regret ; mais celui que me donne cette faute est si cuisant, que je ne sais, je vous le jure, si j'aurai assez de toute ma vie pour le racheter ; je l'essayerai pourtant, monsieur, et cela, en me dévouant à votre frère, en lui donnant les soins et la tendresse sans lesquels il ne peut plus vivre. Taisez-vous donc, monsieur ; il n'est ni en votre pouvoir, ni au mien d'annihiler le passé, vous ne déchirez pas davantage ce pauvre cœur.

— Tout me sera bon, monsieur, répliqua aigrement le baron, pour amener mon frère à chasser une femme qui le déshonore, et à répudier un enfant qui vient voler une fortune qui appartient à d'autres.

— Oh ! dites qui vous appartient, ce sera plus franc, et alors, au point de vue de l'égoïsme, votre conduite sera peut-être excusable, répondit le capitaine en jetant sur le baron un regard de mépris ; soit ; mais la lettre que madame de la Graverie écrivait à M. de Pontfarcy suffira pleinement pour obtenir, même judiciairement, ce que vous souhaitez.

— Alors, rendez-moi cette lettre.

Dumesnil réfléchit un instant.

Puis :

— Je le veux bien, dit-il ; mais j'y mets une condition.

— Une condition ?

— Oh ! c'est à prendre ou à laisser, monsieur, dit le capitaine avec impatience et en frappant du pied ; ainsi dépêchons. Votre parole, ou je déchire cette lettre.

— Cependant, monsieur !

Le capitaine fit le geste de déchirer le papier.

— Monsieur, sur ma foi de gentilhomme...

— De gentilhomme ! murmura Dumesnil avec un accent de souverain mépris ; eh bien, oui, sur votre foi de gentilhomme ! puisque l'on est encore gentilhomme, à ce qu'il paraît, en faisant de pareilles choses, jurez-moi que vous ne direz jamais à votre frère qu'il a été trompé à la fois par les deux hommes qu'il appelait ses amis ; jurez-moi, enfin, que vous n'entraverez pas l'expiation à laquelle je veux consacrer le temps qui me reste à vivre.

— Je vous le jure, monsieur, dit le baron dévorant des yeux la précieuse lettre.

— A merveille. Et je compte si bien que vous tiendrez votre serment, que je ne vous dis pas ce que je compte faire si vous y manquez.

Et le capitaine remit au baron la lettre écrite par Mathilde à M. de Pontfarcy.

Puis, s'avançant vers le chevalier toujours affaissé sur lui-même :

— Allons, Dieudonné, lui dit-il, relève-toi, et appuie-toi sur ma poitrine ; nous sommes des hommes.

— Oh ! merci, merci, dit le chevalier en se relevant avec effort, et en s'abandonnant dans les bras du capitaine ; tu ne me quitteras point, toi, n'est-ce pas ?

— Non, non, murmurait le capitaine caressant son ami comme il eût fait d'un enfant.

— Oh ! vois-tu ! continua le chevalier d'une voix entrecoupée par les sanglots, c'est que j'ai peur de devenir fou, tant je suis effrayé de l'avenir qui s'ouvre devant moi, tant je suis certain que la comparaison du passé au présent va me rendre l'existence odieuse.

— Allons, dit le baron, du courage ! la meilleure des femmes ne vaut pas la moitié des larmes que tu verses depuis un quart d'heure, à plus forte raison une drôlesse.

— Oh ! vous ne savez pas, vous ne savez pas, interrompit le pauvre Dieudonné, ce que cette femme était pour moi ! Vous, vous avez les salons, vous avez la cour, vous avez l'ambition qui vous occupe, vous avez les honneurs que vous poursuivez, vous avez les plaisirs qui tiennent leur place dans votre cœur avec les commérages des deux chambres ; vous avez les promotions, les distinctions, qu'obtiennent vos rivaux. Moi, je n'avais qu'elle ; elle était toute ma vie, toute ma joie, toute mon ambition sur la terre. Les paroles qui sortaient de sa bouche étaient les seules auxquelles je trouvasse une valeur ; et, à présent que je sens que tout cela manque tout à coup sous mes pieds, il me semble que je vais entrer dans un désert sans eau, sans soleil et sans lumière, où le temps ne marquera plus que par mes douleurs ! Oh ! mon Dieu ! mon Dieu !...

— Bah ! dit le baron, chansons que tout cela !

— Monsieur !... fit le capitaine presque menaçant.

— Oh ! vous ne m'empêcherez pas de dire à mon frère, répéta le baron ne perdant pas de vue son héritage, vous ne m'empêcherez pas de lui dire qu'il doit au nom qu'il porte, de ne pas le laisser avilir ; en cessant d'estimer une femme indigne de vous, vous cessez de l'aimer.

— Sophisme, paradoxe, erreur que tout cela, mon frère ! s'écria le chevalier avec le désespoir dans le cœur ; dans ce moment même, voyez-vous, dans ce moment où sa faute me brise le cœur, où la honte empourpre mon front, eh bien, dans ce moment, je l'aime ! je l'aime !

— Ami, murmura le capitaine, il faut être homme, il faut vivre.

— Vivre ! pourquoi faire maintenant ?... Ah ! oui, pour me venger, pour tuer son amant ; oui, selon la loi du monde, selon le code de l'honneur, il faut maintenant que, lui ou moi, nous mourions, parce que Dieu l'a faite femme, c'est-à-dire lâche et perfide ; et, parce que, lâche et perfide, elle a forfait à sa foi, une mort d'homme est devenue nécessaire, et tout cela pour le monde, pour l'honneur, comme si le monde s'inquiétait de la façon dont on me ravit ma joie, comme si l'honneur se souciait de mon infortune ou de ma félicité. Mais le monde et l'honneur se soucient d'une chose, par exemple : c'est du sang. Peu leur importe celui qui doit être répandu à la suite de l'offense.

— Auriez-vous peur, mon frère ? demanda le baron.

Le chevalier regarda son frère avec une expression désespérée.

— Je n'ai peur que d'être celui qui tuera..., dit-il.

Et il prononça ces paroles avec une animation et une énergie qui prouvaient combien il avait dit la vérité.

Puis, faisant un effort, et posant sa main sur l'épaule du capitaine :

— Allons, mon pauvre Dumesnil, lui dit-il, aide-moi à me venger, puisque je ne puis laisser le soin de ma vengeance à Dieu, sans être accusé d'être un lâche.

Et, se retournant vers son frère :

— Baron, lui dit-il, je vous engage ma foi que, demain, à pareille heure, de M. de Pontfarcy ou de moi, l'un sera mort. Est-ce tout ce que vous exigez comme représentant de l'honneur de la famille ?

— Non, car je connais votre faiblesse, mon frère. Je demande un pouvoir pour suivre juridiquement votre séparation contre votre indigne femme.

— Et ce pouvoir, vous l'avez là, sans doute, mon frère, tout préparé, tout rédigé ?

— Il n'y manque que votre signature.

— Je m'en doutais... Une plume, de l'encre, le pouvoir.

— Voilà ce que vous demandez, mon cher Dieudonné, dit le baron présentant à son frère d'une main le pouvoir et de l'autre une plume trempée dans l'encre.

Le chevalier signa sans faire entendre une plainte, sans pousser un soupir.

Seulement, la signature était tellement tremblée, qu'elle était à peine lisible.

— Mille tonnerres ! dit le capitaine en entraînant son ami et en jetant un dernier regard sur le baron, on en a pendu, et un bon nombre, qui ne l'avaient pas tant mérité que celui-là !

## IX

Un cœur brisé.

A la porte de la rue, il y eut presque une lutte entre le chevalier et son ami.

Le chevalier voulait tourner à gauche, le capitaine essayait de l'entraîner à droite.

Dieudonné voulait absolument rentrer chez lui, reprocher à Mathilde sa trahison, lui dire un dernier adieu.

Le capitaine, au contraire, avait, dans l'intérêt de son ami et dans le sien propre, d'excellentes raisons pour s'opposer à cette entrevue.

Il employa donc toute son éloquence pour faire renoncer Dieudonné à son projet ; mais ce ne fut pas sans peine qu'il obtint que, au lieu d'aller à son hôtel, le chevalier de la Graverie viendrait habiter pendant quelques jours son modeste logement.

Une fois qu'il l'eut installé dans sa petite chambre, le capitaine dévêtit son uniforme, s'habilla de noir et prit ses dispositions pour sortir.

Le pauvre chevalier était tellement abîmé dans sa douleur, qu'il ne s'aperçut de l'intention de son ami qu'au moment où celui-ci ouvrait la porte.

Il étendit vers lui les mains comme eût fait un enfant.

— Dumesnil, dit-il, tu vas me laisser seul ?

— Pauvre ami, dit le capitaine, as-tu déjà oublié que tu as à demander compte à quelqu'un, je ne dirai pas de ton honneur, mais de son honneur ?

— Oh! je l'avoue, oui, je l'avais oublié. Dumesnil! Dumesnil! je pensais à Mathilde.

Et le chevalier se remit à fondre en larmes.

— Pleurez, pleurez, mon ami, disait le capitaine ; le bon Dieu, qui fait bien tout ce qu'il fait, a mis au cœur des êtres bons et faibles de larges soupapes pour épancher une douleur qui, sans cela, les tuerait. Pleurez! oh! ce n'est pas moi qui vous dirai de refouler vos larmes.

— Eh bien, allez, mon ami, dit le chevalier, allez; je vous remercie de m'avoir rappelé à mon devoir.

— J'y vais.

— Une seule recommandation.

— Laquelle ?

— Tâchez que cela ne traîne pas en longueur ; faites, si c'est possible, que la chose soit pour demain matin.

— Soyez tranquille, mon ami, dit le capitaine en serrant le chevalier contre son cœur; j'aurai même bien du malheur si tout n'est pas fini pour ce soir.

Le chevalier resta seul.

Et c'est ici que nous nous arrêtons pour demander bien humblement pardon à nos lecteurs.

Nous avons dit, en commençant, que ce livre n'était point un roman comme les autres. En voici la preuve.

Tous les héros de roman sont beaux, grands, élancés, bien faits de taille, braves, intelligents, spirituels.

Ils ont de beaux cheveux noirs ou blonds, de grands yeux noirs ou bleus.

Ils ont une susceptibilité qui, au moindre outrage, leur fait porter la main à la poignée de leur épée ou au pommeau de leur pistolet.

Enfin, ils sont fermes dans leur résolution si la haine chez eux appelle la haine; l'amour, l'amour.

Notre héros n'est rien de tout cela : il est plutôt laid que beau, plutôt petit que grand, plutôt grassouillet que mince, plutôt poltron que brave, plutôt naïf qu'intelligent.

Il n'a les cheveux ni noirs ni blonds : il les a jaunâtres; il n'a les yeux ni noirs ni bleus : il les a verts.

L'outrage qui lui a été fait est grand, et cependant, comme il l'a dit, il se battra, mais seulement parce que le monde l'exige.

Enfin, il est irrésolu, et — au lieu de haïr — il aime encore celle qui l'a trompé.

Depuis longtemps, il nous semblait que l'on déshéritait trop les humbles de la création du droit d'aimer et de souffrir. Il nous semblait qu'il n'était pas absolument nécessaire d'être beau comme Adonis et brave comme Roland, pour avoir droit aux paroxysmes suprêmes de l'amour et de la douleur.

Et, comme nous cherchions dans notre imagination un rêve auquel donner la vie, voici que le hasard nous a fait, au beau milieu de ce monde, rencontrer justement l'homme que nous cherchions :

Le pauvre chevalier de la Graverie.

Lui était un exemple que, sans être en rien ni physiquement ni moralement un héros de légende, on peut souffrir toutes les douleurs humaines renfermées dans ces quelques mots : il aimait, il a été trompé.

Aussi, resté seul, au lieu de prendre la pose d'Antony ou de Werther, Dieudonné s'abandonna-t-il tout simplement, tout naturellement, à son désespoir.

Il se promenait dans sa chambre, en long, en large, en diagonale, en appelant Mathilde, non pas ingrate, perfide, cruelle, mais des plus doux et des plus charmants noms qu'il avait l'habitude de lui donner; il lui adressait des reproches comme si elle eût pu l'entendre. Il cherchait, afin de s'en prendre à lui-même, s'il ne lui avait pas donné quelque motif de plainte qui pût justifier sa trahison. Il essuyait ses larmes pour avoir l'instant d'après à les essuyer encore.

Eh bien, nous l'avouons, voilà de ces douleurs qui ont toutes nos sympathies; cette faiblesse de l'homme qui garde l'impuissance de l'enfant est déchirante, en ce que l'on devine que, ne trouvant point de consolation en elle-même, elle n'en cherchera même point dans les autres; pour elle, alors, tout dépend de Dieu; non pas que cette faiblesse ait la foi; non pas qu'elle dise : « Vous m'aviez donné mon bonheur, vous me l'avez repris; soyez béni, mon Dieu ! » mais parce qu'elle dit : « Qu'avais-je fait pour tant souffrir ? Mon Dieu ! mon Dieu ! ayez pitié de moi ! »

Or, savez-vous quelle était la pensée qui dominait chez ce malheureux, si cruellement trahi par sa femme?

C'était de revoir Mathilde, une fois, une seule fois encore.

C'était de lui dire tous ces reproches qui l'étouffaient.

C'était...

Qui sait ? peut-être se justifierait-elle !

Après mille doutes, mille hésitations, il parut tout à coup prendre un parti et se précipita vers la porte.

Mais il s'aperçut, à la résistance du pêne, que son ami l'avait enfermé à double tour.

Il courut à la fenêtre, et se mit à maudire son ami.

Cela lui fit quelque bien d'avoir à maudire autre chose que Mathilde.

Tout à coup, il pensa qu'en appelant par la fenêtre, e concierge viendrait, et, ayant sans doute une double clef de l'appartement, pourrait lui ouvrir. Il ouvrit la fenêtre et appela.

La cour resta déserte.

A mesure que les difficultés se plaçaient entre le chevalier et son désir de revoir Mathilde, ce désir devenait plus grand.

— Oui, oui, oui, disait-il tout haut, il faut que je la revoie, et je la reverrai !...

Puis, il criait :

— Mathilde ! Mathilde ! Mathilde ! chère Mathilde !

Et, les bras tordus, il se roulait sur le tapis.

Tout à coup, il se releva et chercha des yeux.

Ses yeux s'arrêtèrent sur le lit : c'était cela qu'il cherchait.

Il s'y précipita comme un tigre sur sa proie ; il en arracha les draps, les déchira en bandes et commença de nouer ces bandes les unes au bout des autres.

Cet homme qui, à dix ans, appelait sa tante pour l'aider à descendre un escalier, qui avait le vertige quand il montait à cheval, cet homme, sans aucun débat avec lui-même, avait résolu de descendre avec des draps déchirés d'une fenêtre du second étage.

Aussi, la besogne achevée, alla-t-il droit à la fenêtre.

En allant à la fenêtre, il passa devant la porte.

Il s'arrêta, essaya encore, mais inutilement, de l'ouvrir ; il pesa dessus de toute sa force; mais la porte était solide, elle résista.

— Allons! dit-il.

Et il noua sa corde par une des extrémités à la barre de la fenêtre.

La nuit était venue, sinon la nuit, au moins le crépuscule.

Il regarda et se rejeta en arrière ; la hauteur de la croisée lui donna le vertige.

— J'ai le vertige parce que je regarde, dit-il ; en ne regardant pas, je ne l'aurai plus.

Et il ferma les yeux, enjamba la fenêtre, se cramponna des deux mains aux draps et commença de descendre.

A la hauteur du premier étage, c'est-à-dire à mi-chemin, le chevalier entendit un craquement au-dessus de sa tête ; puis, tout à coup, n'étant plus soutenu par rien, il tomba de tout son poids de la hauteur de quinze pieds.

L'échelle s'était rompue, soit que le nœud eût été mal fait, soit que les draps, vieillis et amincis en bandes, n'eussent pas eu la force de porter un homme.

Le premier sentiment du chevalier fut d'être joyeux de se trouver à terre.

Il n'avait éprouvé qu'une violente secousse par tout le corps, mais pas de douleurs locales.

Il essaya de se relever, mais retomba.

Sa jambe gauche ne pouvait pas le porter.

Elle était brisée à trois pouces au-dessus de la cheville.

Il n'en essaya pas moins de marcher.

Mais ce fut alors qu'il éprouva une douleur effroyable, si effroyable, qu'il poussa un cri, lui qui n'avait pas crié en tombant.

Puis tout sembla tourner autour de lui; il chercha le mur pour s'y appuyer ; le mur tournait comme tout le reste.

Il sentit que le sentiment lui échappait.

Il prononça encore une fois le nom de Mathilde, dernier éclair de sa raison ou plutôt de son cœur, et s'évanouit.

A ce nom, il lui sembla qu'une femme répondait en venant à lui, et que cette femme, c'était Mathilde.

Mais l'âme était déjà voilée d'un trop épais nuage pour rien distinguer avec certitude ; le chevalier tendit les bras vers l'image chérie, sans savoir si c'était un rêve ou une réalité.

Cette femme, c'était en effet Mathilde, qui, ignorant complètement les événements de la journée et n'ayant pas vu rentrer Dieudonné, avait attendu le crépuscule, et, jetant un voile sur son chapeau, avait d'abord couru chez M. de Pontfarcy.

M. de Pontfarcy était absent.

Elle avait alors couru chez M. Dumesnil.

Elle traversait la cour pour gagner l'escalier secondaire qui conduisait au modeste appartement du capitaine, quand elle avait entendu un cri, puis vu un homme qui chancelait comme s'il était ivre, et qui, finalement, était tombé en appelant Mathilde.

Alors seulement, elle avait reconnu son mari.

Elle se précipita vers lui, prenant ses mains dans les siennes et appelant :

— Dieudonné ! cher Dieudonné !

A cette voix, qui l'eût fait tressaillir dans sa tombe, Dieudonné ouvrit les yeux, et une expression indicible de joie et de bonheur se peignit sur son visage.

Il voulut parler ; mais la voix lui fit défaut, ses yeux se refermèrent, et Mathilde ne put entendre qu'un long et douloureux soupir.

En ce moment, un troisième personnage vint se mêler à la scène.

C'était le capitaine Dumesnil.

Il vit Dieudonné évanoui, Mathilde pleurant, un fragment de drap pendant à la fenêtre.

Il comprit tout.

— Ah ! madame, lui dit-il, il ne vous manquait plus que d'être cause de sa mort, à lui aussi.

— Comment ! à lui aussi ? demanda Mathilde ; que voulez-vous dire ?

— Je veux dire que cela fera deux.

Et le capitaine jeta sur le pavé de la cour une paire d'épées qui y rebondirent en résonnant.

Puis il prit entre ses bras Dieudonné, comme il eût pris un enfant, et le monta chez lui.

Mathilde les suivit en sanglotant.

Tout évanoui qu'il était, Dieudonné avait un vague sentiment de la scène qui s'accomplissait.

Il lui semblait reconnaître la chambre du capitaine ; on l'y déposait sur le lit veuf de draps ; il entendait bruire à son oreille la voix ferme et accentuée de Dumesnil ; la voix douce et caressante de Mathilde alternait avec elle.

Elle appelait le capitaine : Charles !...

Alors, il sembla toujours au blessé que, dans son délire, il assistait à une scène étrange ; cette scène se passait entre son ami et sa femme ; d'après ce qu'il entendait ou plutôt ce qu'il croyait entendre, le capitaine, lui aussi, le trompait. Seulement, le capitaine maudissait celle qui lui avait fait commettre ce qu'il considérait aujourd'hui comme un crime, et lui signifiait qu'il allait essayer de racheter ce crime en se consacrant corps et âme à sa victime.

Quant à Mathilde, elle était à genoux devant son lit ; elle lui tenait, lui serrait, lui baisait les mains, demandait grâce tantôt à Dumesnil, tantôt à lui, reconnaissant aussi sa faute, et jurait de l'expier, de son côté, par une vie d'austérité et de pénitence.

Puis le murmure des voix s'éteignit dans ce sourd grondement que fait le sang aux oreilles, lorsque, cataracte orageuse, il se précipite vers le cœur, et le chevalier de la Graverie perdit complètement connaissance.

Lorsqu'il revint à lui, il se sentit la jambe prise dans des éclisses. Il se retrouva dans la chambre du capitaine, et, à la lueur de la lampe qui brûlait sur sa table de nuit, il reconnut ce dernier assis au pied de son lit.

— Et Mathilde, demanda-t-il après avoir regardé par tout le reste de la chambre, où est-elle ?

A cette question, le capitaine bondit sur sa chaise.

— Mathilde ! Mathilde ! balbutia-t-il ; pourquoi demandez-vous Mathilde ?

— Où est-elle allée ?... Elle était là, tout à l'heure.

Si Dieudonné avait regardé en ce moment l'honnête figure de son ami, il eût pu croire que celui-ci allait s'évanouir à son tour, tant il était pâle.

— Mon ami, dit Dumesnil tu as le délire : jamais ta femme n'est venue ici.

Dieudonné regarda Dumesnil avec des yeux brillants de fièvre.

— Et, moi, je te dis qu'elle était là tout à l'heure, à genoux, pleurant et me baisant les mains.

Le capitaine fit un effort pour mentir.

— Tu es fou ! dit-il ; madame de la Graverie est bien certainement chez elle, ignorant tout ce qui s'est passé, et elle n'a eu, par conséquent, aucune raison pour venir chez moi.

Le chevalier laissa retomber avec un profond gémissement sa tête sur son oreiller.

— Et cependant, dit-il, j'aurais juré qu'elle était là il n'y a qu'un instant, qu'elle s'accusait en sanglotant, qu'elle... qu'elle t'appelait.

Quelque chose comme un éclair traversa le cerveau du malheureux.

Il se redressa, presque menaçant.

— Comment vous appelez-vous ? demanda-t-il à son ami.

— Mais tu le sais bien, à moins que le délire ne te reprenne, dit Dumesnil.

— Mais de votre petit nom ?...

Le capitaine comprit.

— Louis, dit-il ; ne t'en souviens-tu pas ?

— C'est vrai, dit Dieudonné.

Et, en effet, c'était le seul prénom sous lequel il avait connu le capitaine, qui se nommait Charles Dumesnil.

Puis, réfléchissant que, dans son inquiétude, sa femme eût au moins dû venir s'informer :

— Mais, si elle n'est point ici, murmura-t-il douloureusement, où est-elle donc ?

Puis il ajouta tout bas, qu'à peine Dumesnil put-il l'entendre :

— Chez M. de Pontfarcy, sans doute.

Et, à cette idée-là, sa colère se ranima.

— Ah ! dit-il, tu sais, Dumesnil, qu'il faut que je le tue ou qu'il me tue.

— Il ne te tuera pas, et tu le tueras encore moins, répondit le capitaine d'une voix sourde.

— Et pourquoi cela ?

— Parce qu'il est mort.

— Mort ! et comment ?

— D'un coupé dégagé donné en quarte et reçu en pleine poitrine.

— Et qui l'a tué ?

— Moi, donc !

— Vous, Dumesnil ! et de quel droit ?

— Du droit que j'avais de t'empêcher de courir à une mort certaine, mon pauvre grand enfant ; ton frère portera peut-être le deuil de ta vie, mais tant pis !

— Et tu t'es battu, malheureux, en lui disant que tu te battais pour moi, et parce que Mathilde me trompait ?

— Oh ! sois donc tranquille, je me suis battu avec M. de Pontfarcy parce qu'il buvait son absinthe pure, et que je ne puis souffrir les gens qui ont cette horrible habitude.

Le chevalier jeta ses deux bras au cou du capitaine et l'embrassa avec une effusion sans réserve, en murmurant :

— Décidément, j'avais rêvé !

Mais celui-ci, pour lequel cette exclamation était un nouveau remords, se débarrassa doucement de cette étreinte, et alla s'asseoir silencieux dans un coin de l'appartement.

— Oh ! Mathilde ! Mathilde ! murmura le chevalier.

## X

*Où il est démontré que les voyages forment la jeunesse.*

Il était décidé que le chevalier resterait, pendant tout le temps de sa convalescence, chez le capitaine Dumesnil.

Il est vrai que le capitaine n'avait consulté que lui-même pour prendre cette décision.

Il laissa le blessé sur son lit et s'accommoda du canapé. Pour un homme qui avait fait à peu près toutes les campagnes de l'Empire, ce n'était point un bivac trop fatigant.

Le chevalier ne dormit point : toute la nuit, il s'agita dans son lit, étouffant ses sanglots, mais faisant entendre des soupirs désespérés.

Le lendemain, Dumesnil essaya de le distraire : il lui parla de plaisirs, d'études, de nouvelles affections ; mais le chevalier de la Graverie ne répondait jamais autrement qu'en parlant de Mathilde et de son désespoir.

Dumesnil jugea sainement que le temps seul pouvait guérir Dieudonné de son chagrin, et que, pour le lui rendre supportable, il était nécessaire de dépayser le malade aussitôt que son état le permettrait.

Tout entier à la tâche à laquelle il s'était voué, le capitaine, pour lequel l'âge de la retraite était déjà arrivé depuis quelque temps, fit les démarches voulues pour quitter le service et faire liquider sa pension.

Puis, six semaines après l'accident, et comme son ami commençait à marcher, sa fracture ayant été simple et la convalescence sans entrave, Dumesnil pria le chevalier de l'accompagner au Havre, où il avait affaire, lui disait-il. Arrivé là, comme c'était la première fois que Dieudonné voyait la mer, il insista pour lui faire visiter le paquebot ; le chevalier le suivit sans résistance aucune ; mais, une fois à bord, Dumesnil lui déclara que leur passage était retenu sur le bâtiment et qu'ils partaient pour l'Amérique le lendemain, à six heures du matin.

Le chevalier l'écouta avec surprise, mais ne fit aucune objection à ce projet.

A Paris, un jour que son ami l'avait laissé seul, peut-être avec intention, le chevalier s'était rendu sournoisement rue de l'Université, à coup sûr pour revoir madame de la Graverie, peut-être pour lui pardonner.

Il lui avait été répondu par le concierge que, le lendemain du jour où lui-même n'était pas rentré, madame de la Graverie était partie et que l'on ignorait ce qu'elle était devenue.

Tous les efforts qu'avait faits M. de la Graverie pour découvrir le lieu de sa retraite, n'avaient abouti qu'à lui donner la certitude qu'elle avait quitté la France.

C'est alors seulement, lorsque le pauvre chevalier fut convaincu qu'il ne pouvait pas exercer vis-à-vis de sa femme la mansuétude dont il était prêt à lui donner des preuves, qu'il consentit à suivre son ami au Havre.

D'ailleurs, si Mathilde avait quitté la France, peut-être l'avait-elle quittée par le Havre, et, au Havre, peut-être un heureux hasard lui apprendrait-il de ses nouvelles.

Cependant, il faut le dire, le chevalier avait quelque peu perdu de sa confiance dans le destin, et il comptait médiocrement sur un hasard, surtout sur un hasard heureux.

Quant à quitter la France, il n'y fit aucune objection : Mathilde n'était plus en France. Il s'établit donc dans sa cabine, sans même demander à retourner à terre.

Le lendemain, avec la ponctualité américaine, le paquebot leva l'ancre et partit.

Pendant toute la traversée, le pauvre chevalier eut le mal de mer, ce qui fit qu'au lieu de penser à Mathilde, il ne pensa plus à rien ; si bien que le capitaine fut près de dire, comme ce prisonnier ennuyé de sa prison auquel on annonçait la torture :

— Bon ! cela fera toujours passer un instant.

On arriva à New-York.

Le bruit de la grande ville commerçante, les voyages aux environs, les promenades sur l'Hudson, la visite au Niagara firent passer trois mois d'une façon supportable.

Mais, au milieu de tout cela, il y avait de terribles secousses. De temps en temps, le chevalier rencontrait une femme qui, soit de visage, soit de tournure, ressemblait à Mathilde.

Alors, il quittait le bras de son ami, partait comme un trait et trottinait derrière la dame jusqu'à ce qu'il eût reconnu son erreur ; l'erreur reconnue, là où il était, il s'affaissait soit sur un banc, soit sur une borne, soit même à terre, et il restait là jusqu'à ce que son ami y vînt chercher.

C'est pourquoi le capitaine résolut de le soustraire complétement à ces épreuves en l'éloignant de la civilisation.

Il remonta le Saint-Laurent jusqu'au lac Supérieur ; il alla prendre le Mississipi à Chicago, le descendit jusqu'à Saint-Louis, remonta le Missouri jusqu'au fort Mandanne, et là, trouvant une caravane qui suivait la rivière de la Pierre-Jaune pour traverser la sierra de los Membros, à Santa-Cruz ; il descendit le rio Colorado jusqu'au golfe de Californie, saisissant cette occasion de faire voir au chevalier des pays nouveaux et surtout des femmes qu'il ne pût prendre, ni à leur visage, ni à leur tournure, pour madame de la Graverie.

A cette époque, la Californie appartenait encore au Mexique, et, par conséquent, était encore un désert. Le capitaine et son ami s'arrêtèrent dans une baraque située où est aujourd'hui le théâtre de San-Francisco, et qui, à cette époque, se mirait à peu près solitaire dans la mer Vermeille.

Le chevalier avait fait toute cette longue route, tantôt en bateau, tantôt à mule, tantôt à cheval ; ses anciennes craintes avaient disparu, et, sans être devenu un cavalier de première force, il était arrivé à être à peu près maître des différentes montures qu'il avait essayées.

En outre, son ami, profitant de la rage où le mettait le caquetage incessant de ces perroquets verts que l'on rencontre par bandes, de Santa-Cruz au golfe de Californie, et qui le tiraient de ses méditations, lui avait mis un fusil à la main et l'avait peu à peu familiarisé avec l'usage de cette arme.

Le chevalier de la Graverie n'était pas devenu un tireur de première force ; mais, enfin, à trente pas et à coups posés, il était à peu près sûr de son perroquet vert.

Pour varier les plaisirs, le capitaine substituait de temps en temps le pistolet au fusil, et la balle au petit quatre. M. de la Graverie commença par manquer les cent premiers perroquets qu'il tira ; puis il en tua un, en manqua cinquante autres et en retua un, n'en manqua plus que vingt-cinq, plus que douze, puis plus que six. Enfin, il en arriva à abattre un perroquet sur quatre. Sa force au pistolet ne dépassa jamais cette limite ; mais le capitaine, qui abattait son perroquet à tous les coups, mesura le progrès immense qu'avait fait son ami et déclara être fort content.

Puis, sous prétexte que M. de la Graverie tendait à engraisser, il le contraignit à faire des armes. Pour cet exercice, qui forçait le chevalier à sortir de son apathie ordinaire, il fallut que le capitaine exerçât toute sa force de volonté ; mais le chevalier s'était habitué à obéir comme un enfant, et, de troisième force au fusil, de quatrième force au pistolet, il se trouva être, sans s'en douter, de sixième ou septième force à l'escrime.

Tout cela n'était pas bien effrayant comme offensivité ; mais, enfin, dans un cas donné, le chevalier pouvait se défendre, chose dont il était complétement incapable auparavant.

Mais le capitaine nourrissait un projet bien autrement audacieux : c'était de profiter du premier bâtiment qui partirait pour Taïti et de faire passer à son ami une année dans ce paradis de la mer Pacifique, dans cette corbeille de la Polynésie.

L'occasion se présenta.

Le chevalier monta sur le pont sans demander pour quel point du monde il allait faire voile.

Douze jours après, on débarqua à Papaéti.

Jusque-là, jamais le capitaine n'avait remarqué que son ami eût fait la moindre attention au paysage ; à peine si la cascade du Niagara avait pu occuper un instant son attention ; la seule marque d'étonnement qu'il eût donnée avait été de se boucher les oreilles en disant :

— Allons-nous-en ; j'en deviendrais sourd.

Il avait descendu le Mississipi et vu passer près de lui ces colosses à trois étages qui semblent un quartier de ville flottante, et il n'avait pas levé les yeux jusqu'à leur sommet ; il avait traversé des forêts vierges, perdu au milieu d'elles, ne s'était pas inquiété comment il retrouverait son chemin. Il s'était égaré dans des prairies sans bornes, et n'avait pas une seule fois interrogé l'horizon pour savoir si elles allaient finir.

Mais, en arrivant à Papaéti, il ne put s'empêcher de dire :

— A la bonne heure ! voilà un pays qui me paraît agréable... Dumesnil, comment s'appelle-t-il ?

— Il a bien des noms, répondit le capitaine : Quiros, qui l'a visité le premier, l'a nommé la Sahittaria ; Bougainville, en véritable Français du XVIIIe siècle, la Nouvelle-Cythère ; Cook, l'île des Amis ; tu vois que tu as le choix des noms.

Le chevalier n'en demanda pas davantage, c'était beaucoup.

Après avoir traversé une passe étroite de récifs, grâce au pilote indien qui était venu à bord, on jeta l'ancre dans une rade calme comme un lac.

Une foule d'embarcations kannaks vinrent chercher les passagers ; ces embarcations, comme celles de la Nouvelle-Zélande, comme celle de l'île des Pins, comme celles des Sandwich, étaient faites d'un seul tronc d'arbre.

Le chevalier, en sautant dans l'embarcation, pensa la faire chavirer.

— Bon! dit-il sans être autrement ému, encore un peu, je me noyais.

— Comment! tu ne sais pas nager? demanda Dumesnil.

— Non, répondit simplement le chevalier; mais tu m'apprendras, n'est-ce pas, Dumesnil?

Dumesnil avait appris tant de choses au chevalier, que celui-ci ne doutait point qu'il ne lui apprît à nager, comme il lui avait appris à faire des armes, à monter à cheval, à tirer au fusil et au pistolet.

— Non, dit Dumesnil, je ne t'apprendrai pas à nager.

— Oh! fit Dieudonné étonné, et pourquoi cela?

— Parce qu'ici, ce sont les femmes qui sont maîtres nageurs.

Le chevalier rougit ; il trouvait la plaisanterie un peu légère.

— Regarde plutôt, dit Dumesnil.

Et, comme on approchait du bord, et qu'il était cinq heures du soir, il lui montra toute une troupe de femmes qui se récréait dans l'eau.

Le chevalier suivit des yeux l'indication du capitaine.

Alors, il vit un spectacle qui le captiva malgré lui.

Une douzaine de femmes, nues comme les néréides antiques, nageaient dans cette mer bleue qui permet de voir, à trente ou quarante pieds sous l'eau, cette merveilleuse végétation sous-marine qui, peu à peu, fait ces bancs de coraux qui entourent l'île.

Figurez-vous de gigantesques madrépores ayant la forme d'éponges immenses, chacun des trous de l'éponge étant un abîme sombre et béant où l'on voit fourmiller des poissons de toutes grosseurs, de toutes formes, de toutes couleurs, bleus, rouges, jaunes, dorés !

Puis, au milieu de tout cela, sans s'inquiéter des abîmes, des rochers, des requins que l'on voit de temps en temps passer rapides comme des flèches d'acier bruni, des femmes, des nymphes qui ne savent pas même de nom ce que c'est que la pudeur : la langue du pays n'a pas de mot pour exprimer cette vertu toute chrétienne ; des femmes qui plongent, sans autres voiles que leurs longs cheveux, dans cette eau qui semble de l'air épaissi, tant elle est limpide, qui se tournent, se retournent, se pelotonnent de telle façon, que l'on sent que la mer est leur second élément, et qu'à peine elles ont besoin de revenir à la surface de l'eau pour respirer.

Le pauvre chevalier avait des éblouissements comme un homme ivre.

Il fallut que le capitaine le soutînt, quand il mit pied à terre.

Il alla s'asseoir avec lui sous un pandanus en fleurs.

— Eh bien, lui demanda Dumesnil, que penses-tu du pays, mon cher Dieudonné?

— C'est le paradis, répondit le chevalier.

Puis, avec un soupir :

— Oh! si Mathilde était ici ! murmura-t-il.

Et ses yeux se perdirent, avec une impression de mélancolie que l'on eût cru complètement étrangère à cette rondelette figure, dans les profondeurs de l'immense horizon.

Le capitaine le laissa réfléchir sous son pandanus et prit langue avec les gens du pays ; si doux que fût l'air, si caressante que fût la brise dans la baie de Papaéti, le capitaine ne comptait pas coucher à la belle étoile.

Puis il revint près de Dieudonné.

Il était six heures, c'est-à-dire l'heure où vient la nuit ; le soleil, pareil à un disque rouge, descendait rapidement dans la mer.

A Taïti, la journée a juste douze heures et la nuit douze heures ; à quelque époque de l'année que l'on soit, le soleil se lève à six heures du matin et se couche à six heures du soir ; chacun, à ces deux moments de la journée, peut remettre sa montre avec autant de certitude à cette grande horloge céleste que le faisaient autrefois les Parisiens à l'horloge du Palais-Royal.

Le capitaine toucha l'épaule de Dieudonné du bout du doigt.

— Eh bien? lui demanda le chevalier.

— Eh bien, c'est moi, dit le capitaine.

— Que veux-tu?

— Dame! je veux te demander ce que tu comptes faire.

Le chevalier regarda le capitaine avec des yeux étonnés.

— Ce que je compte faire? répéta-t-il.

— Sans doute.

— Bon Dieu ! s'écria-t-il presque effrayé, est-ce que cela me regarde?

— Sur la question de logement? oui ; comptes-tu rester quelque temps ici?

— Le temps que tu voudras.

— Veux-tu vivre à l'européenne ou à la manière du pays?

— Peu m'importe.

— Loger à l'hôtel ou dans une case?

— Comme tu voudras.

— Soit, comme je voudrai ; mais ne va pas te plaindre après.

— Est-ce que je me suis jamais plaint? demanda Dieudonné

— C'est vrai, pauvre agneau du Seigneur ! murmura le capitaine.

Puis, au chevalier :

— Eh bien, lui dit-il, reste-là dix minutes encore, à regarder se coucher le soleil, et je vais m'occuper de notre logement.

Dieudonné fit un signe de tête ; il était triste toujours ; mais il éprouvait une espèce de bien-être physique qu'il n'avait jamais ressenti.

Le soleil caché dans la mer, la nuit vint avec une rapidité presque magique.

Mais quelle nuit! ce n'étaient pas les ténèbres, c'était l'absence du jour.

Une atmosphère transparente comme notre plus beau crépuscule, une mer où chaque poisson faisait briller un rayon de feu, un ciel où chaque étoile semblait éclore comme une rose ou comme un bluet de flamme!

Le capitaine revint chercher Dieudonné.

— Oh! dit celui-ci, laisse-moi encore voir toutes ces belles choses.

— Ah! fit le capitaine joyeux, tu vois donc enfin !

— Oui ; il me semble que, de ce soir seulement, je commence à vivre.

— Viens toujours, et tu verras tout cela de ta chambre.

— Par la fenêtre?

— Non, à travers les cloisons. Viens !

C'était la première fois que Dieudonné ne cédait pas à une première invitation.

Tous deux s'acheminèrent vers une maison.

Il y eut encore un progrès dans l'état du chevalier ; car, lui qui n'était pas entré dans bien des maisons depuis sa sortie de la chambre du capitaine, sans y faire attention, fit attention à celle-ci.

Il est vrai qu'elle était remarquable.

Elle semblait, au premier abord, non l'habitation d'un homme, mais la cage d'un oiseau.

Elle était à peu près carrée, arrondie par les deux extrémités, ce qui la faisait plus longue que large, et couverte avec des feuilles de pandanus disposées en tuiles.

On eût dit une espèce de grand treillage, comme celui qu'on applique aux murs de nos jardins pour y faire monter les vignes vierges et les volubilis.

La toiture était soutenue par des poteaux.

Elle se composait de solives recouvertes de nattes à dessins rouges et noirs ; un matelas de varech était jeté dans un coin, avec une grande pièce de toile blanche.

C'étaient le lit et les draps.

Au milieu de la chambre, était dressée une petite table chargée de fruits, de laitage et de pain.

Des mèches brûlaient dans de l'huile de noix de coco, contenue par des espèces de calebasses qui faisaient lampe.

A travers les parois à jour, on voyait le ciel, la mer, et, comme flottant entre ces deux infinis, un troupeau infini lui-même d'étoiles d'or.

— Eh bien, dit Dumesnil à Dieudonné, tu comprends que rien ne t'empêchera de voir au dehors.

— Oui, mon ami, répondit le chevalier ; mais...

— Mais quoi?

— Si rien ne m'empêche de voir au dehors, rien n'empêchera non plus que l'on ne me voie au dedans.

— Comptes-tu donc faire mal? demanda Dumesnil.

— Dieu m'en garde! répondit le chevalier.
— Eh bien, alors, qu'as-tu à craindre? dit Dumesnil.
— Au fait, qu'ai-je à craindre? répéta le chevalier.
— Absolument rien.
— Pas de serpents, pas de couleuvres, pas de rats?
— Pas un animal nuisible dans toute l'île!
— Ah! murmura le chevalier, Mathilde! Mathilde!
— Encore! dit Dumesnil.
— Non, mon ami, non! s'écria le chevalier; mais si elle était ici...
— Eh bien?
— Je ne retournerais jamais en France.
Le capitaine regarda son ami et soupira à son tour.
Mais, si fort qu'un soupir ressemble à un soupir, le soupir du chevalier ne ressemblait pas au soupir du capitaine.
Celui du premier était un soupir de tristesse.
Celui du second, un soupir de remords.

## XI

#### Mahaouni.

Le chevalier se mit à table, mangea une goyave, deux ou trois bananes, un fruit rouge comme une fraise et gros comme une pomme de reinette et dont il ignorait le nom.
Puis il trempa, au lieu de pain, une racine de manioc dans une tasse de lait de coco; après quoi, sur l'interrogation de son ami — le chevalier ne parlait guère que s'il était interrogé — il déclara n'avoir jamais si bien dîné de sa vie.
Après le souper, le capitaine eut grand'peine à lui faire quitter ses habits pour se coucher. Ces murailles à claires-voies inquiétaient sa pudeur.
Il fallut que Dumesnil lui assurât qu'à dix heures du soir tout le monde était couché à Papaéti, pour qu'il se décidât.
Mais, quoique le capitaine lui affirmât que, dans cet Éden de la Polynésie, hommes et femmes couchaient nus, trouvant une volupté suprême à mettre leur chair en contact avec la brise veloutée de la nuit, il ne voulut jamais quitter sa chemise ni son caleçon.
Quand le capitaine l'eut couché comme c'était son habitude depuis trois ans, il se retira chez lui, c'est-à-dire dans le second compartiment de la case.
Les deux autres compartiments étaient occupés par la famille taïtienne, qui avait fait bail au capitaine, et qui avait, à l'instant même, abandonné les deux chambres selon les conventions colatives.
Le chevalier ignorait ce détail; il ne s'informait jamais de rien, et, la cloison qui le séparait de ses hôtes étant bien fermée, il n'avait pas même eu l'idée de demander ce qu'il y avait de l'autre côté de la cloison.
Ce qui tirait l'œil du chevalier, quand quelque chose lui tirait l'œil, c'était un de ces grands spectacles de la nature qui semblent faits pour servir de cadre à un sentiment profond. Et encore, nous l'avons dit, c'était depuis quelques heures seulement que le pauvre Dieudonné s'était souvenu qu'il avait des yeux.
Il se coucha donc, et, tout en marchant à reculons dans ses souvenirs, il regarda, à travers les ouvertures de la case, ce beau ciel, cette mer d'azur.
A quelques pas de la case, un oiseau chantait invisible dans un buisson; c'était le bulbul de l'Océanie, l'oiseau d'amour, le merveilleux toui, qui ne veille que quand tout dort, qui ne chante que quand tout se tait.
Le chevalier, appuyé sur son coude, le visage collé à l'un des interstices de la case, écoutait et regardait, inondé d'une indéfinissable atmosphère de mélancolie et cependant de bien-être; on eût dit que le calme de cette nuit, la pureté de ce ciel, l'harmonie de ce chant s'étaient matérialisés et composaient un bain atmosphérique destiné par la suprême Providence à délasser les membres fatigués et à dilater les cœurs souffrants.

Il sembla au chevalier qu'il respirait pour la première fois depuis trois ans.
Tout à coup, il crut entendre un léger pas d'enfant qui effleurait l'herbe, et, dans l'ombre transparente, il vit apparaître la forme charmante d'une jeune fille de quatorze à quinze ans, n'ayant pour tout voile que ses longs cheveux, et pour toute parure que deux magnifiques fleurs d'une espèce de lotus blanc et rose, qui flottent sur les ruisseaux et dont les jeunes filles taïtiennes font leur parure favorite en les passant en guise de girandoles dans les cartilages de leurs oreilles.
La jeune fille traînait paresseusement une natte derrière elle.
A dix pas de la case, sous un oranger, en face du buisson où chantait le toui, elle étendit cette natte et se coucha dessus.
Le chevalier ne savait s'il rêvait ou veillait, s'il devait rester les yeux ouverts ou fermer les yeux.
Jamais statue n'était sortie plus parfaite des mains d'un statuaire; seulement, au lieu d'être un pâle marbre de Carrare ou de Paros, elle semblait être en bronze florentin.
Pendant quelques instants, elle s'amusa à écouter le chant du toui, secouant de temps en temps, par un mouvement d'épaule, l'oranger contre lequel elle s'était appuyée, et qui faisait pleuvoir sur elle la neige odorante de ses fleurs.
Puis, sans autre couverture que ses longs cheveux, dont elle se voila, au reste, presque entièrement, elle s'affaissa peu à peu et s'endormit, la tête sous son bras, comme fait un oiseau sous son aile.
Le chevalier fut plus longtemps à s'endormir, et n'y parvint qu'en se tournant du côté de la cloison et en opposant, comme un bouclier, le nom de Mathilde à ce qu'il avait vu.
Le lendemain, le capitaine, en entrant dans la chambre de son ami, le trouva non-seulement éveillé, mais debout, quoiqu'il fût à peine six heures du matin. Le chevalier se plaignit d'avoir mal dormi; Dumesnil lui proposa, pour se remettre, une promenade que celui-ci accepta.
Au moment où ils allaient sortir, la porte de la cloison s'ouvrit, et une jeune fille parut.
Elle venait demander aux deux amis s'ils n'avaient besoin de rien. Dieudonné reconnut sa belle dormeuse de la nuit passée, et rougit jusqu'aux oreilles.
Seulement, elle avait son costume de jour.
On sait ce qu'était son costume de nuit.
Le costume de jour se composait d'une longue robe blanche, toute droite, ouverte par devant, et non arrêtée au cou : sur cette robe était roulée autour des hanches une pièce de foulard fond bleu avec de grosses fleurs roses et jaunes.
Les bras, les pieds et les jambes étaient nus.
Tout en rougissant, le chevalier la regarda plus en détail qu'il n'avait osé le faire la nuit précédente.
C'était une enfant de quatorze ans, comme nous l'avons dit ; seulement, à Taïti, une enfant de quatorze ans est une femme. Elle était petite de taille comme sont d'habitude les Taïtiennes, mais admirablement faite dans sa petite taille ; sa peau était de la couleur du plus beau cuivre; elle avait les cheveux longs, nous le savons déjà, mais soyeux et noirs comme l'aile d'un corbeau, les yeux bien fendus, veloutés, ombragés par de longs cils noirs, les narines béantes et dilatées comme les narines indiennes destinées à respirer le danger, le plaisir et l'amour, les pommettes saillantes, le nez un peu aplati, la lèvre ronde et sensuelle, les dents blanches comme des perles, les mains petites, fines, délicates, la taille flexible comme un roseau.
Le capitaine remercia la jeune Taïtienne, apprit à son ami que c'était la fille de leur hôtesse, et annonça qu'il reviendrait sur les neuf heures seulement.
L'enfant parut très-bien comprendre tout ce qu'on lui disait, et le capitaine, ayant parlé, sembla attendre que son ami en fît autant : mais Dieudonné n'eut garde. Il s'écarta pour ne pas toucher la pièce de foulard que l'enfant portait en écharpe, et passa devant elle en la saluant comme il eût fait à une Parisienne sur le boulevard des Capucines.
Après quoi, il entraîna rapidement son ami.
Il était évident que la jeune fille lui inspirait une espèce de terreur.
Le capitaine n'en fut point étonné ; il connaissait la sauvagerie du chevalier à l'endroit des femmes; mais il ne croyait pas que son ami traiterait une Taïtienne absolument comme une femme.

Aussi, désignant la jeune fille, qui les regardait s'éloigner d'un air triste :

— Pourquoi n'as-tu rien dit à Mahaouni? demanda-t-il au chevalier ; cela l'a affligée.

— Elle s'appelle Mahaouni? demanda le chevalier.

— Oui, un joli nom, n'est-ce pas?

Dieudonné ne répondit point.

— As-tu quelque chose contre cette jeune fille? Nous changerons de case, dit le capitaine.

— Non! non! répondit vivement Dieudonné.

Et ils continuèrent leur route. Dumesnil abattait, comme Tarquin, la tête des herbes trop hautes, en faisant siffler son bambou.

Dieudonné le suivait en silence.

Il est vrai que ce silence était tellement dans les habitudes du chevalier, que, si le capitaine le remarqua, au moins ne s'en inquiéta-t-il point.

Cette première promenade suffit à faire reconnaître aux deux amis que, comme végétation du moins, le pays qu'ils parcouraient était une merveille.

La ville avait tout à la fois un aspect naïf et charmant ; toute capitale qu'elle avait l'honneur d'être, c'était plutôt, d'aspect, un immense village qu'une ville, chaque case ayant son jardin sous les arbres, à l'ombre desquels elle semblait comme ensevelie; puis, peu à peu, lorsqu'on avait atteint l'extrémité des maisons et que les sentiers succédaient aux rues, c'était une suite de berceaux, des arbres les plus beaux de forme, les plus riches de fleurs, les plus abondants de fruits ; des allées sablées de sable fin, avec des voûtes de bananiers, de cocotiers, de goyaviers, de papayers, d'orangers, de citronniers, de pandanus, au milieu desquels s'élève l'arbre de fer avec son bois rouge, son branchage qui semble une gigantesque asperge montée en graine.

Puis, circulant au milieu de ces arbres, un air embaumé, des oiseaux aux mille couleurs, des bruits charmants de voix de femmes et d'oiseaux, un royaume de fées qu'on pourrait appeler l'île des fleurs et des parfums.

Au bout d'une heure de marche dans les tours et les détours d'une espèce de jardin anglais, le capitaine s'arrêta ; un caquetage dont il ne pouvait se rendre compte arrivait jusqu'à lui ; il quitta le sentier, fit une cinquantaine de pas à travers les arbres, écarta les feuilles comme on fait d'un rideau que l'on soulève, et resta immobile, muet, émerveillé.

Dieudonné l'avait suivi des yeux ; quand il était avec le capitaine, sa force de volonté semblait être passée dans son ami ; il lui obéissait comme le corps obéit à l'âme, il le suivait comme l'ombre suit le corps.

Le capitaine, sans parler, faisait signe à Dieudonné de le venir joindre.

Dieudonné s'avança machinalement et regarda avec distraction.

Mais la distraction ne fut pas longue; le spectacle qu'il avait sous les yeux eût attiré l'attention du Distrait de Destouches lui-même.

La charmille à travers laquelle regardaient le capitaine et le chevalier, bordait la rivière.

Dans la rivière, faisant cercle comme dans un salon, étaient assises ou couchées une trentaine de femmes parfaitement nues.

Comme la rivière avait deux pieds d'eau à peine, celles qui étaient assises n'avaient que le bas du corps perdu dans cette eau, si limpide, qu'elle n'était pas même un voile, tandis que les autres, qui étaient couchées, n'avaient que la tête hors de l'eau.

Toutes avaient les cheveux dénoués, toutes aspiraient voluptueusement l'air du matin en se faisant des couronnes, des boucles d'oreilles et des colliers de fleurs.

Les nénufars, les roses de Chine et les gardanias étaient largement mis à contribution pour cette toilette.

Comme si ces merveilleuses créatures comprenaient qu'elles ne sont elles-mêmes que des fleurs vivantes, leur grande sympathie est pour les fleurs, leurs sœurs inanimées ; nées sur des fleurs, elles vivent au milieu des fleurs et sont ensevelies sous des fleurs.

Et, tout en mettant ces couronnes sur leur tête, tout en passant ces colliers à leur cou, tout en glissant ces fleurs à leurs oreilles, tout cela causait, bavardait, babillait comme une volée d'oiseaux d'eau douce qui, abattue sur un lac, gazouillerait à qui mieux mieux.

— Mon ami, dit le chevalier, en montrant du doigt une des femmes, la voilà !

— Qui? demanda le capitaine.

Le chevalier rougit ; il avait reconnu la belle dormeuse de la nuit passée, la charmante hôtesse du matin ; il oubliait qu'il n'avait rien dit au capitaine du songe qu'il avait fait, et il lui montrait la belle Mahaouni.

Le capitaine, qui n'avait pas les mêmes motifs que le chevalier de l'avoir remarquée, répéta son interrogation.

— Qui? demanda-t-il une seconde fois.

— Personne, dit le chevalier en se retirant en arrière.

On eût dit que cette retraite du chevalier était le signal auquel la séance aquatique devait être levée.

En une minute, les trente baigneuses furent sur pied.

Elles remontèrent sur une petite île de gazon où étaient étendus leurs vêtements, laissèrent un instant l'eau ruisseler sur leurs beaux corps, comme sur autant de statues de bronze ; puis l'eau sécha peu à peu, les gouttes devinrent plus rares, on eût pu compter les perles qui coulaient du front sur les joues et des joues sur le sein ; enfin, chacune tordit ses cheveux comme Vénus Astarté sortant de la mer, revêtit sa robe, serra son *parer* sur ses hanches, et reprit paresseusement le chemin de sa maison.

Le capitaine fit remarquer à son ami que c'était l'heure du déjeuner ; il alluma son cigare, offrit par habitude à Dieudonné de partager cette jouissance avec lui, offre que Dieudonné refusa, — les chanoinesses au milieu desquelles il avait été élevé ayant le tabac en horreur, — et l'on reprit le chemin de la case.

Soit hasard, soit habitude d'orientation, le capitaine prit le plus court, de sorte que l'on rejoignit sur la route la belle Mahaouni, qui, elle, par nonchalance, avait pris le plus long.

En voyant les deux amis, elle s'arrêta au bord du chemin, cambrée sur une de ses hanches, dans une de ces poses que les femmes prennent toutes seules, et qu'un peintre jamais n'obtiendrait de son modèle.

Puis, friande de cette volupté du cigare que méprisait Dieudonné :

— *Ma ava ava iti*, dit-elle au capitaine.

Ce qui, en langue taïtienne, signifiait : « A moi cigare, petit. »

Le capitaine ne comprit pas les paroles ; mais, comme la jeune fille fit le simulacre d'aspirer ce et de rejeter la fumée, il comprit le geste.

Il tira un cigare de sa poche et le lui donna.

— *Nar, dar*, dit-elle en repoussant le cigare vierge, et en montrant celui qui se consumait à la bouche du capitaine.

Dumesnil comprit que c'était le cigare allumé que voulait la capricieuse enfant.

Il le lui donna.

La Taïtienne en tira rapidement deux bouffées, qu'elle rejeta aussitôt.

Puis elle en aspira une troisième, qu'elle fit la plus copieuse que possible.

Après quoi, elle salua coquettement l'officier et s'en alla, la tête renversée en arrière et faisant des ronds avec la fumée qu'elle emportait dans sa bouche, et qu'elle poussait verticalement en l'air.

Tout cela accompagné de ces mouvements de hanches dont le capitaine avait cru jusque-là que les Espagnoles seules avaient le secret.

Dumesnil jeta un regard de côté sur son ami, qui marchait les yeux baissés et murmurait tout bas un nom.

Ce nom, c'était celui de Mathilde.

Seulement, Dumesnil remarqua, avec une certaine satisfaction, que Dieudonné en était arrivé à prononcer tout bas le nom qu'autrefois il prononçait tout haut.

Lorsqu'elle eut poussé sa dernière bouffée de fumée, la jeune fille détacha son *parer* de ses hanches, l'étendit sur sa tête de toute la largeur de ses deux bras, et disparut à l'angle d'un bois de citronniers.

On eût dit un papillon qui s'envolait.

En arrivant à la case, les deux amis trouvèrent leur table servie.

C'était, comme la veille, une tranche du fruit de l'arbre à pain, une racine de manioc cuite sous la cendre, des fruits de toutes sortes, du lait et du beurre.

Personne n'était là ; on eût cru la table servie par la main des fées.

Mais il paraît que c'était l'heure du repas de l'hôtesse en même temps que l'heure de celui des hôtes ; car Dieudonné, qui était assis de manière à voir les parois de la cabane, aperçut la jeune fille qui, se haussant sur la pointe des pieds, détachait un petit panier attaché aux premières branches d'un gardiania, et, s'asseyant le dos appuyé au tronc de l'arbre, commençait d'en tirer son déjeûner.

Ce déjeuner consistait en une demi-douzaine de figues, en un quartier d'un fruit ressemblant au melon, en un morceau de poisson cuit sous la cendre dans une feuille de bananier et en une tranche du fruit de l'arbre à pain.

Le chevalier oubliait de manger en regardant manger Mahaouni.

Dumesnil s'aperçut de la distraction de son convive ; il tourna la tête et vit la jeune fille qui déjeunait sans penser à eux.

— Ah ! dit le capitaine, tu regardais notre hôtesse.

Le chevalier rougit.

— Oui, dit-il.

— Veux-tu que je lui dise de venir déjeuner avec nous ?

— Oh ! non, non, fit le chevalier ; je pensais seulement que l'on est bien et fraîchement sous ces arbres.

— Veux-tu que nous allions déjeuner avec elle ?

— Mais non, mais non, dit le chevalier, nous sommes bien ici ; seulement, changeons de place : le soleil me fatigue la vue.

Le capitaine secoua la tête. Il était évident qu'il devinait quel soleil éblouissait le chevalier.

Il changea de place sans observation aucune.

Après le déjeuner, le chevalier demanda :

— Qu'allons-nous faire ?

— Mais, répondit le capitaine, ce que l'on fait ici après le déjeuner, la sieste.

— Oh ! dit le chevalier, en effet, j'ai fort mal dormi cette nuit, et je me sens tout brisé.

— La sieste te remettra.

— Je le crois.

Et tous deux sortirent pour trouver un endroit convenable, la sieste en plein air étant bien plus agréable que la sieste dans les cases, si bien aérées qu'elles soient.

Seulement, le chevalier désirait ne pas être dérangé pendant son sommeil.

Le capitaine lui indiqua le jardin de leur case comme étant l'endroit le plus sûr.

Tous deux le parcoururent, cherchant une place qui leur convînt.

Le chevalier s'arrêta à une couche moelleuse de gazon ombragé par les branches d'un gardiania qui, retombant jusqu'à terre, formait comme une tente.

Une source d'eau fraîche et pure, sortant d'entre les racines du gardiania, rendait légèrement humide ce gazon qui attirait le chevalier.

Dumesnil s'était précautionné d'une immense natte, plus occupé qu'il était que son ami des choses matérielles ; il étendit la natte sur le gazon tout emperlé.

—Reste ici, dit-il, puisque l'endroit te plaît ; je trouverai bien quelque autre place où l'ombre soit aussi épaisse et le gazon plus sec.

Dieudonné répliquait rarement lorsque son ami avait décidé une chose ; il étendit la natte, sur laquelle on eût pu coucher quatre personnes, veilla à ce qu'aucun caillou ne lui fît faire saillie, s'aperçut seulement alors de sa grandeur, et se retourna pour dire au capitaine qu'il lui semblait qu'il y avait largement place pour deux.

Mais le capitaine avait déjà disparu.

Le chevalier résolut alors d'user de la natte à lui tout seul. Il ôta sa redingote, qu'il roula en tampon et dont il fit un coussin pour sa tête, regarda quelque temps les efforts inutiles que faisait le soleil pour pénétrer à travers les branches du gardiania, suivit des yeux les évolutions de deux oiseaux qui semblaient taillés dans le même saphir, ferma les yeux, les rouvrit, les referma encore, soupira et s'endormit.

## XII

#### Comment le chevalier de la Graverie apprit à nager.

Ce n'était pas un refuge bien assuré que le sommeil contre les rêves que, depuis la veille, le chevalier faisait tout éveillé.

Aussi, son sommeil fut-il des plus agités.

D'abord, il revit les belles nageuses de la veille ; seulement, comme les sirènes du cap Circé, elles se terminaient en poisson et tenaient à la main l'une une lyre, l'autre un cyste, toutes un instrument quelconque, avec lequel elles accompagnaient une voix ravissante et pleine de promesses d'amour ; mais le chevalier, bercé dans les traditions mythologiques du XVIIIe siècle, sachant le danger d'un pareil concert, détournait la tête, et, comme Ulysse, se bouchait les oreilles. Puis il abordait à terre ; où ? il n'en savait rien ; sans doute à Thèbes ou à Memphis ; car, sur sa route, à droite et à gauche, sur des piédestaux de marbre, il voyait accroupis ces monstres à corps de lion, mais à poitrine et à tête de femme, symbole de Neith, la déesse de la Sagesse, et que l'antiquité a baptisés du nom de sphinx : seulement, ces sphinx, au lieu d'être de marbre comme leurs piédestaux, étaient vivants, quoique enchaînés à leur place ; leurs yeux s'ouvraient et se fermaient, leurs poitrines se levaient et s'abaissaient, et il semblait au chevalier qu'ils le couvraient d'un regard d'amour ; une même, avec un effort, l'un deux leva la patte, et l'étendit vers le chevalier, qui, pour éviter l'attouchement, fit un bond de l'autre côté ; mais un second sphinx leva la patte à son tour ; ce que voyant les autres sphinx, ils en firent autant.

Et, cependant, il était évident que les monstres égyptiens — la douceur de leur regard et l'agitation de leur poitrine en faisait foi — n'avaient pas de mauvaises intentions contre le chevalier.

Au contraire.

Mais le chevalier semblait plus craindre la bienveillance des monstres que leur haine.

Il cherchait où fuir et comment fuir ?

Ce n'était pas chose facile, les piédestaux s'étaient mis en mouvement, comme mus par une grande machine, et il se trouvait complètement enveloppé.

En ce moment, il sembla au chevalier qu'il se formait près de lui un nuage ayant la forme de ces gloires sur lesquelles descendent, au théâtre, les princesses endormies. Ce nuage semblait n'attendre que l'instant où le chevalier serait couché dessus pour quitter la terre.

Et, comme les yeux des monstres devenaient de plus en plus tendres, comme leurs seins devenaient de plus en plus palpitants, comme leurs griffes effleuraient presque le collet de son habit, le chevalier n'hésita plus : il se coucha sur son nuage et s'envola avec lui.

Mais alors il parut au pauvre Dieudonné que le nuage s'animait, que ses flocons n'étaient rien autre chose qu'une robe de gaze ; que la partie solide sur laquelle il s'appuyait était un corps ; que ce corps, comme celui d'Iris, la messagère des dieux et qui traversait l'espace comme elle, était celui d'une belle jeune fille, aux membres arrondis, aux chairs palpitantes, à l'haleine enflammée.

Elle avait sauvé le chevalier, mais pour elle ; elle l'emportait, mais dans sa grotte ; elle le couchait sur un lit de sable fin, mais elle se couchait à ses côtés, et, comme son haleine devait faire passer dans la poitrine terrestre le feu qui brûlait dans sa poitrine divine, la belle messagère semblait lui souffler le feu de son cœur sur les lèvres.

La sensation fut si vive, que le chevalier poussa un cri et se réveilla.

Il ne rêvait qu'à moitié.

Mahaouni était couchée près de lui, et c'était le souffle de la jeune Taïtienne qui le brûlait.

Comme le chevalier, Mahaouni, après son déjeuner, avait cherché un endroit où faire sa sieste.

Elle avait aperçu le chevalier endormi dans le plus charmant endroit du jardin et couché sur une natte trois fois trop grande pour une personne seule : elle n'avait vu aucun mal, la charmante fille de la nature, à lui emprunter, pour une heure ou deux, la portion de natte dont il ne se servait pas.

Et, sur cette portion de natte, elle s'était endormie sans plus mauvaise idée qu'un enfant près de sa mère.

Seulement, pendant son sommeil, agitée, elle aussi, sans doute par quelque songe, son bras s'était étendu, sa poitrine s'était gonflée et son souffle de flamme était venu brûler les lèvres du chevalier.

Elle dormait toujours.

Le chevalier détacha délicatement le bras de la jeune fille, qui s'était enlacé à son épaule, s'éloigna avec toutes les précautions du monde, se dressa avec peine sur ses pieds, et, une fois sur ses pieds, se mit à courir sans trop savoir où il allait, abandonnant sa redingote, qu'il avait mise bas, pour servir d'oreiller à lui-même, et qui, pour le moment, servait d'oreiller à Mahaouni.

Le chevalier se sauvait du côté de la mer, et il ne s'arrêta que lorsque celle-ci lui fit obstacle.

Il était à peu près une heure de l'après-midi, c'est-à-dire que le soleil, à son zénith, embrasait le ciel et, par contre coup, la terre.

Le chevalier songea quelle douce jouissance, quelle suave volupté doivent éprouver les nageurs qui, comme les poissons ou les femmes taïtiennes, peuvent glisser entre deux eaux. Ce fut alors qu'il regretta presque douloureusement de ne pas avoir étudié cette partie indispensable de l'éducation d'un homme.

Mais, sans savoir nager, il pouvait néanmoins jouir de la fraîcheur de l'eau ; il avait remarqué, dans les anfractuosités du rivage, des grottes naturelles où la mer formait des espèces de baignoires.

Là se trouvaient les deux délices qu'il cherchait, l'ombre et la fraîcheur.

Le chevalier résolut de se les procurer.

Il descendit le long du rivage, opération qui ne fut pas sans difficulté, la marée étant basse, et, comme s'il eût eu à la main la baguette d'une fée pour exaucer ses désirs, il trouva une grotte qui semblait taillée sur le modèle de celle de Calypso.

Il regarda de tous côtés si la grotte n'était point habitée.

La grotte était parfaitement solitaire.

Le chevalier pensa donc que sa pudeur ne courait aucun risque ; il dévêtit les unes après les autres chaque pièce de son costume, posa le tout dans une grotte en miniature placée près de la grande, et, tâtant le sol du pied, il pénétra sous l'arcade décrite par le rocher.

A l'endroit le plus profond, à peine le chevalier trouva-t-il trois pieds d'eau.

Cette eau tiède, mais rafraîchie par l'ombre que le rocher répandait au-dessus d'elle, lui fit éprouver une des plus délicieuses sensations qu'il eût jamais ressenties.

Il se demanda comment un homme pouvait ne pas savoir nager. Mais il se répondit que, pour apprendre à nager, il fallait se montrer à peu près nu à d'autres hommes, et Dieudonné, grâce aux chanoinesses, avait été élevé dans de telles idées de pudeur, qu'il frissonnait rien qu'à cette idée d'apprendre à nager avec Dumesnil, qui cependant était son meilleur ami.

Il avait, par bonheur, découvert cette grotte ; il n'en parlerait à personne et y passerait une partie de ses journées, les sensations de bien-être qu'il y éprouvait étant telles, qu'elles pouvaient lui tenir lieu de toute récréation.

Il est évident que l'esprit lui-même ne demande aucune distraction quand le bien-être matériel est tel, que l'homme n'a pas trop de toutes ses facultés physiques et intellectuelles pour l'apprécier.

Le chevalier resta ainsi une heure ou deux plongé dans une béatitude qui ne lui permettait pas même de mesurer le temps.

Tout à coup, il fut tiré de cette espèce d'extase par le bruit d'un corps pesant qui tombait dans l'eau.

Il avait vu vaguement passer quelque chose dans l'air, mais il lui était impossible de dire quoi.

Au bout d'un instant, il vit reparaître une tête rieuse à la surface de la mer. C'était celle de Mahaouni.

Elle prononça quelques mots qui semblaient un appel à ses compagnes.

L'appel ne fut pas vain.

Un corps traversa l'espace, passant avec la rapidité de l'éclair, et s'enfonça dans l'eau avec le même bruit que le chevalier avait déjà entendu.

Puis un troisième, puis un quatrième, puis dix, puis vingt.

C'étaient toutes les belles paresseuses que le chevalier avait vues le matin prenant un bain de rivière, et qui, pour varier leurs plaisirs, prenaient un bain de mer.

Toutes les têtes reparurent les unes après les autres ; puis ces filles d'Amphitrite, comme eût dit un poète grec, se livrèrent à leur amusement favori, la natation.

Dieudonné les voyait ; mais elles ne pouvaient le voir, caché qu'il était dans l'ombre de sa grotte.

Une seconde heure se passa, que le chevalier, nous devons l'avouer, ne trouva pas plus longue que la première.

Ajoutons même qu'il portait une telle attention au spectacle qu'il avait sous les yeux, qu'il ne s'aperçut que l'eau augmentait que lorsqu'il eut de l'eau jusque sous les aisselles.

C'était tout simplement la marée qui montait.

Dieudonné n'avait pas songé à ce phénomène, et n'éprouva une inquiétude réelle qu'en voyant flotter ses vêtements à la surface de l'eau.

La grotte où le chevalier les avait déposés étant plus basse que l'autre, la mer y avait pénétré d'abord, et avait enlevé les habits du chevalier.

En voyant ses hardes se balancer sur les flots, le chevalier voulut crier ; mais il osa indiquer sa présence aux femmes : il n'osa.

Si, au moins, il eût eu sur le dos ses habits qui s'en allaient flottants, il n'eût point hésité à paraître habillé devant elles ; car elles ne paraissaient pas des déesses à le punir à la manière d'Actéon.

Mais, s'il eût été habillé, il n'eût eu aucun motif d'appeler.

Le chevalier se trompait, car sa situation devenait grave.

L'eau qui atteignait sa ceinture à peine lorsqu'il était entré dans la grotte, et qui avait peu à peu monté jusqu'à ses aisselles, atteignait maintenant son menton.

Il est vrai qu'en se reculant de quelques pas, il pouvait gagner un pied.

Mais le chevalier commençait à comprendre sa situation.

Le flux arrivait.

Et, regardant autour de lui, il pouvait voir à quelle hauteur l'eau montait dans la grotte.

A marée pleine, il aurait quatre pieds d'eau par-dessus la tête. Le chevalier faillit s'évanouir ; une sueur froide glaça ses cheveux.

En ce moment, les nageuses jetaient de grands cris ; elles venaient d'apercevoir ses vêtements.

Comme elles ne savaient pas ce que ces vêtements voulaient dire, elles nagèrent toutes vers la grotte.

Mais, au lieu de les appeler à son aide, Dieudonné, plein de honte, recula tant qu'il put reculer.

Les jeunes femmes prirent, l'une le gilet, l'autre le pantalon, l'autre la chemise, tout en ayant l'air de se demander comment ces habits se trouvaient là.

Il n'y avait point à s'y tromper, c'étaient des habits d'Européen.

Le chevalier n'avait pas envie de leur redemander ses habits ; mais, quand il les aurait redemandés, qu'en ferait-il, mouillés comme ils l'étaient ?

C'était un paquet à sauver avec lui, et il n'avait déjà plus de chances de se sauver tout seul.

L'eau montait incessamment.

Le chevalier savait que, dans dix minutes, il aurait de l'eau par-dessus la tête.

Une vague qui arriva plus haute que les autres lui couvrit le visage d'écume.

Le chevalier instinctivement jeta un cri.

Ce cri, les nageuses l'entendirent.

Une seconde vague suivit la première.

Dieudonné pensa au capitaine, et, comme si celui-ci eût pu entendre, il cria :

— A moi Dumesnil ! au secours ! au secours !

Les nageuses ne comprirent point ces paroles ; mais il y avait dans la façon dont elles étaient prononcées, un tel accent de détresse, qu'elles devinèrent que celui qui avait jeté ce cri était en danger de mort.

Le cri venait évidemment de la grotte.

Une d'elles y pénétra, nageant entre deux eaux.

Tout à coup, le chevalier vit, à deux pas devant lui, se dresser une tête.

C'était celle de Mahaouni.

Elle devina, au visage décomposé du chevalier, la situation où il se trouvait.

Elle fit un cri d'appel; toutes ses compagnes accoururent.

Le chevalier se trouvait juste dans la situation de Virginie sur le pont du *Saint-Géran* : — sauvée, si elle voulait accepter le secours du matelot nu qui s'engageait à la porter au rivage; perdue, si elle refusait.

Les Taïtiennes faisaient entendre par leurs gestes, et essayaient de faire entendre par leurs paroles, à Dieudonné qu'il n'avait qu'à s'appuyer sur elles et qu'elles le porteraient à terre.

Deux d'entre elles, étroitement entrelacées, formaient une espèce de radeau sur lequel il pourrait s'étendre, tandis que, de la main gauche et de la droite, il se soutiendrait sur les épaules des belles nageuses.

Rendons au chevalier cette justice, qu'il hésita un instant, qu'un instant il eut la chaste pensée de mourir comme la vierge de l'île de France.

Mais l'amour de la vie l'emporta. Il ferma les yeux, s'étendit sur le radeau mobile, appuya ses mains sur les rondes épaules des belles nymphes et se laissa aller.

Murmura-t-il le nom de Mathilde?

Nous n'étions pas là pour l'entendre, et nous n'en répondrions pas.

Trois ou quatre mois après cet événement, dont Dieudonné s'était bien gardé de parler au capitaine, chassant des oiseaux de mer avec son ami, Dieudonné, en se penchant imprudemment hors du bateau, tomba à la mer.

Le capitaine poussa un cri terrible, jeta rapidement bas sa veste et son gilet pour s'élancer après Dieudonné.

Mais, au moment où il allait accomplir cet acte de dévouement, il vit, à sa grande stupéfaction, le chevalier qui remontait à la surface de la mer, à l'aide d'un vigoureux coup de pied donné dans l'eau, et qui, arrivé à cette surface, faisait sa brassée, non pas comme un caleçon rouge, mais comme un honnête caleçon bleu.

Dumesnil fut si étourdi de ce qu'il voyait, qu'il en resta non-seulement muet, mais immobile.

— Eh bien, dit Dieudonné, donne-moi donc la main pour m'aider à remonter dans la barque !

Dumesnil lui donna la main; le chevalier remonta.

— Mais où diable as-tu donc appris à nager? lui demanda Dumesnil.

Dieudonné devint rouge jusqu'aux oreilles.

— Ah ! sournois ! dit le capitaine.

Puis, éclatant de rire :

— Eh bien, conviens, ajouta-t-il, que ce sont là des maîtres nageurs qui valent ceux de Deligny?

Dieudonné ne répondit point; mais l'habileté avec laquelle il s'était tiré du danger prouvait que le capitaine avait raison.

## XIII

*L'homme propose et Dieu dispose.*

Trois années s'écoulèrent dans ce paradis terrestre; au bout de ces trois années, Dieudonné était, non pas guéri tout à fait, mais presque guéri de cette mélancolie profonde qu'il avait emportée de France.

Tout l'honneur de cette quasi-guérison morale devait revenir au capitaine, comme l'honneur de la guérison physique revenait au médecin. Il est vrai que l'un comme l'autre avait employé les moyens que mettait sous sa main la mère nature; mais ces moyens n'étaient, à tout prendre, que les médicaments; le guérisseur véritable était celui qui en avait dirigé l'emploi.

Le chevalier paraissait donc heureux; s'il prononçait encore le nom de Mathilde, ce n'était plus qu'en rêve. Réveillé, sa volonté était plus forte, et, si ce n'était pas une guérison, c'était au moins une victoire.

Pas une seule fois, pendant ces trois ans, il n'avait été question du retour du chevalier en France, et pas une seule fois le chevalier n'avait paru, sinon s'en souvenir, du moins la regretter.

Il est vrai que, pendant ces trois années, le capitaine, constamment à l'affût de ce qui pouvait distraire son ami, inquiet de ce qui pouvait lui plaire, occupé de lui conserver les petits soins et les prévenances auxquels son éducation et son ménage l'avaient habitué, n'avait jamais laissé son front s'assombrir sans essayer de le dérider, en retrouvant quelque épave de l'humeur joyeuse de sa jeunesse; enfin, Dumesnil n'était jamais resté une minute au-dessous du rôle que le remords lui avait imposé.

Avec les tendances affectueuses du chevalier de la Graverie, on doit comprendre combien l'ami qu'il s'était fait, le repos de son cœur lui était devenu cher, et surtout nécessaire.

Le grand enfant avait toujours besoin d'une mère ou tout au moins d'une nourrice.

Aussi Dieudonné avait-il complètement perdu l'habitude de se diriger moralement et physiquement lui-même; il vivait, aimait jouissait pour lui seul.

Le capitaine seulement était obligé de penser pour deux.

Un soir qu'ils se promenaient ensemble, le capitaine fumant, le chevalier grignotant des morceaux de sucre au milieu de cette adorable population féminine qui demandait à l'un le superflu de ses morceaux de sucre, à l'autre le reste de ses bouts de cigare, de temps en temps un petit verre de cognac par-dessus le marché, et rendait en échange de tout cela le parfum, les baisers et l'amour, le capitaine se trouva tout à coup indisposé.

Dumesnil, qui était d'une santé herculéenne, ne fit aucune attention à ce malaise et voulut continuer sa promenade; mais, au bout d'un instant, les jambes lui manquèrent, la sueur couvrit son front, et il se sentit une telle faiblesse, que, pour qu'il ne tombât point, on fut obligé de lui apporter une chaise, tandis que son ami le soutenait.

Il n'y avait point à lutter : une maladie quelconque se déclarait avec une intensité de symptômes effrayante.

Le chevalier demandait un médecin à cor et à cris.

A cette époque qui précédait l'invasion anglaise et le protectorat français, il n'y avait pas de garnison dans l'île, et, par conséquent, pas de médecins, sinon les charlatans indigènes qui, à l'aide de certaines herbes et de certaines paroles, prétendaient guérir, et guérissaient peut-être — s'il est vrai hypothèse où le doute soit permis, c'est celle-ci — comme des docteurs à bonnet.

Mahaouni, toujours disposée à rendre au chevalier tous les services qui étaient en son pouvoir, offrit d'aller chercher un de ces empiriques; mais le chevalier, qui était arrivé à parler couramment la langue taïtienne, déclara que c'était un médecin européen qu'il voulait, français si c'était possible, et que, comme il y avait des bâtiments de toutes nations dans le port, et entre autres un bâtiment français signalé de la veille, c'était à ce bâtiment qu'il fallait aller demander secours.

Mahaouni se fit répéter deux ou trois fois le mot médecin en français, parvint à le prononcer d'une façon intelligible, et, prenant sa course, elle alla piquer une tête au-dessus de la grotte que nous connaissons, et nagea avec la rapidité d'une dorade vers le bâtiment dont son pavillon tricolore signalait comme français.

Cette dernière ligne indique que, pendant le séjour du chevalier à Taïti, la révolution de 1830 s'était opérée; mais ce changement, qui, si le chevalier fût resté en France, eût, selon toute probabilité, bouleversé bien des choses dans sa vie, passa pour lui presque inaperçu, à trois mille cinq cents lieues qu'il était de Paris.

En arrivant dans les eaux du *Dauphin*, c'était le nom du brick français, Mahaouni sortit son beau torse de l'eau, et cria de toutes ses forces, quoique avec un accent d'une douceur suprême :

— Un *midissin* ! un *midissin* !

Malgré le léger changement que la Taïtienne avait fait dans le mot, le capitaine comprit parfaitement ce que demandait la passagère; il crut que la reine Pomaré était malade, et ordonna au docteur du *Dauphin*, jeune homme de vingt-six à vingt-sept ans, qui en était à son premier voyage, de se rendre à terre.

Lorsque Mahaouni vit descendre le canot et, dans le canot, le médecin, elle devina qu'elle était comprise, et, quelques instances que pût lui faire le jeune docteur pour la déterminer à revenir avec lui dans la barque, elle plongea, reparut à vingt pas, replongea encore pour paraître plus loin, et, bien avant la barque et les quatre rameurs, elle aborda à Papaéti.

Puis, aussitôt, elle courut à la case des deux amis, l'une des plus proches du rivage, et leur cria :

— *Midissin! midissin!*

Après quoi, elle revint sur la plage pour guider le docteur.

La barque avait en quelque sorte suivi le sillage tracé par la jeune nageuse, et elle arrivait au bord comme celle-ci y revenait elle-même.

Le jeune docteur sauta à terre, suivit son guide et en quelques secondes fut à la porte de la case.

Le chevalier s'élança au-devant de lui, et, tout en lui présentant ses excuses pour le dérangement qu'il lui causait, le conduisit au lit du capitaine.

Le docteur, en voyant qu'il avait affaire à des Français, comprit comment la messagère s'était adressée au *Dauphin*, de préférence à tout autre bâtiment.

Il ne fit donc aucune question et s'avança droit au malade.

— Comment ! dit-il, c'est vous, capitaine ?

Le capitaine, déjà en proie à une prostration presque complète, ouvrit les yeux, reconnut à son tour le docteur, sourit, lui tendit la main, et, avec effort :

— Oui, c'est moi ; vous voyez, dit-il.

— Sans doute, que je vois, dit le docteur ; mais ce ne sera rien. Du courage ! Qu'éprouvez-vous ?

Le chevalier avait bonne envie d'interroger, de demander comment le docteur et le capitaine se connaissaient ; mais, voyant que le capitaine s'apprêtait à dire ce qu'il éprouvait, il remit à plus tard les questions.

— Ce que j'éprouve, dit le capitaine, c'est assez difficile à dire. J'ai été pris tout à coup d'un malaise suivi d'une prostration qui m'a forcé de revenir à la maison et de me mettre immédiatement au lit.

— Et depuis que vous êtes au lit ?

— J'ai éprouvé des soubresauts, des tremblements de membres, des alternatives de frissons et de chaleurs sèches.

— Un verre d'eau, demanda le docteur.

Puis, le présentant au malade :

— Essayez de boire, dit-il.

Dumesnil avala quelques gorgées.

— Tout me répugne, dit-il, et, d'ailleurs, j'avale difficilement.

Le docteur appuya deux doigts un peu au-dessous de l'estomac.

Le malade jeta un cri.

— Vous n'avez pas encore éprouvé le besoin de vomir ? demanda le docteur.

— Pas encore, répondit le malade.

Le docteur chercha des yeux du papier et une plume. Il n'y avait, bien entendu, ni papier ni plume dans la case.

Dumesnil demanda son nécessaire de voyage.

On le lui apporta.

Il en portait la clef suspendue à son cou.

Le capitaine ouvrit avec précaution, et, comme s'il contenait des choses que l'on ne devait pas voir, son nécessaire de voyage; il en tira du papier, de l'encre et une plume qu'il donna au docteur, lequel écrivit quelques lignes et demanda qui pouvait porter le billet au canot.

C'était un ordre à son aide de prendre dans la pharmacie du brick et de lui envoyer, à l'instant même, du laudanum, de l'éther, de l'eau de menthe et de l'ammoniac.

Comme Mahaouni ne pouvait pas donner les renseignements nécessaires aux rameurs, ce fut le chevalier qui se chargea de porter le billet à la barque.

Il donna un louis aux quatre matelots pour qu'ils fissent diligence, et ceux-ci enlevèrent le bateau, qui glissa immédiatement sur la surface unie de la rade, pareil à ces araignées aux longues pattes qui égratignent la surface des lacs.

Puis il revint à la case.

Le docteur était absent; le chevalier s'enquit où il était allé ; il s'était fait, par l'intermédiaire du capitaine, indiquer la rivière.

Le chevalier avait hâte de lui parler à lui seul.

Il s'élança sur sa piste, et le trouva dans l'eau jusqu'aux genoux et cueillant une herbe que l'on appelle le poléon de rivière.

— Ah! docteur ! lui dit-il, je vous cherchais.

Le docteur salua le chevalier et se remit à sa besogne, en homme qui comprend qu'on vient lui demander des renseignements et qui sent qu'il n'en a pas de bien excellents à donner.

— Vous connaissez donc le capitaine Dumesnil ? insista le chevalier.

— Je l'ai vu hier pour la première fois à bord du *Dauphin*, répondit le docteur.

— A bord du *Dauphin*! Et qu'allait-il faire, à bord du *Dauphin*?

— Il venait voir si nous n'avions pas de nouvelles de France, et il tenait tellement à parler à l'un de nos passagers, que, quoique nous l'ayons prévenu qu'il y avait la fièvre jaune à bord, il a insisté pour monter.

Ces mots du jeune docteur furent un éclair pour le chevalier.

— La fièvre jaune ! s'écria-t-il. C'est donc la fièvre jaune qu'a Dumesnil ?

— J'en ai peur, répondit le jeune homme.

— Mais de la fièvre jaune, balbutia Dieudonné, tout frissonnant, on en meurt.

— Si vous étiez la mère, la sœur ou le fils du capitaine, je vous répondrais « Quelquefois ! » vous êtes homme, vous n'êtes que son ami, je vous répondrai : « Presque toujours ! »

Le chevalier poussa un cri.

— Mais, demanda-t-il, êtes-vous sûr que ce soit la fièvre jaune ?

— J'espère encore que c'est une gastrite aiguë, répondit le docteur; les premiers symptômes sont les mêmes.

— Et d'une gastrite aiguë, vous le sauveriez !

— J'aurais du moins plus d'espoir.

— Oh! mon Dieu ! mon Dieu ! fit le chevalier en fondant en larmes.

Le jeune médecin regarda cet homme qui pleurait avec les sanglots et l'abondance de larmes d'une femme.

— Le capitaine est-il donc votre parent ? demanda-t-il ?

— C'est bien plus que mon parent, dit Dieudonné; c'est mon ami.

— Monsieur, dit le jeune homme, touché de cette grande douleur et tendant la main à Dieudonné, du moment que vous vous êtes adressé à moi, vous pouvez être sûr que les soins ne manqueront pas à votre ami. En France, les Français ne sont les uns pour les autres que des compatriotes ; à l'étranger, ce sont des frères.

— Oh ! mon Dieu ! mon Dieu ! pourquoi allait-il à bord de ce bâtiment? pourquoi ne m'y envoyait-il pas ? S'il m'y avait envoyé, c'est moi qui serais malade et non pas lui ; c'est moi qui mourrais et non pas Dumesnil.

Le docteur regarda avec une certaine admiration cet homme qui offrait si simplement sa vie à Dieu, en échange de celle de l'homme qu'il aimait.

— Monsieur, lui dit-il, je vous répète que je n'ai pas encore perdu tout espoir. Ce peut être aussi bien une gastrite aiguë que la fièvre jaune, et, si c'est une gastrite aiguë, avec des saignées nous en viendrons à bout.

— Quel est donc ce passager auquel il avait tant à faire ?

— Un de ses amis.

— Dumesnil n'avait pas d'autre ami que moi, comme je n'avais pas d'autre ami que lui, dit mélancoliquement le chevalier.

— Ils se sont cependant embrassés, dit le docteur, comme deux hommes enchantés de se revoir.

— Et comment s'appelle cet homme ? demanda le chevalier.

— Le baron de Chalier, dit le docteur.

— Le baron de Chalier, le baron de Chalier... Je ne connais pas cela. Ah! pourquoi ne m'envoyait-il point parler à ce maudit baron de Chalier?

— Parce que, sans doute, fit le jeune docteur avec intention, il voulait lui parler lui-même, parce qu'il ne voulait probablement pas que vous connussiez la démarche qu'il accomplissait; ce qui fait que je vous prierai de ne pas lui dire un mot de mon indiscrétion, attendu que, dans l'état où il est, la moindre contrariété peut lui être fatale.

— Ah! monsieur, soyez tranquille, dit le chevalier en joignant les mains, je ne lui en soufflerai pas un mot.

On rentra dans la case; le chevalier alla prendre les mains brûlantes de son ami sans s'inquiéter d'autre chose que de l'état dans lequel il était.

— Eh bien, demanda-t-il, comment te trouves-tu ?
— Mal. J'ai d'horribles douleurs à l'épigastre.
— Je vais vous saigner, dit le docteur.

Puis, s'adressant à la Graverie :

— Chevalier, dit-il, faites bouillir cette herbe dans un litre d'eau.

Le chevalier obéit avec la passivité d'un enfant et l'empressement d'une garde-malade.

Pendant ce temps, le docteur bandait le bras du malade et préparait la lancette.

Les veines du bras se gonflèrent.

— Chevalier, dit le docteur, laissez le soin de la tisane aux femmes, et tenez la cuvette.

Le chevalier obéit.

Le docteur piqua la veine; mais il y avait déjà un si grand trouble dans l'organisme, que le sang hésita à sortir.

Il fit l'incision plus profonde.

Cette fois, le sang vint, mais noir et déjà décomposé.

Quelques gouttes jaillirent au visage du chevalier.

En sentant la tiède moiteur s'étendre sur son visage, le chevalier se renversa en arrière et s'évanouit.

Le capitaine parut vouloir profiter de la circonstance.

— Monsieur, dit-il au jeune médecin, je suis atteint mortellement, je le sens. Dites, je vous prie, à M. de Chalier que je lui recommande de nouveau l'enfant dont je lui ai parlé hier, et que je le supplie, si le hasard lui fait rencontrer le chevalier de la Graverie, de ne lui en rien dire, à moins qu'il n'y ait pour Thérèse des raisons de la plus haute importance à être reconnues; je le fais juge de ces raisons... M'avez-vous bien entendu et bien compris?

— Oui, capitaine, dit le jeune docteur, qui sentit l'importance de la mission, et je vais tâcher de vous répéter mot pour mot vos propres paroles.

Et il répéta, en effet, sans y rien changer, ni dans la forme ni dans les détails, la recommandation du capitaine.

— C'est bien! dit le malade.

Puis, se retournant vers la jeune fille :

— Mahaouni, dit-il à la Taïtienne, jette de l'eau fraîche au visage du pauvre chevalier.

Mahaouni, qui, accroupie devant le feu et soignant la tisane, n'avait pas même vu l'évanouissement du chevalier, obéit à l'ordre du capitaine avec un empressement qui indiquait l'intérêt qu'elle portait à son élève en natation.

Le chevalier revint à lui juste au moment où le docteur fermait la veine du malade.

La saignée soulagea momentanément le capitaine; mais, vers deux heures du matin, malgré l'emploi de l'opium et de l'éther, les vomissements commencèrent.

Le docteur jeta au chevalier un coup d'œil qui voulait dire : « Voilà ce que je craignais. »

Le chevalier comprit et sortit pour pleurer tout à son aise.

La journée du lendemain se passa dans des alternatives de bien et de mal. Cependant, vers le soir, le mal l'avait complétement emporté sur le bien.

Le visage était pourpre, la déglutition presque impossible ; les vomissements, bilieux d'abord, étaient devenus noirs et mêlés de fuliginosités, et il était facile d'y reconnaître des parcelles de sang décomposé. Le docteur avait levé l'appareil de la saignée, et il avait trouvé la plaie cerclée de noir.

Il avait pris le chevalier à part, et, comme le capitaine avait encore toute sa tête, il avait prévenu le chevalier de l'état désespéré dans lequel était son ami, afin que celui-ci, s'il avait quelques dispositions testamentaires à prendre, ne perdît pas de temps.

Quant au jeune docteur, il était obligé, disait-il, de retourner, ne fût-ce que quelques heures, au bâtiment; il reviendrait le lendemain, et laissait par écrit au chevalier le traitement qu'il y avait à suivre, et dont le principal point était, autant que possible, de relever le moral du capitaine.

La recommandation était inutile; l'homme fort, c'était le malade ; l'homme faible, celui qui se portait bien.

Depuis le moment où le capitaine s'était alité, le chevalier n'avait pas quitté un instant son chevet, lui rendant à son tour tous les soins qu'il en avait reçus quand il avait eu la jambe cassée ; le veillant avec l'assiduité et l'affection d'une mère, ne souffrant pas qu'il prît une tasse de tisane d'une autre main que la sienne.

Et il y avait un grand mérite dans cette conduite du pauvre Dieudonné ; car ses angoisses étaient si vives, que, vingt fois, se sentant défaillir, il fut sur le point de déserter son poste et de fuir au hasard pour cesser de voir souffrir son ami.

On a vu qu'au simple contact du sang du capitaine, il s'était évanoui.

C'était bien pis maintenant que le docteur avait à peu près avoué au pauvre chevalier qu'il n'y avait plus d'espoir. Si le patient s'agitait dans son lit, Dieudonné sentait les gouttes d'une sueur froide perler sur tout son corps ; si, au contraire, Dumesnil s'assoupissait, Dieudonné considérait cet état comme un symptôme des plus inquiétants, et, secouant le malade, lui demandait :

— Comment te trouves-tu? Réponds-moi ; mais réponds-moi donc !

Si le malade ne lui répondait pas, il se tordait les mains et éclatait en sanglots.

Au milieu d'une de ces explosions de douleur, Dumesnil, qui ne dormait pas, mais qui méditait, jugea que le moment était venu de donner ses dernières instructions à son ami.

C'était un esprit ferme et stoïque que le sien ; il envisageait sans crainte, — pour lui-même du moins, — le sombre passage qu'il avait à franchir, et, dans ce moment, il n'était tourmenté que par l'idée de l'isolement où il allait laisser son ami.

— Voyons, mon cher Dieudonné, lui dit-il, cesse tes cris, ces plaintes et ces larmes, indignes d'un homme, et laisse-moi te donner quelques conseils sur la façon dont tu dois arranger ton existence lorsque je n'y serai plus.

Aux premiers mots du malade, le chevalier s'était tu comme par enchantement. Dumesnil, qui n'avait point parlé depuis près de deux heures, parlait, et d'une façon si calme, que c'était à croire que Dieu faisait un miracle en sa faveur; mais, quand il arriva à ces paroles : « Lorsque je n'y serai plus, » Dieudonné poussa des cris de désespoir, se roula sur le lit du moribond, jetant entre ses bras et accusant l'injustice de la Providence et la rigueur du destin.

Les forces épuisées du capitaine ne lui permettaient pas de lutter contre les exubérances de la douleur de son ami.

Il rassembla tout ce qui lui restait de puissance, et laissa tomber ces mots, d'une voix mourante :

— Dieudonné, tu me tues !

Le chevalier fit un bond en arrière; puis, s'agenouillant et les mains jointes, il se rapprocha du lit, marchant sur ses genoux et disant :

— Pardonne-moi, Dumesnil, pardonne-moi ! je ne bougerai pas, je ne soufflerai plus, je t'écoute religieusement.

Seulement, de grosses larmes silencieuses coulaient le long de ses joues.

Dumesnil le regarda quelques instants avec une profonde pitié.

— Ne pleure pas comme cela, mon pauvre camarade; j'ai besoin de toute ma force pour franchir, comme il convient à un homme et à un soldat, le suprême passage... et ta douleur me déchire l'âme.

Puis, avec une fermeté toute militaire :

— Il faut nous quitter en ce monde, Dieudonné, dit-il.

— Non ! non ! non ! s'écria Dieudonné, tu ne mourras pas ! c'est impossible.

— C'est cependant ce à quoi il faut t'attendre, cher vieil enfant, répondit le malade.

— Ne plus te voir ! ne plus te voir ! Dieu n'est pas si cruel, s'écria Dieudonné.

— A moins que je ne trouve la métempsycose à l'ordre du jour là-haut, dit en souriant le capitaine, il faut prendre notre parti de cette terrible séparation, mon pauvre ami.

— Ah ! Seigneur ! Seigneur ! se lamenta Dieudonné.
— Mais je dois avouer que ce n'est guère plus probable que ma résurrection.
— La métempsycose ? répéta machinalement Dieudonné.
— Oui, la métempsycose, auquel cas je prie le bon Dieu à deux genoux de me confier la peau du premier chien venu, dans laquelle, n'importe où je serai, je brise ma chaîne pour t'aller rejoindre.

Cette plaisanterie, faite au seuil de l'éternité, ne put éveiller le stoïcisme dans le cœur de Dieudonné; il leva les yeux au ciel et embrassa étroitement Dumesnil.

— Allons, courage ! reprit ce dernier; en vérité, de nous deux, c'est toi qui as l'air de quitter le monde. Pendant que j'en ai la force encore, laisse-moi donc te donner un bon conseil : reste ici si tu peux, quoique sans moi, je doute que tu t'y amuses beaucoup.

— Oh! non, non, s'écria Dieudonné, si j'ai le malheur de te perdre, je retournerai en France !

— A ta volonté, mon pauvre ami; en ce cas, reconduis-y mon corps; cela te fera une douloureuse distraction, et il te semblera que tu ne me quittes pas tout à fait; je suis d'une pauvre ville de province, bien triste, bien ennuyeuse, de Chartres ; mais, à Chartres, mon père, ma mère et une sœur que j'aimais fort sont enterrés; notre famille a là un caveau où reste une place vide, tu m'y enfourneras, et tu feras sceller la porte sur moi : je suis le dernier de la famille. Cette cérémonie achevée, isole-toi, vis en vieux garçon, c'est-à-dire en égoïste; fais-toi gourmand, aime d'estomac, mais n'aime plus de cœur, pas même un lapin, on pourrait te le mettre à la broche. — Ah ! mon pauvre Dieudonné, tu n'es pas de force à aimer !

Dumesnil retomba épuisé sur son oreiller.
Quelques minutes après, il entrait dans le délire.
Mais, dans le délire, une idée semblait poursuivre le moribond : c'était celle de sa métempsycose.
Il répétait :
— Chien... bon chien... chien noir... Dieudonné !
De sorte que l'on pouvait voir que, dans cet esprit défaillant, la dernière pensée qui survivait était celle de ne pas quitter son ami.

Sur ces entrefaites, le jeune docteur rentra; il était revenu pour l'acquit de sa conscience et parce qu'il avait promis de revenir.

Au premier coup d'œil jeté sur le capitaine, il comprit que tout était fini.

Quant à Dieudonné, en entendant cette respiration anxieuse et sifflante, ce râle avant-coureur du dernier soupir, il s'était laissé tomber à genoux, sanglotant, mordant dans son désespoir les draps du lit, et tombant peu à peu dans une prostration de laquelle il ne sortit qu'en entendant ces mots, prononcés par le jeune docteur :

— Il est mort !

Alors il se redressa, poussa de grands cris; puis, avec un indescriptible élan de douleur, il se précipita sur le cadavre, l'étreignant si étroitement, qu'il fallût employer la force pour l'en séparer.

## XIII

Retour en France.

Par bonheur, en mourant, le capitaine avait laissé à Dieudonné des devoirs à accomplir.

Il connaissait bien ce que les natures débiles redoutent le plus ; les natures d'élite osent seules se recueillir pour souffrir; la grande majorité des hommes, au contraire, se hâte de surexciter ses douleurs comme si elle prévoyait que le calme suivra de bien près la défaillance.

*Le Dauphin*, qui était en train de faire le tour du monde, et qui avait pris la fièvre jaune en passant à Manille, continuait sa route pour la France par le cap Horn et levait l'ancre le surlendemain.

C'était bien ce qu'il fallait au chevalier; seul, il avait en haine ce paradis terrestre où il avait été si heureux avec son ami.

Il écrivit une lettre au capitaine du *Dauphin*, sollicitant un passage à son bord, pour lui et pour le cercueil de son ami.

Le jeune médecin se chargea de négocier l'affaire; il va sans dire qu'il y réussit sans aucune difficulté.

En revenant à la case, il trouva Dieudonné occupé à faire exécuter par les charpentiers du pays une bière à la manière de France.

L'île fournit le bois de fer, le meilleur de tous les bois pour ces sortes de constructions.

Dieudonné ôta du cou du capitaine la petite clef du nécessaire, et, comme le capitaine, plusieurs fois dans son agonie, avait tourné les yeux vers ce meuble, paraissant le lui recommander, il passa la petite clef à son cou, heureux de presser sur son cou, cette relique de son ami.

Puis il fit ensevelir le capitaine dans la plus blanche pièce d'étoffe qu'il put trouver, garnit lui-même le fond de la bière de feuilles de pandanus et de bananier, déposa le corps sur cette molle couche, que les femmes de l'île parsemèrent de fleurs tirées de leurs cheveux et de leurs oreilles, baisa une dernière fois son ami au front et fit clouer la bière.

Chaque coup de marteau lui faisait jaillir un sanglot du cœur; mais, quelques instances que l'on fît, il resta là jusqu'à ce que le dernier clou fût enfoncé.

Sur ces entrefaites, la nuit vint.

C'était le lendemain matin que le canot du *Dauphin* devait venir chercher le mort et le vivant ; et, comme, par une superstition répandue chez les habitants du pays, les propriétaires de la case ne voulurent point que le cadavre passât la nuit sous leur toit, Dieudonné fit déposer le cercueil sous le citronnier où Mahaouni était venue se coucher pendant la première nuit qu'il avait passée dans l'île.

Puis il étendit son matelas, appuyant une de ses extrémités sur le cercueil.

Et, tout pleurant, il se coucha, la tête sur la bière du capitaine.

Le lendemain, il recueillit tous les objets qui avaient appartenu à Dumesnil, vêtements, armes, cannes, etc.

Au premier rang de ces objets était le nécessaire.

Mais le nécessaire, Dieudonné ne se sentait point encore la force de l'ouvrir ; sans doute contenait-il quelque testament, quelques dispositions dernières qui devaient lui briser le cœur.

Il se dit à lui-même qu'il serait temps de l'ouvrir en France, à Chartres, le soir même de l'inhumation du capitaine.

Puis il distribua à ses amies éplorées, faisant naturellement à Mahaouni la meilleure part, tous les petits objets que ces naïves filles de la nature avaient paru envier.

L'heure arrivée, le canot vint prendre le chevalier ; outre les quatre rameurs, il y avait quatre matelots, un contre-maître et le docteur.

Toute la ville de Papaéti accompagna le cercueil et le chevalier jusqu'au bord de la mer.

On aimait le capitaine, nature droite mais rude.

On adorait le chevalier, nature douce et tendre, toujours prêt à donner, et, quand il ne donnait pas, à laisser prendre.

Les hommes, arrivés au bord de la mer, prirent congé de leur hôte.

Les femmes ne voulurent point le quitter là : elles se lancèrent à la mer et nagèrent comme des sirènes autour du canot.

Quelques-unes, trouvant le trajet un peu long, crièrent leur adieu au chevalier et l'abandonnèrent en chemin.

Cinq ou six tinrent bon, et, en arrivant au bâtiment, Dieudonné, en le supposant mahométan, pouvait encore, selon la prescription du prophète, avoir quatre femmes légitimes.

Au moment où le chevalier mettait le pied sur l'échelle du brick, Mahaouni se jeta tout éplorée dans ses bras, lui demandant s'il voulait l'emmener en France.

L'idée du sacrifice qu'offrait de lui faire cette charmante fille de la nature, toucha profondément le chevalier ; il hésita s'il accepterait, mais il se rappela la recommandation de son ami : « Ne t'attache pas même à un lapin : on pourrait te le mettre à la broche. »

Il endurcit son cœur, détourna la tête, repoussa la belle Mahaouni, et s'élança sur le pont du bâtiment.

Les Taïtiennes nagèrent quelque temps encore autour du brick comme des sirènes ; mais, leur ami le chevalier ne reparaissant point, elles s'éloignèrent, nageant du côté de l'île.

Deux ou trois fois Mahaouni s'arrêta et retourna la tête vers le brick ; mais, ne voyant pas Dieudonné, elle se reconnut décidément abandonnée, plongea pour laver ses larmes et reparut le sourire sur les lèvres et dans les yeux.

Nous consignons ce fait, afin que nos lecteurs, bercés par des romances dans lesquelles les jeunes insulaires abandonnées par des Européens mouraient en les attendant sur la plage, les yeux tournés du côté où avait disparu le vaisseau de l'ingrat ; afin, disons-nous, que nos lecteurs ne se livrent pas à un attendrissement excessif à l'endroit de l'Ariane taïtienne.

Dieudonné n'avait point reparu parce qu'il emménageait dans sa cabine le cercueil de son ami, dont il était résolu à ne point se séparer pendant la traversée.

Tandis qu'il s'occupait de ces détails, une belle chienne noire épagneule entra dans la cabine, regardant curieusement avec ses grands yeux intelligents, presque humains, ce que faisait le chevalier.

En l'apercevant, le chevalier tomba sur une chaise, et se prit à pleurer.

Il se rappelait cette douce phrase que, la veille au matin, il y avait vingt-quatre heures à peine, prononçait son ami : « Si la métempsycose existe, je prierai le bon Dieu de me confier la peau d'un chien, sous laquelle, n'importe où je serai, je briserai ma chaîne pour t'aller rejoindre. »

Il prit la tête de la chienne entre ses deux mains, comme il eût fait d'une tête humaine.

La chienne, effrayée sans doute de cette démonstration, dans laquelle le chevalier n'avait peut-être pas mis tous les ménagements possibles, se sauva.

Le chevalier demanda, les yeux tout baignés de larmes, au matelot qui l'aidait à emménager le cercueil, à qui appartenait cette belle chienne à la fois si curieuse et si sauvage.

Le matelot répondit qu'elle appartenait à un passager, et, pour rendre moins importante sans doute sa disparition aux yeux du chevalier, il ajouta qu'elle avait mis bas la veille quatre chiens magnifiques dont on avait jeté trois à la mer, et que la crainte qu'il n'arrivât accident au quatrième, était sans doute, ce qui l'avait empêchée de répondre avec plus d'effusion aux caresses du chevalier.

— D'ailleurs, répondit celui-ci en secouant la tête, il m'a bien recommandé de ne m'attacher à rien ; la chienne a donc bien fait de s'en aller, car j'eusse été obligé de la chasser.

Le matelot entendit cette réponse du chevalier ; mais, comme c'était un garçon discret, quoiqu'il ne la comprît pas, il n'en demanda aucunement l'explication.

Le soir, le vent étant favorable, le capitaine décida de mettre à la voile ; on leva donc l'ancre et l'on mit le cap sur Valparaiso, où *le Dauphin* devait déposer un de ses passagers.

Le chevalier n'avait pas oublié ce qu'il avait souffert du mal de mer dans sa traversée du Havre à New-York et de San-Francisco à Taïti ; aussi son premier soin fut-il, quand il sentit le bâtiment se mouvoir sous ses pieds, de se coucher dans son cadre et de se recommander à son matelot.

La recommandation ne fut pas inutile : après trois jours d'un temps superbe, pendant lesquels le chevalier n'osa point se hasarder sur le pont, vint un grain qui troubla la mer pour une quinzaine de jours.

Pendant ce temps, le chevalier resta couché, mangeant dans son lit quand il mangeait, et, ces jours-là, voyant arriver régulièrement derrière le matelot la chienne épagneule, qui savait tout ce qu'il y avait de bénéfice pour elle à exécuter cette manœuvre, le chevalier, entamant à peine ses plats, qui revenaient à la chienne presque intacts.

Le dix-huitième ou dix-neuvième jour, le temps étant toujours gros, et le chevalier toujours dans son lit, la chienne vint comme d'habitude, mais, cette fois, suivie de son petit, qui commençait à courir sur le pont en trébuchant.

Le petit chien, miniature de sa mère, était charmant.

Malgré sa résolution de ne s'attacher à rien, le chevalier fit force caresses au petit Black, — c'était le nom du jeune épagneul, — lui donnant du sucre écrasé que celui-ci léchait scrupuleusement jusqu'à la dernière poussière dans le creux de sa main.

Dix fois, le chevalier eut l'idée de demander au matelot s'il croyait que le maître du petit épagneul voulût s'en défaire ; mais alors il se rappelait la recommandation de Dumesnil : « Ne t'attache à rien ! » et il repoussait cette idée de donner à qui que ce fût, même à un chien, une portion de ce cœur qui devait appartenir tout entier à son ami.

Dans toute autre circonstance, Dieudonné se fût lassé de ce long isolement et eût fait quelque effort au risque d'un redoublement de malaise. Mais, qu'on ne l'oublie pas, il n'était point seul dans sa cabine. Il était avec cette part de lui-même que la mort lui avait si cruellement enlevée, et il éprouvait l'espèce de satisfaction d'amour-propre particulière à certaines natures tendres, en se disant que sa tendresse ne s'épuisait point, que ses larmes ne tarissaient pas.

Quatre ou cinq jours s'écoulèrent encore sans que la mer calmît ; puis, enfin, un matin, sans transition aucune, le mouvement du navire cessa tout à coup.

Dieudonné appela son matelot et lui demanda la cause de ce calme.

Le matelot répondit que l'on était en rade de Valparaiso et que, si le chevalier voulait se lever, il verrait les côtes du Chili, et l'entrée de cette vallée si belle, qu'elle a reçu le nom de Valparaiso, c'est-à-dire *vallée du Paradis*.

Le chevalier annonça qu'il se lèverait ; mais, comme Black et sa mère étaient là, il commença avant tout par faire sa distribution accoutumée de pain et de viande à la mère, et de sucre au petit.

Au milieu de leur repas, un coup de sifflet aigu vint faire tressaillir la chienne, qui leva la tête, mais hésita.

Un second coup de sifflet, suivi du nom de Diane, leva toute hésitation ; évidemment rappelée par son maître, la chienne disparut, accompagnée de son petit.

Le chevalier, sentant alors le bâtiment tout à fait raffermi, songea à faire sa toilette et à monter sur le pont.

Ce fut l'affaire d'une demi-heure, à peu près.

Au moment où sa tête apparaissait à l'écoutille, le canot se détachait du bâtiment pour conduire à terre le passager qu'on devait déposer à Valparaiso.

Machinalement, le chevalier, ébloui de la magnificence du spectacle que lui offrait cette admirable côte du Chili, s'approcha de la muraille du bâtiment.

Alors ses yeux tombèrent sur le canot, déjà à une centaine de pas du navire.

Il poussa un soupir.

A bord du canot était la belle chienne épagneule, la mâchoire inférieure posée sur le genou du passager qui quittait le bâtiment.

Il appela son matelot.

— François ! demanda-t-il, est-ce qu'on emmène Black et sa mère pour ne plus revenir ?

— Sans doute, monsieur le chevalier, répondit le matelot, ces deux animaux appartiennent à M. de Chalier et s'en vont avec lui.

Dieudonné se rappela le nom.

C'était celui de cet ami qu'était venu voir Dumesnil à bord du *Dauphin*, et qui était la cause innocente de la mort du capitaine.

Mais, si innocent que M. de Chalier fût de cette mort, Dieudonné ne lui en avait pas moins gardé rancune.

— Ah ! dit-il, je suis bien aise qu'il s'en aille, ce M. de Chalier, que Dumesnil aimait tant : cela m'aurait fait du mal de le voir. Seulement, ajouta-t-il, je regrette le petit chien.

Puis, avec un mouvement de mélancolique satisfaction :

— Bon ! ajouta-t-il, c'est bien heureux que cet animal ne soit pas resté à bord, je commençais à m'y attacher.

Le lendemain, on remettait à la voile ; deux mois après, on débarquait à Brest.

Enfin, au bout d'une semaine, le chevalier entrait à Chartres avec son funèbre bagage.

## XV

*Où le chevalier rend les derniers devoirs au capitaine et se fixe à Chartres.*

Le chevalier descendit à l'hôtel et se renseigna aussitôt.

Le capitaine Dumesnil avait eu sa famille à Chartres; mais, comme il l'avait dit à Dieudonné, de cette famille, il ne lui restait plus personne.

Cependant, beaucoup de Chartrains avaient connu le capitaine et rendaient justice à son courage et à sa loyauté.

Il alla trouver le fossoyeur, se fit montrer le tombeau de la famille Dumesnil; comme l'avait dit le capitaine, une des cases restait vide.

Le chevalier avait eu le soin de faire dresser, par le docteur et par le capitaine et le second du *Dauphin*, un certificat mortuaire constatant le décès et l'identité de Dumesnil.

Ce certificat mortuaire à la main, il put réclamer et obtenir cette dernière couche de marbre où son ami devait dormir du sommeil éternel.

Il envoya des lettres de faire-part à toutes les notabilités de la ville, et fit mettre des insertions dans les journaux pour annoncer que le capitaine Dumesnil était mort, et serait enterré le lundi suivant.

Huit jours devaient s'écouler entre les lettres de faire-part, les annonces et l'inhumation.

De cette façon, s'il restait au capitaine Dumesnil quelques parents, ces parents seraient prévenus.

S'ils étaient aux environs de Chartres, ils auraient le temps d'arriver et d'assister au convoi.

S'ils étaient éloignés, ils écriraient, se feraient connaître et réclameraient l'héritage du capitaine, héritage consistant en quelques centaines de francs, le capitaine n'ayant d'autre fortune que ses quatorze ou quinze cents francs de retraite.

Le convoi eut lieu au bout des huit jours indiqués; personne ne vint, mais toute la ville y assista.

Le chevalier menait le deuil, et un fils n'eût certes pas donné à un père mort de plus vives marques de regret que celles que donna le chevalier à son ami.

Ses larmes, mal taries, ne demandaient qu'une occasion pour couler de nouveau, et il éprouvait un bien-être inouï à sentir couler ses larmes.

Le corps déposé dans le caveau, le chevalier de la Graverie voulut dire quelques paroles à cette foule qui, moitié par curiosité, moitié par sympathie, avait suivi le corps du capitaine Dumesnil jusqu'au cimetière; mais les sanglots étouffèrent sa voix.

C'était la meilleure manière de remercier : à partir de ce moment, si le chevalier ne fut point jugé comme esprit, il fut jugé comme cœur.

On reconduisit le chevalier jusqu'à la porte de son hôtel.

Rentré dans sa chambre, ce fut alors que le chevalier se trouva vraiment seul.

Il n'avait point assez pleuré.

Il rassembla les différents objets qui avaient appartenu au capitaine, et au milieu d'eux le nécessaire de voyage.

Ces reliques saintes ramenèrent de nouvelles larmes à ses yeux.

Il prit alors la résolution de rester à Chartres; il n'avait de préférence pour aucun lieu du monde; une ville triste et solitaire comme Chartres, avec sa cathédrale gigantesque, aux deux bras ainsi levés au ciel, comme pour implorer la miséricorde du Seigneur, lui convenait parfaitement.

Il ne voulait revoir personne de ses anciens amis, personne qui eût connu sa femme et qui pût lui en demander des nouvelles.

Et cependant, chose singulière, en revenant en France, il y était ramené par un vague espoir de revoir Mathilde.

Il lui semblait, à chaque coin de rue qu'il tournait, qu'il allait se trouver face à face avec elle, et qu'elle allait lui sauter au cou en s'écriant : « C'est toi ! »

Il se mit donc dès le même jour en quête d'une maison, et trouva, rue des Lices, celle que nous avons décrite.

Elle lui parut convenable en tout point.

Il fit venir un tapissier, lui commanda ses meubles comme il l'entendait, et écrivit à son notaire de lui envoyer tout l'argent qu'il pouvait avoir à lui, ainsi que les meubles les plus précieux et son argenterie, que Dumesnil, après la catastrophe, avait déposés en lieu sûr.

Le notaire qui, pendant les sept ans d'absence du chevalier, n'avait eu que la moitié de son revenu à lui envoyer, pouvait disposer d'une somme de trente à quarante mille francs.

Le chevalier, outre cela, avait une vingtaine de mille livres de rente.

Avec vingt mille livres de rente, on est immensément riche à Chartres.

Au bout de huit jours, la maison fut en état de recevoir le chevalier.

Son installation fut toute une affaire.

Nous avons dit, on ne l'a pas oublié, de quelle confortable façon étaient emménagés le salon, le cabinet aux vins et aux salaisons et surtout la chambre à coucher.

Avec intention, nous avons, à cette époque, négligé de décrire la table qui servait de toilette au chevalier.

On se rappelle le nécessaire dont il avait hérité de son ami Dumesnil, et la préoccupation avec laquelle ce dernier lui avait indiqué ce nécessaire dans les derniers moments de sa vie.

Le soir de son installation, le chevalier résolut de l'ouvrir.

En conséquence, il fit provision de forces, se recueillit, s'assit sur son bon tapis de Smyrne, prit son nécessaire entre ses jambes et l'ouvrit après avoir eu la précaution de préparer son mouchoir.

Et, en effet, les premiers objets qu'il aperçut rouvrirent la source de ses larmes.

C'étaient les ustensiles familiers de la toilette du capitaine, homme qui professait le soin le plus méticuleux de sa personne.

Le chevalier les tira les uns après les autres de leurs alvéoles et les rangea autour de lui.

Arrivé au dernier, il s'aperçut que le nécessaire avait un double fond.

Il chercha le secret de ce double fond et le trouva facilement, l'ouvrier qui avait fabriqué le nécessaire n'ayant pas eu l'intention de le dissimuler.

Ce double fond renfermait un paquet soigneusement cacheté et ficelé, sur l'enveloppe duquel le chevalier lut ces mots :

« Je prie, et cela sur deux choses sacrées, l'amitié et l'honneur, mon ami de la Graverie, de remettre ce paquet à madame de la Graverie, s'il la revoit jamais, et, s'il ne l'a pas revue, de le brûler le jour même où il apprendra sa mort, SANS CHERCHER A EN CONNAITRE LE CONTENU.

» DUMESNIL. »

Le chevalier demeura un instant pensif; mais il songea que Dumesnil, ayant revu Mathilde, tandis que lui, Dieudonné, avait la jambe cassée, sans doute l'avait-elle chargé de quelque commission qu'il avait ou qu'il n'avait point accomplie et dont ce paquet contenait la solution.

En conséquence, il remit soigneusement le paquet dans le fond du nécessaire, le ferma, en remit la clef à son cou, le rangea dans une armoire qui se trouvait à la tête de son lit, et plaça sur sa toilette tous les ustensiles qui avaient servi au capitaine, et dont il voulait, en mémoire de lui, faire usage à son tour.

Pendant quelques jours, le souvenir de ce paquet cacheté et ficelé lui revint à l'esprit; mais jamais l'idée de l'ouvrir pour voir ce qu'il renfermait ne se présenta même au cerveau du chevalier.

Isolé dans une ville étrangère, Dieudonné n'avait pas eu à supporter les consolations banales, qui eussent aigri un cœur comme le sien, au lieu de le consoler.

L'indifférence de tous fut le meilleur remède à sa douleur.

Abandonnée à ses propres forces, elle s'assoupit d'autant plus vite, qu'elle avait été plus violente.

Le chevalier était alors tombé dans une mélancolie profonde, mais tranquille, et ce fut dans ces dispositions qu'il vint habiter sa nouvelle demeure.

La veille, il avait retrouvé, dans un officier de la garnison, un de ses anciens camarades aux mousquetaires ; il avait hésité à renouveler connaissance avec lui ; mais, se souvenant que la garnison quittait la ville le lendemain, il n'y vit plus d'inconvénient.

Il se fit reconnaître à grand peine de l'officier : il y avait tantôt dix-huit ans qu'ils ne s'étaient vus.

Dieudonné demanda des nouvelles des gens qu'il avait laissés jeunes, brillants, pleins de vie et de santé.

Beaucoup étaient couchés dans la tombe, jeunes comme vieux ; la mort n'a pas de préférence ; seulement, parfois, elle semble avoir des haines.

Le chevalier fut vivement impressionné par ce refrain, qui accueillait la plupart de ses interrogations :

— Il est mort!

Si bien qu'à la suite de cette conversation nécrologique, comptant ceux qui manquaient à l'appel, comme un général compte ses morts sur un champ de bataille, il s'affermit dans la résolution suggérée par Dumesnil et déjà arrêtée dans le fond de son cœur, de s'isoler désormais de ces affections éphémères qui font payer par tant d'angoisses les quelques joies qu'elles laissent tomber comme par pitié ; se décidait à se retrancher à l'abri de tout ce qui pouvait désormais troubler le calme de son existence ; et, pour commencer, en prenant congé de l'officier, — que probablement il ne devait plus revoir, puisque celui-ci partait le lendemain pour Lille, — il se donna sa parole à lui-même de ne point s'informer de ce qu'était devenu son frère aîné, ce qui n'était pas bien difficile, ni même — ce qui était un bien autre sacrifice pour lui — de ce qu'était devenue Mathilde.

S'isolant ainsi, Dieudonné n'avait plus qu'une chose à faire : c'était de se vouer au culte de sa propre personne, avec méthode d'abord, avec fanatisme ensuite, et enfin avec idolâtrie.

Il ne se créa de relations que le monde chartrain que strictement ce qui était nécessaire pour ne pas devenir l'objet de la fatigante curiosité que toute excentricité absolue soulève en province, où la plus grande de toutes, pour un homme qui a habité Paris, est de prétendre pouvoir se passer des provinciaux.

Il évita surtout soigneusement que ses rapports, de bienveillants et polis, ne dégénérassent en rapports intimes. Si, dans le petit cercle de ses connaissances, il se laissait aller au charme de la causerie ; si, à la suite de quelques moments agréables, il se sentait une nuance de sympathie pour un homme ; si les atomes crochus de son cerveau ou de son cœur menaçaient de faire corps avec ceux d'une femme jeune ou vieille, belle ou laide, il regardait cette disposition de son esprit comme un avertissement du ciel, et il fuyait, homme ou femme, la créature trop aimable, comme si cette créature, au lieu des douces sensations de l'amitié, eût menacé de lui donner la peste, réservant ses meilleurs procédés pour les sots et pour les méchants, qui, si médiocrement peuplée que soit la vieille cité chartraine, ne lui faisaient pas faute dans cette ville de son choix.

Le chevalier de la Graverie ne fut pas moins sévère pour ce qui regardait sa vie intime.

Il bannit de sa maison les chiens, les chats et les oiseaux, qu'il regardait comme des prétextes à tribulations.

Il n'eut qu'une domestique, et la prit savante en cuisine, mais vieille et acariâtre, afin de pouvoir toujours la tenir à respectueuse distance de son cœur, la renvoyant impitoyablement non pas dès qu'elle l'impatientait, mais, au contraire, dès qu'il s'apercevait que son service lui devenait trop agréable.

Sous ce rapport, le ciel semblait avoir pris à tâche de combler M. de la Graverie, en lui donnant Marianne, c'est-à-dire la servante que, dès le second chapitre de cette histoire, nous avons vue ouvrant une cataracte sur la tête de son maître et du chien que le chevalier avait rencontré.

Marianne était laide, et Marianne avait la conscience de sa laideur, ce qui n'avait pas peu contribué à la doter d'un des caractères les plus désagréables que M. de la Graverie eût jamais eu le bonheur de rencontrer.

Des peines de cœur, — car, malgré les imperfections de son physique, Marianne possédait un cœur, — des peines de cœur avaient aigri son caractère, et, sous le spécieux prétexte de se venger d'un lancier qui l'avait trahie, elle martyrisait le pauvre Dieudonné sans se douter de toute la satisfaction qu'elle lui causait, en lui procurant une domestique à laquelle, avec la meilleure volonté du monde, il était impossible de s'attacher.

Mais, avouons-le, l'insolence de Marianne, son esprit hargneux et taquin, ses exigences folles, n'étaient point les seules qualités qui militassent en sa faveur près du chevalier.

Marianne avait la supériorité incontestable du véritable cordon bleu, sur le chef le plus vanté de Chartres, et nous l'avons laissé entrevoir en commençant notre narration.

M. de la Graverie faisait de la gourmandise son péché favori. En recroquevillant son cœur, il avait fait prendre à son estomac un développement considérable ; la carte de son dîner jouait un rôle immense dans sa vie, et, bien que quelques indigestions lui eussent prouvé que, comme toutes les jouissances d'ici bas, celles de la bouche ont leur revers, il n'en attendait pas avec moins d'impatience chaque jour l'heure de son repas et n'en estimait pas à moindre prix la science culinaire de Marianne.

Peu à peu, M. de la Graverie s'accoutuma si bien à cette existence de colimaçon, que les plus légers accidents de sa vie lui devinrent des événements ; le bourdonnement d'un moustique lui donnait la fièvre ; et, comme il en était arrivé, ainsi que tous les gens que le soin de leur propre personne occupe outre mesure, à se tâter sans cesse le pouls moralement et matériellement, son repos ne laissait pas que d'être troublé de temps à autre ; seulement, il l'était par les atomes que son imagination inquiète voyait au microscope, et, sur les derniers temps, engourdi qu'il était dans cette absence de sensations, il craignait si fort tout ce qui pouvait troubler son repos, qu'ainsi que les poltrons, il avait peur d'avoir peur.

Il ne serait cependant pas exact de prétendre que le cœur de M. de la Graverie devînt précisément mauvais, qu'il prît quelque chose de la dureté de la coquille dans laquelle il s'était réfugié ; mais nous devons avouer qu'à la suite de cette préoccupation constante de lui-même, ses qualités primitives qui, par leur excès, se trouvaient parfois être un défaut, s'émoussèrent considérablement et se trouvèrent être autant en deçà qu'elles avaient autrefois été au delà. Sa bonté devint négative ; il n'aimait point à voir souffrir ses semblables ; mais son humanité prenait sa source dans l'effet nerveux que lui causait la vue des souffrances qu'il pouvait être appelé à partager, plutôt que dans un sentiment de véritable charité ; il eût volontiers doublé le chiffre de ses aumônes, pourvu qu'on lui épargnât la vue des mendiants ; la pitié chez lui était devenue une affaire de sensation à laquelle le cœur avait cessé de prendre part, et plus il vieillissait, plus son cœur se momifiait.

Il en est des vertus et des vices comme des femmes aimées : quand, pendant un mois, on n'a pas réclamé leur présence, étant sevré d'elle, on peut, ce mois écoulé, s'en passer pendant tout le reste de la vie.

Voilà donc où le chevalier de la Graverie en était au bout de huit ou neuf ans de son séjour à Chartres, c'est-à-dire au moment où a commencé cette histoire.

## XVI

Où l'auteur reprend le cours de sa narration interrompue.

Lorsque nous avons entrepris cette longue digression, qui est elle-même toute une histoire, nous avons laissé le chevalier de la Graverie trempé comme une soupe, par suite de la brutale intervention de Marianne dans sa discussion avec sa nouvelle connaissance.

Le pauvre chevalier monta jusqu'à sa chambre à coucher en maugréant ; s'il eût rencontré sa gouvernante sur l'escalier, nul doute qu'il ne lui eût fait un mauvais parti ; mais il sentait un froid glacial percer ses chairs et pénétrer jusqu'à ses os. Il jugea donc qu'il serait imprudent de s'abandonner à la violence de son ressentiment, avant d'avoir pris des précautions contre le rhume.

Un feu vif et pétillant, un de ces bons feux de bois comme on ne les connaît que dans les provinces, dissipa tout à la fois le frisson et la mauvaise humeur du chevalier; en savourant la sensation douce, presque voluptueuse, de la réaction du calorique, il oublia sa colère; puis, par une transition naturelle, il songea au pauvre chien, qui, non moins maltraité que lui, n'avait probablement, pour sécher son habit soyeux, que les rayons blafards et impuissants d'un soleil d'automne.

Cette pensée fit abandonner au chevalier de la Graverie le fauteuil où il jouissait si délicieusement de la compensation de sa douche glaciale; il alla à la fenêtre, souleva ses rideaux et aperçut l'animal assis et grelottant de l'autre côté de la rue, le long du mur de la prison, qui faisait face à la maison de M. de la Graverie.

Le malheureux chien, les oreilles relevées, considérait d'un air profondément mélancolique, le logis où il avait été accueilli d'une façon si inhospitalière.

En ce moment, soit hasard, soit instinct, relevant la tête, il aperçut le chevalier de la Graverie à travers les carreaux. A cette vue, sa physionomie redoubla d'expression et se chargea de douloureux reproches.

Le premier mouvement de M. de la Graverie, ce mouvement dont un grand diplomate a dit de se défier, attendu qu'il était le bon, fut de reconnaître en lui-même les torts qu'il avait vis-à-vis de ce noble animal; mais l'habitude qu'il avait dès longtemps prise de combattre ses sympathies l'emporta sur ce reste de son ancien tempérament.

— Ah! bah! dit-il tout haut et comme répondant à sa propre pensée, qu'il s'en retourne chez son maître, et Marianne aurait eu cent fois raison si elle n'eût point fait un aussi fraternel partage entre ce chien et moi. S'il fallait accueillir tous les chiens vagabonds, une fortune princière n'y suffirait pas! D'ailleurs, il est plein de défauts, ce chien : il est gourmand, et, par conséquent, il doit être voleur; il mettrait la maison au pillage, et puis... et puis... je ne veux pas d'animaux chez moi; je me le suis promis, et surtout je l'ai promis à Dumesnil.

Et, là-dessus, le chevalier retourna à son fauteuil, où il essaya d'engourdir les remords que révélait son monologue, en se laissant aller à une douce somnolence.

Mais, alors, il se passa dans l'esprit du pauvre chevalier quelque chose d'étrange.

Au fur et à mesure qu'il s'enfonçait dans sa rêverie, les objets dont il était entouré s'effaçaient peu à peu pour faire place à d'autres : les murs s'ouvraient et devenaient des lambris à claire-voie comme une cage; un air doux, pur et parfumé pénétrait à travers toutes les ouvertures, de même qu'à travers toutes les ouvertures on voyait, en regardant en haut, un ciel pur, en regardant à l'horizon, une mer azurée.

Un songe involontaire, une puissance magnétique reportait le chevalier de la Graverie à Papaëti.

Il était en face d'un matelas; une cire jaunie brûlait à la tête et au pied du lit; sur ce lit se trouvait une forme humaine enveloppée d'un suaire; peu à peu, ce suaire devenait transparent, et, à travers la toile, le chevalier de la Graverie reconnaissait les traits jaunes et amaigris, les yeux fixes, la bouche entr'ouverte du capitaine Dumesnil, et il entendait la voix de son ami qui prononçait distinctement ces paroles :

— A moins que je ne trouve la métempsycose à l'ordre du jour là-haut, auquel cas j'implorerai du bon Dieu qu'il me confie la peau d'un chien, sous laquelle n'importe où je serai, je briserai ma chaîne pour t'aller rejoindre.

Puis un voile funèbre s'étendait entre le chevalier et le cadavre du capitaine, et la vision s'éloignait dans le brouillard.

Le chevalier poussa un cri comme il roulait dans un abîme, se réveilla et, en se réveillant, se trouva cramponné aux bras de son fauteuil.

— Sac à papier!... s'écria-t-il en essuyant son front baigné d'une sueur froide, quel abominable cauchemar! Pauvre Dumesnil!

Puis, après une pause pendant laquelle il resta les yeux fixés sur la place où avait apparu la vision :

— C'était bien lui, dit-il.

Et, comme si cette conviction l'avait déterminé à prendre une résolution suprême, il se leva et s'avança précipitamment vers la fenêtre.

Mais, à moitié chemin, il s'arrêta :

— Ah! c'est par trop bête! murmura-t-il; mon pauvre ami est mort, et malheureusement bien mort; tout ce que je puis croire, comme chrétien, c'est d'espérer que Dieu a bien voulu le recevoir dans sa miséricorde. Non, c'est absurde! j'ai trop marché aujourd'hui; le bain de Marianne m'a donné la fièvre, et ce maudit chien m'a troublé la cervelle. Allons, allons, ne songeons plus à tout cela.

M. de la Graverie se dirigea vers sa bibliothèque; et, pour ne plus songer *à cela*, c'est-à-dire au capitaine Dumesnil et au chien noir, il prit le premier livre qui lui tomba sous la main, se remit le plus carrément possible dans son fauteuil, appuya ses pieds contre le chambranle de la cheminée, ouvrit le volume au hasard et tomba sur ces lignes :

« Aucun précepte écrit ne nous est resté du système qu'enseignait Pythagore; mais, par les traditions venues jusqu'à nous, on peut affirmer qu'il ne croyait à la mort qu'au point de vue de la matière, et aucunement au point de vue du principe que l'homme reçoit en naissant. Ce principe vital, étant immortel, ne peut être usé ni altéré par l'homme; seulement, il passait dans d'autres êtres, — êtres de la même nature, si les dieux croyaient avoir à récompenser une vie de courage, de dévouement et de loyauté; êtres de nature inférieure, si l'homme, dans son passage sur la terre, avait commis quelque crime ou même quelque faute qu'il lui fallût expier. Ce fut ainsi qu'il prétendit avoir reconnu, huit ou dix ans après sa mort, un de ses amis, Cléomène de Thasos, sous la forme d'un chien... »

Le chevalier n'alla pas plus loin; il laissa tomber le livre, qui avait répondu si directement à sa pensée, et s'en alla timidement regarder à la fenêtre.

Le chien était toujours à son poste, toujours dans la même attitude, toujours les yeux fixés sur cette même fenêtre à travers les rideaux de laquelle lui-même le regardait, et, dès qu'il vit le chevalier reparaître, son regard s'anima, et il agita doucement sa queue.

Cette persistance de l'animal était si bien en harmonie avec les pensées qui agitaient son cerveau, que le chevalier de la Graverie dut en appeler à sa raison pour ne pas voir un événement surnaturel dans sa rencontre avec le chien noir.

Honteux de ses velléités superstitieuses, tourmenté par l'étrange sympathie qu'il s'était sentie tout à coup pour le compagnon de sa promenade, il se décida à adopter un moyen mixte qui sauvegarderait les faiblesses que son cœur ressentait pour un chien vagabond, sans cependant donner à sa maison un hôte importun.

Il descendit vivement à la cuisine.

Marianne était absente.

Le chevalier respira; il avait entendu fermer la porte et espérait, en effet, qu'elle était sortie.

Le chevalier éprouva de cette absence un vif sentiment de joie.

En effet, en se décidant à cette bonne action, le chevalier n'avait point été sans appréhender le sermon qu'il aurait à subir de sa gouvernante sur le péché qu'il allait commettre en donnant le pain du bon Dieu à un chien, lorsque tant de pauvres en manquaient.

Ce qui ne faisait pas, remarquez-le bien, qu'en application de ce principe, Marianne fit, le moins du monde, l'aumône ni avec son pain, ni même avec celui de son maître.

Mais le chevalier avait pris sa résolution; il avait, comme on dit, la tête montée : si Marianne disait quelque chose, il profiterait du grief qu'il avait contre elle à l'endroit du seau d'eau qu'elle lui avait versé sur la tête, pour lui dire avec une majesté dont plusieurs fois il avait reconnu l'effet.

— Marianne, nous ne pouvons plus vivre ensemble; *faites vos comptes!*

Or, cette phrase avait toujours pour résultat, quand elle avait été dite avec une majesté convenable, de rendre mademoiselle Marianne souple comme un gant.

Mais, depuis quelque temps, Marianne était devenue plus quinteuse que jamais, et le chevalier avait présumé que cette surabondance de mauvaise humeur à son endroit venait de propositions qui lui auraient été faites par M. le maire de Chartres, pour quitter le service du chevalier et entrer au sien.

Or, il était probable que si, en pareille circonstance, le chevalier hasardait son majestueux *Faites vos comptes!* Marianne ferait ses comptes et sortirait.

Le chevalier en était bien arrivé à vaincre les sympathies de son cœur, mais pas encore le cri de son estomac.

Marianne était, non pas la plus aimable, mais la plus habile cuisinière qu'il eût jamais eue.

Voilà ce qui lui faisait tant craindre de rencontrer Marianne à la cuisine, voilà ce qui lui rendit le cœur si léger, lorsqu'il se fut aperçu qu'elle n'y était pas.

Le chevalier profita donc de la circonstance et s'avança vivement vers le buffet.

Le buffet était fermé à la clef.

Marianne était une fille soigneuse.

Il prit alors un couteau, et, le glissant entre la gâche et le pêne, il essaya d'ouvrir l'armoire sans clef.

Mais il songea à ce que dirait Marianne si elle rentrait en ce moment et le surprenait en flagrant délit d'effraction sur lui-même.

Sur lui-même, et encore était-ce sur lui-même? Marianne disait-elle jamais : « La cuisine de M. le chevalier? »

Oh! que non! Marianne disait : « Ma cuisine. »

Le couteau tomba des mains de Dieudonné, et il regarda d'un air désespéré tout autour de lui.

Près de la porte, sur un rayon élevé, hors de la portée de toute bête spoliatrice, il aperçut un poulet dont, le matin, il n'avait mangé qu'une aile.

Moins l'aile, la volaille était donc intacte.

Cette volaille était une magnifique poularde du Mans.

Évidemment, Marianne comptait tirer, pour le dîner du chevalier, quelque merveilleux parti de ses reliefs, qui étaient appétissants au possible, blancs de chair, chargés de graisse, rissolés à point et couchés douillettement dans leur jus.

L'imagination du chevalier, en quelques secondes, savoura les restes succulents de cette poularde en fricassée, en marinade, en bayonnaise ou en mahonnaise (les savants sont divisés sur ce point de technologie culinaire), tous petits plats un peu canaille, comme tous les plats de seconde formation, mais dont le chevalier était on ne peut plus friand.

Aussi son œil se mit-il à fureter dans tous les coins et sur toutes les planches, pour voir si la bonne chance ne lui enverrait point d'autres comestibles qui remplaçassent la poularde dans l'usage qu'il en comptait faire.

Mais le chevalier eut beau chercher, le chevalier ne trouva rien.

Il prit la volaille par les pattes, l'amena à la hauteur de ses yeux, la considéra avec des soupirs de regret et de concupiscence, étouffant le désir de mordre à même à belles dents.

Il en était là de son examen, et peut-être allait-il céder à la tentation, lorsque le bruit de la porte de la rue, roulant sur ses gonds rouillés, vint mettre ses hésitations au pied du mur.

Le chevalier sortit héroïquement du combat que son cœur soutenait contre son estomac. Il enveloppa bravement la poularde sous un pan de sa robe de chambre et escalada l'escalier de la cuisine avec une prestesse et une agilité qu'il était loin de croire retrouver dans ses jambes de quarante-cinq ans.

A la sortie de la cuisine, il faillit se rencontrer avec Marianne.

Il se jeta dans l'office.

Il resta là tout haletant, jusqu'à ce que Marianne fût descendue dans sa cuisine, située au *sous-sol*, comme on dit aujourd'hui.

Alors, il sortit sur la pointe du pied, retenant son haleine, gagna son escalier, en monta les marches deux à deux, rentra dans sa chambre, en referma la porte, poussa le verrou et tomba sur une chaise.

Les forces lui manquaient.

Cinq minutes suffirent au chevalier pour revenir à lui; il se remit sur ses jambes, gagna la fenêtre, l'ouvrit résolument, appela le chien, toujours accroupi à la même place, comme s'il était passé sphinx, et, d'un superbe mouvement, lui lança le poulet.

L'animal le saisit au vol, et, au lieu de se sauver avec sa proie, chose à laquelle le chevalier s'attendait, qu'il espérait peut-être, il la prit entre ses deux pattes, et, en chien sûr de son droit, il se mit à la dépecer sur place avec une vigueur qui faisait le plus grand honneur à la solidité de ses mâchoires.

— Bravo, mon garçon! cria le chevalier avec enthousiasme, c'est cela; bien! tire, arrache. Bon! voilà l'aile tout entière qui y passe; bon! une cuisse; bon! l'autre; bon! la tête; la carcasse maintenant... Mais tu mourais donc de faim, ma pauvre bête?

Et, à cette pensée, M. de la Graverie poussa un gros soupir; car cette idée de la métempsycose lui revenait à l'esprit, et avec elle l'image du pauvre capitaine.

Or, cette pensée que celui qui avait été si bon pour lui sous son enveloppe d'homme, pouvait souffrir de la faim sous une autre enveloppe, quelle qu'elle fût, et surtout sous celle d'un chien qui aurait brisé sa chaîne pour le venir retrouver, lui tira les larmes des yeux.

Et nul ne peut dire jusqu'où cette pensée eût pu conduire le chevalier s'il eût eu le temps de s'y appesantir.

Mais il en fut violemment tiré par des cris furieux qui partaient du rez-de-chaussée.

Le chevalier, dans la disposition d'esprit où il était et avec la conscience de sa culpabilité, n'eut point de peine à reconnaître la voix de Marianne.

Il ferma vivement sa fenêtre et courut tirer le verrou de sa porte.

C'était, en effet, Marianne, qui, découvrant le rapt de sa volaille, gémissait comme si la maison eût été réduite en cendres.

Le chevalier jugea que le mieux était de courir au-devant du danger ou même d'attirer le danger à lui.

Si Marianne allait, par hasard, à la porte de la rue et qu'elle vît le chien rongeant la carcasse de volaille, tout lui était révélé.

Si, au contraire, le chevalier l'occupait, ne fût-ce que cinq minutes, il était bien certain qu'au train dont y allait l'épagneul, dans cinq minutes, jusqu'au dernier morceau de la volaille, tout aurait disparu.

Resterait le chien se léchant les babines et attendant un autre poulet; mais le chien ne parlait pas, et, parlât-il, il avait l'air trop intelligent pour confier à Marianne ses relations gastronomiques avec le chevalier de la Graverie.

De la porte de sa chambre et du haut de l'escalier, c'est-à-dire d'un lieu de domination et avec la voix du maître, il cria donc :

— Eh bien, Marianne, qu'y a-t-il, et pourquoi tout ce tapage?

— Pourquoi tout ce tapage? Ah! c'est vous qui le demandez, monsieur!

— Sans doute, c'est moi qui le demande.

Puis il ajouta avec une dignité croissante :

— Sac à papier! j'ai bien le droit, il me semble, de savoir ce qui se passe dans *ma maison*.

Et il appuya sur le pronom possessif *ma* et sur le substantif *maison*, d'une façon toute particulière.

Marianne sentit l'aiguillon.

— Dans votre maison! dit-elle, dans votre maison! eh bien, il s'y passe de belles choses.

— Que s'y passe-t-il? Voyons! demanda effrontément le chevalier.

— Il s'y passe que l'on y vole dans votre mai...son, accentua Marianne.

Le chevalier toussa, et, d'une voix moins ferme :

— Et qu'y vole-t-on? demanda-t-il.

— On y vole votre dîner, rien que cela; car vous n'allez pas vous figurer qu'à quatre heures de l'après-midi, je retourne au marché; d'ailleurs, il n'y aurait plus rien, au marché. Et y eût-il des poulets, qu'ils ne seraient pas bons pour aujourd'hui. Tout le monde sait que, pour qu'un poulet soit mangeable, il lui faut au moins deux jours d'attente.

Le chevalier avait bien envie de lui dire :

— Allez chez le pâtissier du coin, vous trouverez un vol-au-vent ou quelque autre chose qui remplacera votre volaille.

Mais, à coup sûr, l'épagneul était encore à la porte, et le chevalier ne voulait pas l'exposer aux brutalités de Marianne.

Il se contenta donc de répondre :

— Bah! qu'est-ce que cela? Un mauvais dîner, c'est bien vite fait.

Cette philosophie était si peu dans les habitudes du chevalier, que Marianne, habituée, au contraire, aux méticuleuses observations de son maître, en resta tout étourdie.

— Ah! grommela-t-elle, voilà ce que tu réponds; c'est bien, c'est bien; on ne se gênera point alors.

Et Marianne rentra dans sa cuisine, humiliée dans son orgueil et promettant bien de s'en venger.

Mais, d'un autre côté, le chevalier, tant pour le poulet qu'il lui avait octroyé aux dépens de son dîner, qu'à cause de la prise qu'il venait d'avoir avec Marianne, se crut quitte de tout procédé nouveau à l'endroit de l'épagneul.

Sans retourner à la fenêtre, il alla donc s'asseoir dans son fauteuil, jusqu'au moment où Marianne vint ouvrir sa porte et lui dire d'un air goguenard :

— Monsieur est servi.

Cette annonce ne se faisait régulièrement à cinq heures du soir.

Le chevalier descendit et se mit à table.

Marianne plaça cérémonieusement en face du chevalier un morceau de bœuf bouilli, un plat de pois au sucre et des haricots verts en salade, le prévenant que ces trois plats composeraient pour ce jour-là tout son dîner.

Le pauvre chevalier attaqua avec la plus grande répugnance son bœuf filandreux et complètement dénué de suc, ce qui le fit arriver vite aux haricots verts; mais, par bonheur, la promenade qu'il avait exécutée, la douche qu'il avait reçue, et, plus que tout cela, les émotions inusitées qu'il avait éprouvées, avaient probablement ouvert à son appétit des voies nouvelles; car, s'il n'avait fait qu'une attaque sur le bœuf, il revint deux fois aux pois et trois fois aux haricots; de sorte qu'il finit par quitter la table en jurant à Marianne, interdite, qu'il y avait fort longtemps qu'il n'avait si bien dîné.

Après son dîner, le chevalier avait l'habitude d'aller à son cercle. Pour rien au monde, le chevalier n'eût manqué à une habitude. Qu'eût-il fait s'il n'eût point fait son whist à deux liards la fiche ?

Seulement, comme il craignait que le poulet, au lieu d'avoir donné à l'épagneul l'idée de s'en aller, ne lui eût donné celle de rester, et que, en sortant, il ne le rencontrât à la porte, il résolut de lui jouer un tour.

C'était de sortir tout simplement par le jardin, au lieu de sortir par la rue.

Le jardin donnait sur une ruelle déserte où jamais un chien, si vagabond et si perdu qu'il fût, n'aurait eu l'idée d'attendre un maître.

Il en résulta que, par des rues détournées, le chevalier gagna son club, situé place de la Comédie, sans avoir fait aucune rencontre importune.

Il y resta jusqu'à dix heures.

— Ce diable d'épagneul est si obstiné, murmura entre ses dents le chevalier, qu'il est capable d'être à son poste; s'il y était, je n'aurais pas le courage de le laisser dehors; retournons donc chez moi par où je suis venu.

Et le chevalier revint par ses rues détournées et par sa ruelle, rentra par la petite porte du jardin en pressant le pas, attendu qu'il faisait des éclairs et qu'on entendait le tonnerre gronder au loin.

Comme il traversait le jardin, les premières gouttes tombèrent, larges comme des écus de six francs.

Sur l'escalier, il rencontra Marianne, qui, pensant qu'elle avait été peut-être un peu loin dans sa vengeance, dit au chevalier en essayant de son air le plus aimable :

— Monsieur a bien fait de rentrer.

— Et pourquoi cela? demanda Dieudonné.

— Pourquoi cela? Mais parce que vu le temps qu'il fait, mais un temps à ne pas mettre un chien à la porte.

— Hum! fit le chevalier, hum! hum!

Et, croisant Marianne, il rentra dans sa chambre.

Il eut grande envie d'aller voir à la fenêtre si le chien était toujours devant la maison, mais il n'osa point.

Comme tous les esprits faibles, il aimait mieux rester dans le doute que d'avoir à prendre un parti.

La pluie fouettait vertement les volets, et chaque coup de tonnerre se faisait entendre plus rapproché.

Le chevalier se déshabilla rapidement, fit sa toilette de nuit en un tour de main, s'allongea dans son lit, souffla ses bougies et tira son drap par-dessus ses oreilles.

Mais l'orage était toujours si violent, que, malgré la précaution prise, il entendait la pluie battant ses volets et le tonnerre grondant sur sa tête; car l'orage avait peu à peu fait son chemin et semblait, à cette heure, s'être concentré au-dessus de la maison du chevalier.

Tout à coup, au milieu du bruit de l'averse, du bruit du tonnerre, il lui sembla entendre une plainte longue, funèbre, lugubre, allant toujours grandissant, comme le hurlement d'un chien.

Le chevalier sentit un frisson passer par tous ses membres.

L'épagneul de la matinée était-il toujours là? ou était-ce un autre chien, un chien de hasard?

Le hurlement qu'il venait d'entendre avait si peu de rapport avec les abois joyeux du matin, que le chevalier pouvait bien supposer que ces abois et ce hurlement n'avaient aucune homogénéité entre eux et ne sortaient pas de la même gueule.

Le chevalier se renfonça plus profondément dans son lit.

L'orage continuait de gronder plus terrible.

Le vent secouait la maison, comme s'il eût voulu la déraciner.

Une seconde fois, le hurlement lugubre, sinistre, prolongé, se fit entendre.

Cette fois, le chevalier n'y put résister; ce hurlement semblait le tirer de force hors du lit; le chevalier se leva donc, et, quoique rideaux, fenêtres et jalousies fussent fermés, la réverbération des éclairs qui se succédaient sans interruption illuminaient la chambre.

Comme si une force plus puissante que lui le poussait, le chevalier marcha en trébuchant vers la fenêtre; arrivé là, il souleva le rideau, et, à travers les interstices des jalousies, il vit le malheureux épagneul assis à la même place, sous des torrents de pluie qui eussent fait fondre un chien de granit.

Alors, une profonde pitié s'empara du chevalier.

Il lui parut, d'ailleurs, qu'il y avait quelque chose de surnaturel dans cette obstination d'un chien qu'il voyait pour la première fois.

D'un mouvement machinal, il porta la main à l'espagnolette de la croisée, afin de l'ouvrir; mais, au même moment, un coup de tonnerre, comme il n'en avait pas encore entendu, éclata juste au-dessus de sa tête, les ténèbres se fendirent, un serpent de feu passa dans l'air, le chien jeta un grand cri d'épouvante et s'enfuit en hurlant, tandis que, frappé d'une commotion électrique qui passa de la main qui touchait le fer de l'espagnolette à tout son corps, le chevalier alla, à reculons, tomber au pied de son lit à la renverse et sans connaissance.


## XVII

Hallucination.

Lorsque le chevalier revint à lui, l'orage était passé, il faisait nuit épaisse et silence complet.

Il fut quelque temps sans savoir ce qui était arrivé; il ne pouvait deviner, ne se rappelant rien, comment il se faisait qu'il fût couché au bas de son lit, en chemise, par une nuit d'automne, déjà froide comme une nuit d'hiver.

Il se sentait tout engourdi; quelque chose bruissait dans ses oreilles, comme le bruit lointain d'une chute d'eau.

Il se souleva, en tâtonnant, sur son genou, sentit son lit à la portée de sa main, poussa un grand soupir, et, avec un effort inouï, parvint à se hisser sur sa pyramide de matelas.

Là, il retrouva ses draps encore chauds, — ce qui prouvait que son évanouissement n'avait pas été long, — et son édredon à moitié tombé.

Il se glissa entre ses draps avec un sentiment de volupté inouïe, tira son édredon d'aplomb sur lui-même, se pelotonna pour se réchauffer plus vite, et essaya de se rendormir.

Mais, au contraire, peu à peu, la mémoire lui revint, et, au fur et à mesure que revenait la mémoire, le sommeil fuyait.

Le chevalier se rappela chaque chose dans tous ses détails, depuis la poularde du Mans jusqu'au coup de tonnerre.

Alors, il écouta si le silence de la nuit n'était plus troublé par les hurlements du chien.

Tout était calme.

D'ailleurs, en même temps qu'il se sentait frappé de cette commotion électrique, qui lui engourdissait encore le bras, n'avait-il pas vu fuir le chien épouvanté?

Il était donc débarrassé de cet animal acharné comme un spectre.

Mais cet animal ne s'enchaînait-il pas d'une façon étrange avec les seuls souvenirs qui lui fussent chers, avec la mort de son ami Dumesnil?

Tout cela était bien fort et bien émouvant pour le chevalier, dont la vie, depuis huit ou neuf ans, avait coulé unie comme la surface d'un lac, et qui, depuis la veille, semblait s'être changée en un torrent tumultueux, entraîné, malgré lui, vers quelque effroyable chute, comme celle du Rhin ou du Niagara.

En ce moment, la pendule tinta un coup.

Ce pouvait être une demie quelconque, ou bien une heure du matin.

Le chevalier pouvait se lever, enflammer une allumette et voir.

Mais, timide comme un enfant qui a peur, tout lui semblait tellement dérangé dans l'ordre naturel, qu'il n'osa point se lever.

Il attendit.

Une demi-heure après, la pendule sonna encore un coup.

Il était donc une heure du matin.

Le chevalier avait encore six heures à attendre avant qu'il fît jour.

Il frissonna et sentit la sueur de l'effroi lui passer par tout le corps; bien certainement, s'il ne parvenait pas à se rendormir, avant le jour, il serait fou.

Le chevalier serra les dents et les poings, et se dit avec rage :
— Dormons!

Par malheur, on le sait, l'homme n'a, sous ce rapport, aucun pouvoir sur lui-même; le chevalier eut beau se dire : « Dormons, » il ne dormit pas.

Mais, à défaut du sommeil, vint le délire, ce rêve du furieux!

Le chevalier tombait dans une espèce de torpeur qui ressemblait au sommeil, et alors il lui semblait que c'était lui, et non Dumesnil, qui était couché sur son lit et roulé dans son linceul; seulement, on se trompait, on prenait une léthargie pour la mort et on allait l'enterrer vivant.

Puis arrivait l'ensevelisseur, qui le prenait sur son lit et, sans qu'il pût parler, crier, se plaindre, remuer ou s'opposer à rien, le couchait dans son linceul, posait le couvercle sur la bière et se mettait à clouer; mais, un des clous atteignant les chairs, le chevalier poussait un cri et se réveillait.

Réveillé ou se croyant réveillé, — car le chevalier était en proie à une hallucination continuelle, — il lui semblait qu'il se trouvait tout à coup transporté dans un monde fantastique peuplé d'animaux aux formes bizarres qui le regardaient d'un œil menaçant : il voulait fuir; mais, à chaque pas, comme devant le chevalier du jardin d'Armide, surgissaient de nouveaux monstres, dragons, hippogriffes, chimères, lesquels se mêlaient à la meute qui lui donnait la chasse; alors le malheureux chevalier trébuchait, tombait, se relevait, reprenait sa course; mais, bientôt rejoint comme un cerf aux abois, il attendait la mort sans force pour lutter contre elle; seulement, la première morsure qui s'attachait à lui le réveillait par la douleur qu'elle lui causait, et il se disait de nouveau :

— Ce n'est pas vrai, je suis dans mon lit, je n'ai rien à craindre; c'est un songe, un rêve, un cauchemar.

Et le chevalier se dressait sur son séant et s'asseyait, se cachant la tête entre ses mains; il avait beau se dire qu'il ne serait jamais assez insensé pour prêter la moindre attention à un songe, la répétition de ces secousses, la prostration de l'insomnie commençaient à ébranler son cerveau.

Et, même dans cette position, il ne pouvait éviter cette somnolence terrible à l'aide de laquelle le fantastique entrait dans sa vie et s'emparait de toutes ses facultés.

Il laissa tomber une de ses mains qui s'allongea le long de ses matelas; mais à peine cette main fut-elle pendante, qu'il lui sembla que la langue douce et tiède d'un chien la caressait; puis, peu à peu, cette langue se refroidit et devint âpre et rigide comme un glaçon.

Le chevalier rouvrit ou crut rouvrir un œil; il avait en ce moment si peu la disposition de son libre arbitre, qu'il lui était impossible de dire : « Ceci est le rêve et ceci la réalité, » et il frissonna de tout son corps en voyant l'épagneul assis près de son lit; son poil noir et soyeux brillait dans la nuit d'une espèce de phosphorescence qui illuminait la chambre tout autour de lui; de sorte qu'il pouvait voir le regard de l'animal fixé sur lui avec des yeux tristes et tendrement réprobateurs, qui cessaient d'être ceux d'un chien pour prendre une expression humaine.

Et cette expression était bien celle avec laquelle Dumesnil, mourant, avait fixé ses yeux sur les siens.

Le chevalier n'y put pas tenir; il sauta à bas de son lit, et, tout en se heurtant aux meubles dans l'obscurité, il alla jusqu'à la cheminée, où il trouva des allumettes toutes préparées, à l'aide desquelles il attacha la flamme à une bougie.

La bougie allumée, avec une effroyable palpitation, le chevalier qui, en sautant de son lit, avait fermé les yeux, osa enfin les ouvrir, et regarder tout autour de lui.

La chambre était parfaitement déserte.

Le chevalier retourna à la fenêtre, souleva de nouveau le rideau : la rue était déserte comme la chambre.

Il tomba sur un fauteuil, essuya la sueur qui coulait sur son front, et, sentant que le froid le gagnait de nouveau, il alla se recoucher, mais en laissant cette fois la bougie allumée.

Sans doute la lumière chassa-t-elle les fantômes, car le chevalier ne revit plus rien, quoiqu'il fût en proie à une fièvre telle, qu'il entendait battre les artères de ses tempes.

Aux premiers rayons du jour, il sonna Marianne pour qu'elle lui allumât son feu.

Mais Marianne, habituée à n'entrer dans la chambre de son maître qu'à huit heures et demie, ne s'inquiéta point de cette sonnette inusitée, qu'elle pensa sans doute être mise en branle par quelque lutin, ennemi de son repos.

Le chevalier se leva, ouvrit la porte, et appela.

Marianne demeura aussi sourde à la voix qu'à la sonnette.

Il en résulta que le chevalier, passant son pantalon et sa robe de chambre, dut se résigner à s'acquitter lui-même de ce soin de ménage.

Son feu allumé, le chevalier, après s'être assuré que le chien avait bien disparu, se remit à sonner.

Comme, cette fois, c'était l'heure de Marianne, Marianne entra avec tous les ingrédients nécessaires à allumer le feu.

Le feu était allumé et le chevalier se chauffait.

Marianne resta immobile sur le seuil de la porte.

— Mon déjeuner! dit le chevalier.

Marianne recula d'un pas.

Jamais le chevalier ne s'était levé avant neuf heures et n'avait demandé son déjeuner avant dix!

Il était huit heures et demie; le chevalier était levé, se chauffait, et demandait son déjeuner.

En outre, le chevalier était livide.

— Ah! monsieur, dit-elle, qu'est-il donc arrivé ici, mon Dieu?

Le chevalier le lui eût bien raconté s'il eût osé, mais il n'osa point.

— Dieu merci, dit-il éludant la question, on mourrait bien ici sans secours; j'ai appelé, sonné, crié; mais bah! c'est comme s'il n'y avait eu personne dans la maison.

— Dame, monsieur, une pauvre femme comme moi, quand elle a travaillé toute la journée au delà de ses forces, n'est pas fâchée de dormir un peu la nuit.

— Ce n'est pas hier que vous avez travaillé au delà de vos forces, répondit le chevalier avec une certaine aigreur; mais ne parlons plus de cela : je vous ai demandé à déjeuner.

— A déjeuner à cette heure-ci, Jésus! est-ce donc l'heure?

— C'est l'heure quand j'ai mal dîné la veille.

— Vous attendrez bien que je sois revenue du marché; il n'y a absolument rien ici.

— Eh bien, allez-y, au marché; mais ne faites qu'aller et revenir.

Marianne voulut hasarder des observations.

— Sac à papier! dit le chevalier en frappant de ses pincettes le feu qu'il avait fait lui-même, et duquel jaillirent des millions d'étincelles.

Marianne n'avait encore entendu que deux fois cet innocent juron; elle en subit l'influence.

Elle tourna le dos, ferma la porte, descendit l'escalier et prit en trottinant le chemin du marché.

Marianne courbait la tête à la manière d'un monarque constitutionnel qui accepte une réforme imposée par ses chambres, mais qui ne l'accepte qu'avec la résolution bien arrêtée de prendre une prompte revanche.

Toujours à l'encontre de ses habitudes, le chevalier mangea précipitamment, et ne fit aucune des réflexions traditionnelles que lui inspirait le souvenir de l'excellent café qu'il avait pris dans ses voyages, et auquel celui qu'il prenait à Chartres, — quoique Chartres soit la ville de France qui a la prétention de mieux brûler le café, — et auquel celui qu'il prenait à Chartres n'était pas plus comparable que ne l'eût été de la chicorée pure au café ordinaire.

Tout était tellement réglé, compassé, arrêté dans le ménage du vieux garçon, que Marianne n'en pouvait croire ses yeux ni ses oreilles.

Le facteur apporta le journal.

Marianne, ramenée à des sentiments de conciliation, s'empressa de le monter à son maître.

Mais celui-ci, au lieu de le lire, comme il le faisait tous les jours, consciencieusement, depuis l'épigraphe jusqu'à la signature de l'imprimeur, laissa errer un coup d'œil distrait sur la feuille, la jeta sur le guéridon, et remonta dans sa chambre à coucher.

— En vérité, s'écria Marianne tout en rangeant sa vaisselle, je ne reconnais pas monsieur; aujourd'hui, il ne tient pas en place. Il ne s'est point aperçu que les œufs au court-bouillon s'étaient attachés, que les côtelettes étaient en charbon, et que ses haricots verts avaient jauni à la cuisson.

Puis, levant les deux bras au ciel, comme sous l'impulsion d'une illumination subite :

— Serait-il amoureux? s'écria-t-elle.

Mais, après un moment de réflexion, riant elle-même d'une supposition si insensée :

— Mais non, mais non, ce n'est pas possible; seulement, que diable peut-il manigancer dans sa chambre? Il faut voir!

Et, en domestique discrète, Marianne, marchant sur la pointe des pieds, traversa le salon et vint coller son œil au trou de la serrure de la chambre à coucher.

Elle aperçut son maître qui, malgré le froid incisif d'une matinée d'automne, avait ouvert la fenêtre et regardait attentivement dans la rue.

— Il a pourtant bien l'air d'attendre que quelqu'un passe, dit Marianne. Jésus Dieu! il ne nous manquerait plus que cela; une femme dans la maison; je lui passerais encore plutôt le chien de l'autre jour.

Mais le chevalier de la Graverie, ne trouvant probablement pas dans la rue ce qu'il y cherchait, ferma la fenêtre, et, tandis que Marianne, de plus en plus intriguée et se perdant en conjectures, regagnait la salle à manger, il se mit à arpenter la chambre en long et en large, les bras croisés, les sourcils froncés et sous l'empire visible d'une forte préoccupation.

Puis, tout à coup, il jeta sa robe de chambre comme un homme qui prend une résolution subite, et passa une manche de son habit.

Mais, tout en procédant à ce détail de sa toilette, il jeta un coup d'œil sur la pendule.

La pendule marquait dix heures et demie.

Alors, il se promena quelque temps, son habit pendant par une manche.

Si Marianne l'eût vu ainsi, elle ne se fût point arrêtée à cette hypothèse que le chevalier était amoureux.

Elle se fût dit : « le chevalier est fou! »

C'eût été bien pis, si elle eût vu le chevalier sortir de sa chambre dans cet état, et, une manche passée, l'autre nue, descendre au jardin.

Ce ne fut qu'à l'air qu'il s'aperçut de sa distraction et qu'il passa l'autre manche.

Qu'allait-il faire au jardin? C'est bien certainement ce que Marianne n'eût pu comprendre mieux que le reste.

Le chevalier cherchait, allait, venait, s'arrêtait de préférence dans les angles, mesurait des carrés avec sa canne, tantôt d'un mètre, tantôt de deux mètres, selon l'espace.

Puis il disait entre ses dents :

— Ici, non; là, il sera parfaitement... Dès aujourd'hui, j'envoie chercher le maçon; une cabane en brique ou en pierre serait bien humide. Je crois qu'une cabane en bois vaudra mieux; je n'enverrai pas chercher le maçon, j'enverrai chercher le menuisier.

Il était évident que le corps du chevalier était là, mais que son esprit était ailleurs.

Mais où était son esprit?

La solution de ce problème, obscure pour Marianne, est on ne peut plus claire, nous l'espérons, pour le lecteur.

Il voit bien que la résolution du chevalier était prise.

Il était décidé à faire du chien son commensal, et il cherchait un endroit où le loger le plus convenablement possible.

C'est que l'abnégation dont le chevalier avait fait preuve en sacrifiant sa poularde, et qui avait éteint ses remords à l'endroit des mauvais traitements de Marianne, ne suffisait plus depuis ces malheureux rêves et ces fatales hallucinations qui le constituaient en flagrant délit d'ingratitude envers un animal qui lui avait donné toutes sortes de marques de sympathie.

Non pas que, depuis le retour du soleil, le chevalier fût tout à fait dans le même état d'angoisses; non, il ne pouvait admettre les rêves de la nuit, transpercés de lumière depuis qu'ils étaient exposés au jour; la métempsycose était un système qui n'avait jamais existé que dans Pythagore. La raison et les sentiments religieux du chevalier condamnaient à un égal degré cette croyance.

Mais, enfin, malgré les calculs de sa raison, malgré les aspirations de sa conscience, il doutait, et le doute est mortel aux esprits de la trempe de celui du chevalier.

Certes, il eût juré qu'il était absurde de supposer que l'esprit qui animait le corps du chien noir pût avoir le plus petit rapport avec l'âme de son pauvre ami, partie pour des mondes inconnus; cependant, et malgré l'énergie des dénégations qu'il se donnait à lui-même, il se sentait pour le chien un intérêt si profond et si tendre, qu'il s'en effrayait sans pouvoir se résoudre à le dompter.

Il songeait à la pauvre bête, exposée pendant douze heures à toutes les intempéries de la saison, grelottant sous la bise, nageant dans les torrents d'eau tombés du ciel, aveuglée par les éclairs, enveloppée par la foudre, fuyant épouvantée à travers les ténèbres, et le jour levé, devenue victime de la brutalité des enfants, cherchant son déjeuner dans les égouts, enfin subissant tous les inconvénients du vagabondage, ce prolétariat des chiens, inconvénient dont le moindre était d'être tué sur place, comme bien et dûment convaincu d'être enragé.

Bref, M. de la Graverie, qui, l'avant-veille, eût donné tous les chiens du monde pour un zeste de citron, surtout si ce zeste devait donner du goût à une crème, M. de la Graverie, se sentant le cœur gonflé et les yeux pleins de larmes lorsqu'il songeait aux infortunes du pauvre épagneul, avait résolu de faire cesser ses infortunes en l'adoptant, et, comme on le voit, il cherchait et mesurait la place où la niche de son futur commensal devait être bâtie.

Avant d'en arriver là, il y avait eu de grandes luttes, et le chevalier n'avait pas été vaincu sans combattre. De temps en temps même, il se relevait et combattait encore.

Mais plus il s'indignait contre sa faiblesse et se roidissait contre son imagination, plus son imagination devenait tumultueuse et plus sa faiblesse le terrassait.

Enfin, tout en étant parvenu à écarter de son cerveau les tendances surnaturelles qui rattachaient le chien au souvenir du pauvre Dumesnil, l'animal ne l'en occupait pas moins; il n'y songeait plus que comme on songe à l'un des êtres inférieurs de la création, mais encore il ne songeait qu'à lui.

Ah! c'est que ce chien-là ne ressemblait pas à tous les chiens; par le peu qu'il en avait vu, si court que fût le temps où il l'avait pratiqué, le chevalier s'était convaincu que l'épagneul devait posséder une foule de qualités suprêmes et spéciales, qu'en y réfléchissant bien, le chevalier se rappelait avoir lues sur l'honnête physionomie de l'animal.

Aussi, en vain le chevalier, égoïste par système, se retranchait-il derrière ses résolutions passées; en vain en appelâtiil à ses serments ; en vain se disait-il tout haut qu'il avait juré de n'ouvrir son cœur à nul être ici bas, qu'il fût bimane, quadrumane ou volatile : en vain se représentait-il les mille inconvients qu'aurait incontestablement l'attachement qu'il sentait poindre en lui pour cette bête.

On a vu où en était arrivé le chevalier.

Il songeait à loger le chien, non pas sous un des hangars, non pas dans une des écuries, non pas sous un des bâtiments existants.

Il en était arrivé à lui choisir une place, la meilleure, bien entendu, et à lui faire bâtir une cabane où il eût toutes ses aises.

Et, pour s'excuser, M. de la Graverie s'était dit à lui-même :
— Après tout, ce n'est qu'un chien.

Et il avait ajouté en hochant la tête :
— Je ne suis ni assez vieux ni assez jeune, ayant renoncé à mes semblables, pour donner une bribe de mon affection à un animal quelconque.

Puis, étendant la main vers la place où il avait décidé de bâtir la cabane de l'épagneul :
— Celui-ci, avait-il dit, une fois que j'aurai accompli à son égard ce que je crois lui devoir, pourra bien se perdre ou mourir, sans que j'en prenne le moindre souci. J'en serai quitte, si un chien m'est devenu nécessaire, ce que je nie, j'en serai quitte pour lui donner un successeur. Est-ce manquer à mes serments, voyons un peu, que de chercher à opposer une innocente distraction à la monotonie de mon existence ? En me résignant à l'état d'isolement, d'ailleurs, je n'ai point entendu me condamner à un état de servitude cent fois pire que celui du bagne. Non, sac à papier ! cent fois non !

Et, sur ce juron, qui indiquait l'état d'exaspération où il était arrivé, le chevalier de la Graverie se redressa pour voir si quelqu'un se permettrait d'être d'un avis contraire au sien.

Personne ne souffla mot.

Le chevalier regarda donc la chose comme bien et dûment arrêtée.

Seulement, pour mettre son projet à exécution, il lui manquait l'objet principal : le chien, qui, épouvanté de la chute du tonnerre, s'était enfui en hurlant.

Le chevalier résolut de sortir comme à son ordinaire.

Il ne se donnerait certes pas la peine de chercher l'épagneul ; mais, s'il le rencontrait, il serait le bien rencontré.

Telles étaient les bonnes dispositions du chevalier de la Graverie, lorsque le gros timbre de la cathédrale sonna midi.

Quoique M. de la Graverie ne sortît jamais qu'à une heure, il résolut, vu la gravité des circonstances, d'avancer sa promenade de soixante minutes.

Il remonta dans sa chambre, prit son chapeau, — nous avons dit qu'il avait sa canne, puisque, avec sa canne, il avait mesuré l'espace qu'il destinait à la niche de l'épagneul, — bourra sa poche de morceaux de sucre, y ajouta une tablette de chocolat, dans le cas où le sucre ne serait qu'un appât insuffisant, et sortit, non pas précisément pour chercher le chien, mais dans l'espérance que le hasard le conduirait sur sa route.

Le chevalier traversa la place des Épars, prit la butte Saint-Michel et alla s'asseoir sur le banc en face de la caserne.

Il va sans dire que Marianne l'avait regardé sortir avec un étonnement qui allait croissant de minute en minute.

C'était la première fois, depuis cinq ans qu'elle était avec le chevalier, que le chevalier sortait avant une heure.

Aussi le moment du pansage n'était pas encore venu, la caserne était silencieuse, la cour déserte ; à peine si quelques cavaliers consignés la traversaient de loin en loin.

Au reste, ce n'était point là, dans la nouvelle disposition d'esprit où il se trouvait, ce qui préoccupait notre chevalier.

Il regardait, non pas dans la cour ou dans les appartements de la caserne, mais tout autour de lui en continuant mentalement ses discussions avec lui-même.

Seulement, de temps en temps, lorsque le désir de devenir propriétaire du bel et gracieux animal l'emportait en lui sur la série des inconvénients qui s'attachent à la possession d'un chien, il se levait, montait sur son banc pour regarder tout autour de lui.

Enfin, comme, malgré cette ascension, l'horizon était limité, il finit par faire cette concession à ses désirs, d'aller jeter un coup d'œil au loin, en dehors de la ligne des arbres de la promenade.

M. de la Graverie passa quatre longues heures sur ce banc, et il eut beau regarder, comme sœur Anne, il ne vit rien venir.

Plus le temps s'écoulait, plus il craignait que le chien ne reparût point : sans doute, c'était un hasard et non une habitude quotidienne qui avait amené le chien à cet endroit : le chevalier, qui y venait tous les jours, lui, ne l'avait jamais vu.

Après ces quatre heures d'attente, le chevalier était si bien décidé à emmener l'animal, si l'animal reparaissait, que, supposant le cas où l'animal ne voudrait pas, comme la veille, le suivre de bonne volonté, il avait préparé et roulé son mouchoir en corde, pour le lui passer autour du cou.

Ce fut inutile : le chevalier entendit sonner cinq heures sans avoir vu l'épagneul, ni même aucun animal qu'il eût eu la consolation de prendre un instant pour lui.

Le chevalier résolut de lui donner la demi-heure de grâce, au risque de ce que pouvait dire et penser Marianne, qui avait l'habitude de le voir rentrer tous les jours à quatre heures précises.

A cinq heures et demie, la promenade était complètement déserte.

Le chevalier, désappointé, pensa alors pour la première fois à son dîner, qui, depuis cinq heures, l'attendait, et qui devait être froid s'il attendait sur la table, brûlé s'il attendait sur le feu.

Il reprit, de fort mauvaise humeur, le chemin de la maison.

Du bout de la rue, il vit de loin Marianne, qui l'attendait sur le seuil de la porte.

Marianne s'apprêtait à prendre sa revanche et à secouer son maître d'importance, comme elle avait promis de le faire à deux ou trois voisines.

Mais, au moment où celle-ci allait ouvrir la bouche :
— Que faites-vous ici ? demanda le chevalier d'un ton rude.
— Vous le voyez bien, monsieur, répondit Marianne stupéfaite, je vous attends.
— La place d'une cuisinière n'est pas à la porte de la rue, dit sentencieusement le chevalier, mais dans sa cuisine et à côté de ses fourneaux.

Puis, flairant l'air qui venait du laboratoire, comme disent les chimistes et les cordons bleus :
— Prenez garde ! ajouta-t-il, de me servir un dîner brûlé ; votre déjeuner de ce matin ne valait pas le diable.
— Ah ! ah ! fit Marianne en rentrant piteusement dans sa cuisine, il paraît que je m'étais trompée et qu'il s'en était aperçu. Décidément, il n'est pas amoureux... Mais, s'il n'est pas amoureux, qu'a-t-il donc ?

# XVIII

### Où Marianne est fixée sur les préoccupations du chevalier.

Le chevalier rentra, mangea avec précipitation, trouva tout mauvais, bouscula Marianne, ne sortit pas le soir et passa une nuit presque aussi mauvaise et aussi tourmentée que la dernière.

Le soleil du lendemain trouva M. de la Graverie presque malade de la fatigue de cette seconde nuit ; les tortures de son imagination avaient pris un tel caractère, que son désir de la veille, encore un peu vague, de devenir propriétaire de l'épagneul, s'était changé en une volonté bien arrêtée de le retrouver et de le posséder, à quelque prix que ce fût.

Comme Guillaume de Normandie, M. de la Graverie voulut brûler ses vaisseaux ; il manda le menuisier, et, en face de Marianne, sans s'inquiéter de ses bras levés au ciel et de ses exclamations, il commanda une niche splendide pour son futur commensal ; puis il sortit sous prétexte d'acheter une chaîne et un collier, mais, en réalité, pour aller au-devant du hasard qui devait lui ramener le chien tant désiré.

Cette fois, il ne se borna point à l'expectative, comme il avait fait la veille; méprisant le qu'en dira-t-on, M. de la Graverie alla aux renseignements, inséra une annonce dans les deux journaux de Chartres, et mit des affiches à tous les coins de rue.

Tout fut inutile : le chien avait paru et s'était éclipsé comme un météore, personne ne put fournir le moindre renseignement sur son compte. En quelques jours, M. de la Graverie devint maigre comme un clou et jaune comme un coing ; il ne mangeait plus, ou, quand il mangeait, il ne faisait qu'accomplir une fonction machinale, prenant des ortolans pour des alouettes et allant jusqu'à confondre un plat de laitance de carpe avec un blanc-manger. Il ne dormait plus, ou, sitôt qu'il s'endormait, il voyait luire dans un coin de la chambre les yeux de l'épagneul, brillants comme des escarboucles. Alors il avait un mouvement de joie ; le chien était retrouvé, et il appelait le chien ; le chien alors venait à lui en rampant sans détourner une seconde ses yeux de ceux du chevalier, et, engourdi par cette fascination, le chevalier poussait un soupir, se laissait aller inerte sur son lit, les bras ballants; le chien commençait à lui lécher la main de sa langue glacée, puis, peu à peu, montait sur le lit et finissait par s'asseoir, la langue pendante, rouge comme du sang et les yeux enflammés, sur la poitrine du chevalier ; et ce cauchemar, qui durait quelques secondes, avait pour le malheureux toute une éternité de souffrances.

M. de la Graverie se réveillait plus brisé et plus trempé de sueur que l'infortuné Dufayel, lorsqu'on le tira de son puits.

Vous comprenez bien que ces changements dans le côté physique du chevalier avaient leur contre-coup dans le côté moral.

Tantôt il était silencieux et morose comme un fakir absorbé dans la contemplation de son nombril, tantôt il était irascible et emporté comme un malade atteint d'une gastrite, et Marianne déclarait à tout le monde que l'histoire du chien n'était qu'un prétexte, que son maître était travaillé par quelque grande passion, et que la place n'était plus tenable, même pour elle dont chacun connaissait la douceur.

Autant pour employer la niche confectionnée par le menuisier que la chaîne et le collier choisis par lui, le chevalier déclara qu'il allait acheter un chien.

Cette déclaration fut un avis pour tout ce qui avait un chien à vendre.

On lui amena des chiens par vingtaines, depuis le chien turc jusqu'au chien du mont Saint-Bernard.

Mais il va sans dire que le chevalier ne put se décider à faire un choix.

Non, le chien de son cœur, c'était l'épagneul aux longs poils luisants, au blanc jabot, au museau couleur de feu, l'épagneul aux yeux doux et tristes, aux abois presque humains.

Il avait une raison pour repousser les uns après les autres les pauvres animaux qu'on lui présentait.

Si c'était un carlin, il voulait sa femelle pour perpétuer, disait-il, la race, et la femelle était naturellement introuvable ; si c'était un bouledogue, il ressemblait à un gendarme de Chartres, et il craignait de se faire une mauvaise affaire ; l'un était trop hargneux, l'autre trop sale ; il reprochait aux lévriers, levrettes et levrins, leurs physionomies stupides. Il prétendait que les braques avaient les yeux doux à tout le monde, et, après avoir épuisé le contingent des chiens disponibles dans l'arrondissement, le chevalier de la Graverie, de plus en plus frappé des qualités surnaturelles de l'épagneul noir, en arriva à s'étonner de la différence prodigieuse qui peut exister entre un chien et un chien.

Il y avait dix jours que ces péripéties passionnées avaient remplacé, dans la maison de la rue des Lices, le calme qui y avait régné pendant de si longues années.

C'était un dimanche ; un soleil splendide réchauffait l'atmosphère ; ses rayons, traversant sans obstacle les branches des arbres dégarnis de leurs feuilles, se concentraient sur les buttes à l'abri des vieilles murailles, et toute la population chartraine s'était donné rendez-vous sur les promenades pour jouir une dernière fois de cette douce température.

Des citadines au bras de leurs époux procédaient solennellement à l'exhibition hebdomadaire de leurs robes de soie ; de joyeux caquetages, des éclats de rire bruyants sortaient des bonnets des grisettes pavoisés de rubans aux vives couleurs; les campagnardes des environs, avec leurs coiffures plates, leurs tailles courtes, leurs fichus rouges ou jaunes, toutes plus ébahies que joyeuses, passaient alignées comme des grenadiers, interceptant par instant la circulation ; les militaires, le jarret tendu, caressant leurs moustaches de la main droite, portant leur sabre sous le bras gauche, se perdaient au milieu de cette foule multicolore avec des sourires qu'ils s'efforçaient de rendre séducteurs, tandis que les vieux bourgeois, dédaigneux de ces préoccupations futiles et vaniteuses, se contentaient de jouir en épicuriens du dernier beau jour que Dieu leur donnait.

Le chevalier de la Graverie avait pris sa place au milieu de tous ces gens en quête de distractions ; il y était venu autant par désœuvrement que par habitude ; car, toujours obsédé par sa vision, à moitié fou de désespoir et d'insomnie, découragé par le peu de succès de ses recherches, il avait, quoiqu'il ne fût pas résigné, perdu tout espoir de retrouver le fantastique épagneul.

Ce n'était plus le promeneur béat et placide que nous avons rencontré au premier chapitre de cette histoire ; comme tous ceux que tourmente une plaie secrète, il était plus triste et plus morose en raison directe de la gaieté générale : cette gaieté lui paraissait une insulte à ses propres sentiments ; le soleil lui-même lui semblait avoir fort mal choisi son jour pour reluire ; la foule l'agaçait ; il distribuait à droite et à gauche des coups de coude qui avaient la prétention de dire à ceux auxquels ils s'adressaient :

— Rentrez donc chez vous, mes braves gens, vous me gênez.

Tout à coup, au moment où notre chevalier, sentant croître sa mauvaise humeur, se demandait s'il n'agirait pas plus sagement en prenant pour lui le conseil qu'il donnait aux autres, et en regagnant sa maison, il poussa un cri qui fit retourner les personnes qui l'entouraient.

Le chevalier était pâle, les yeux fixes, les bras tendus.

Il venait d'entrevoir à cent pas de lui, dans la foule, un chien noir qui ressemblait poil pour poil à son épagneul.

Le chevalier voulut hâter le pas pour le rejoindre ; mais la cohue était en ce moment si compacte, que ce n'était point chose facile à exécuter.

Les belles dames regardaient d'un œil courroucé ce bonhomme qui dérangeait l'harmonie de leur toilette ; les grisettes ne lui épargnaient point les quolibets ; et quelques officiers, heurtés par lui, s'arrêtèrent pour lui dire d'un ton provocateur :

— Ah çà ! brave homme, portez donc attention à ce que vous faites !

Mais, de toutes ces plaintes, de toutes ces railleries, de toutes ces menaces, le chevalier ne s'inquiétait pas le moins du monde, continuant de se frayer un passage à la façon des navires, en laissant derrière lui un sillage écumeux et grondant.

Malheureusement, s'il avançait de son côté, l'animal qu'il poursuivait, glissait comme une couleuvre entre les jambes masculines, frottant les jupons des dames et des grisettes, avançant aussi, et, dans ce steeple-chase, l'avantage menaçait de ne pas rester au chevalier, si, s'élançant dans la contre-allée du rempart et faisant une huitaine de pas en courant, il ne se fût mis au niveau du quadrupède.

C'était bien là l'épagneul qui avait si fortement impressionné le chevalier de la Graverie ; c'était lui avec ses longues oreilles soyeuses, qui encadraient si coquettement son museau ; c'était lui avec sa robe noire et lustrée et sa queue en panache.

Il y avait d'autant moins à en douter, que, se retournant comme tiré par un fil magnétique du côté de M. de la Graverie, il reconnut le chevalier, accourut vers lui, et lui prodigua les caresses les plus expressives.

Mais, en ce moment, une jeune fille à laquelle le chevalier n'avait pas fait la moindre attention, se retourna et fit entendre ce seul cri d'appel :

— Black !

L'animal fit un bond, et, sans écouter le chevalier, qui s'égosillait à crier de son côté : « Black ! Black ! Black ! » retourna vers la jeune fille, à grandes enjambées.

Le chevalier s'arrêta furieux, et frappant du pied. Il lui sembla, si inoffensif qu'il fût, qu'un ferment de haine et de jalousie se glissait dans son cœur contre cette jeune fille qui abrégeait les seuls instants de satisfaction qu'il eût eus depuis quinze jours.

Mais, au milieu de son désappointement, il éprouva un vif sentiment de joie.

Il avait la certitude que son épagneul existait; ce n'était point, comme le barbet de Faust, un chien fantastique.

De plus, il savait son nom : il s'appelait BLACK.

Le chevalier éprouva cette sensation qu'éprouve le jeune homme amoureux, lorsque pour la première fois il entend prononcer le nom de la femme qu'il aime, et, après l'avoir crié tout haut et, comme on l'a vu, sans succès, il répéta plusieurs fois :

— Black ! mon cher Black ! mon petit Black !

Mais ce ne fut pas le tout : on comprend bien que M. de la Graverie, qui avait passé une revue presque complète de la race canine pour retrouver son phénix, ne devait pas laisser échapper ainsi l'occasion d'en devenir propriétaire; il était bien décidé à séduire la jeune maîtresse de Black, non par l'emploi de ses charmes personnels, mais par l'élévation du prix qu'il en voulait offrir.

Seulement, toute cette grande résolution se brisa contre le respect humain ; le chevalier de la Graverie, avec le caractère que nous lui connaissons, craignait avant tout le ridicule; il ne put donc se résoudre à entreprendre son marché en plein air; il pensa que ce qu'il y avait de plus sage à faire était de suivre la jeune fille jusqu'à son logis, et, arrivé là, loin des oreilles et des regards des curieux, d'entamer cette importante négociation.

Malheureusement, le pauvre chevalier, qui de sa vie n'avait pratiqué le métier de séducteur, ignorait complétement les petits manéges qui permettent de suivre une femme sans mettre le public dans la confidence.

Désireux de se rapprocher de l'objet de ses vœux, il ne trouva donc rien de plus naturel que de courir jusqu'à ce qu'il n'en fût plus qu'à dix pas de distance; puis, arrivé là, il marcha derrière la jeune fille, emboîtant le pas avec elle lorsque la foule obligeait celle-ci à ralentir sa marche.

A la vue de ce pas méthodiquement réglé sur un autre pas, et en voyant l'âge de la jeune fille suivie par le chevalier, on comprendra que, sans grands efforts d'imagination, tous les Chartrains échelonnés sur le tour de la ville, supposèrent au chevalier des intentions graveleuses qui étaient bien loin de sa pensée, et que, dans tous les groupes, on entendit des phrases dans le genre de celle-ci :

— Avez-vous vu ce vieux libertin de la Graverie, qui poursuit une fillette en plein jour? Mais c'est d'une inconvenance inouïe !

— Eh! eh ! la petite est jolie.

C'est ce que le pauvre chevalier ignorait complétement.

— Ma chère, répondait la même femme qui avait entamé la conversation, j'ai toujours eu mauvaise opinion d'un homme qui dépense toute sa fortune en goinfreries.

— Savez-vous qu'il va être difficile de le recevoir après un pareil scandale?... Mais voyez donc, les yeux lui sortent de la tête. Bon ! voilà maintenant qu'il caresse le chien pour arriver à la fille.

Sans se douter de l'indignation que causait sa conduite, le chevalier continuait de suivre sa sœur.

Quant à la maîtresse du chien, à laquelle, comme nous l'avons dit, le chevalier n'avait fait aucune attention, c'était une jeune fille de seize à dix-sept ans, mince et frêle, mais remarquablement belle ; elle avait le teint de cette blancheur mate qui est la pâleur des femmes brunes, des yeux noirs auxquels la longueur des cils donnait une expression mélancolique, des sourcils également noirs, finement arqués, et, par un bizarre contraste avec cette merveilleuse mateur, d'admirables cheveux d'un blond cendré, dont les bandeaux épais débordaient de dessous un petit chapeau de paille.

Quant à sa mise, elle était plus que simple : sa petite robe de mérinos, quoique propre, n'avait point le lustre qui distingue ordinairement, chez les femmes à la classe desquelles elle semblait appartenir, le vêtement du dimanche. On voyait que cette modeste toilette avait dû partager les travaux de sa propriétaire, et l'on en arrivait à présumer qu'elle composait toute sa garde-robe.

La jeune fille finit par remarquer avec tout le monde, quoique après tout le monde, la persistance avec laquelle le vieux monsieur s'était attaché à ses pas; elle marcha plus vite, espérant ainsi s'en débarrasser ; mais, lorsqu'elle arriva à l'une des barrières qui défendent aux chevaux et aux voitures l'entrée des promenades réservées aux piétons, forcée de s'arrêter pour laisser passer ceux qui la précédaient, elle se trouva côte à côte avec le chevalier, qui profita de cette circonstance, non pas pour faire connaissance avec elle, mais pour renouveler connaissance avec l'épagneul.

Pour la seconde fois, la jeune fille rappela le chien; puis, pensant, comme tout le monde, que le chien n'était qu'un prétexte adopté par le chevalier pour arriver à elle, elle tira une petite laisse de sa poche, la passa dans le collier de l'animal et reprit sa course sans jeter un coup d'œil en arrière.

Mais, si occupé qu'il eût été des faits et gestes du quadrupède, M. de la Graverie n'avait pu, sans penser à mal le moins du monde, s'empêcher de jeter un coup d'œil sur sa propriétaire pendant qu'elle accomplissait le petit manège que nous avons dit.

Il jeta un cri d'étonnement et demeura immobile à sa place.

Cette jeune fille ressemblait d'une manière étrange à madame de la Graverie.

Pendant cette pause, commandée par l'étonnement, l'enfant avait fait une trentaine de pas.

Cette ressemblance avec Mathilde n'était pour le chevalier de la Graverie qu'un motif de plus de suivre la propriétaire du chien; il se remit donc à trotter de plus belle à sa poursuite.

Mais la peur prêtait à la jeune fille des ailes d'autant plus rapides, qu'elle avait quitté la promenade pour suivre une rue écartée; de sorte que, bien que le chevalier suât sang et eau, chaque minute lui faisait perdre du terrain.

Si le chevalier n'avait point affaire à Atalante elle-même, il avait à coup sûr rencontré sa sœur.

On était arrivé à cet endroit de la ville que l'on nomme les Petits-Prés, endroit presque désert; là, malgré ses efforts, le chevalier, s'apercevant que la jeune fille augmentait à chaque pas la distance qui le séparait d'elle, changea de tactique, et, de sa voix la plus caressante :

— Mademoiselle, cria-t-il, mademoiselle, je vous supplie, arrêtez-vous ! je suis véritablement sur les dents.

Mais l'enfant n'avait garde de se rendre à la prière de celui qu'elle regardait comme son persécuteur, et, au lieu de s'arrêter, elle pressa encore le pas.

Le chevalier crut qu'il n'avait pas été entendu, rapprocha ses deux mains pour s'en faire un porte-voix, et il prenait sa respiration pour substituer une voix de basse à la voix de ténor qu'il avait employée pour le premier appel, lorsque le sourire railleur qu'il remarqua sur plusieurs physionomies l'arrêta court.

Le chevalier se remit en marche ; seulement, cette fois, il ne trottait plus, il courait.

Mais, plus il courait, plus la jeune fille courait aussi, et plus, par conséquent, il voyait la distance s'agrandir ; il n'aperçut bientôt la jeune fille que par intervalles, et il l'eût perdue de vue, sans deux points qui rattachaient incessamment ses yeux sur elle : les rubans écossais de son chapeau de paille, et Black, qui formait un point noir dans la perspective.

En arrivant à la porte Guillaume, M. de la Graverie ne vit plus rien du tout.

Le chevalier s'arrêta.

Avait-elle gagné le faubourg? était-elle rentrée dans la ville? Telle était la question qui tenait M. de la Graverie en suspens.

Après quelques minutes d'hésitation, après avoir appuyé d'abord vers le faubourg, M. de la Graverie se décida pour la ville, et s'engagea sous les voûtes sombres de la vieille porte.

Mais, après l'avoir franchie, ses hésitations recommencèrent.

Il y avait deux rues, l'une à droite, l'autre à gauche, et le pauvre chevalier perdit encore beaucoup de temps à supputer les chances qu'il y avait pour que la jeune fille eût plutôt pris l'une que l'autre, et, comme ces embarrassantes alternatives se renouvelèrent toutes les dix minutes, la nuit était complétement tombée, que M. de la Graverie battait encore le pavé de la bonne ville de Chartres sans avoir retrouvé la trace de ce qu'il cherchait.

Le chevalier était tellement harassé et découragé, qu'il ne put, au risque de ce que penserait Marianne, se décider à regagner sa maison.

En conséquence, il entra dans le premier café venu, s'assit à une table et demanda un bouillon.

Il fallait que le pauvre chevalier, qui, souvent, veillait lui-même à la confection de son pot au feu, lorsqu'il trouvait que le zèle de Marianne se refroidissait, fût bien peu au courant des us et coutumes de ces sortes d'établissements pour demander un bouillon dans un pareil lieu ; aussi, à peine eut-il touché du bout des lèvres celui qu'on lui présenta, qu'il laissa échapper un *pouah!* des plus significatifs ; et, reposant sa cuiller sur la table, il se mit à grignoter le petit pain qui avait servi d'accompagnement à l'affreux brouet, et que, par bonheur, on n'avait pas eu l'idée d'émietter dans le potage.

Tout en grignotant son petit pain, le chevalier se hasarda à regarder autour de lui.

Il était tombé dans un café que hantaient les officiers de la garnison : pour un paletot ou une redingote, on y voyait dix uniformes ; les chapeaux d'ordonnance, les casques, les sabres et les épées, pendus aux murailles, donnaient à la décoration un aspect assez pittoresque ; sous chaque table s'allongeaient des pantalons garance, sur chaque tabouret s'épanouissaient des fracs et des vestes passepoilés de rouge, les uns apprenant la stratégie en faisant manœuvrer le double six, les autres se livrant à des expériences d'ingurgitations diverses, ceux-ci dormant sans prétention, ceux-là cuvant leur café ou leur absinthe, et faisant semblant de penser à quelque chose.

A droite et à gauche se croisaient les intéressantes conversations qui charment les loisirs que laisse Mars à ses enfants.

Ici, l'avancement, cette thèse inépuisable des ambitions à épaulettes, fournissait une ample matière aux récriminations de chacun.

Là, on discutait gravement de la coupe en écusson, en cœur ou en carré d'une sabretache et de la supériorité de l'ancienne botte sur la nouvelle.

On faisait la théorie de l'astiquage des chaussures, tandis que, plus loin, on préparait des loisirs aux rédacteurs de l'*Annuaire militaire*, en recherchant, avec force discussions, appréciations et commentaires les mutations des différents camarades que l'on avait connus.

Ces jolies choses se disaient à voix retentissante ; pas un mot n'en était perdu pour la galerie ; il en résultait que les *pékins* désireux de s'instruire pouvaient largement en profiter.

L'enseigne de ce café-auberge était : *le Soleil luit pour tout le monde.*

Seuls, deux sous-lieutenants avaient mis des sourdines à leur conversation.

## XIX

#### Les deux sous-lieutenants.

Ces deux sous-lieutenants étaient les plus proches voisins de M. de la Graverie, qui, quelque précaution qu'ils y missent, se trouvait, presque malgré lui-même, en tiers dans leurs confidences.

L'un des deux officiers pouvait avoir vingt-quatre à vingt-six ans : sa tête était couverte de cheveux d'un roux ardent, et, malgré cette témérité de couleur, il avait une physionomie qui ne manquait ni d'une certaine distinction ni d'un certain charme.

Le second était ce que l'on était convenu d'appeler un beau soldat.

Il avait cinq pieds six pouces, les épaules larges, la taille si mince, que les jaloux, — et de tels avantages en rencontrent toujours, — que les jaloux, disons-nous, assuraient que cette prodigieuse exiguïté n'était due qu'à des moyens artificiels empruntés au beau sexe.

Cette taille faisait admirablement ressortir le développement pectoral et l'exagération des hanches, qu'augmentait encore l'ampleur d'un pantalon que l'on eût cru doublé de crinoline, si la crinoline eût été inventée à cette époque ; cette supériorité physique était complétée par une figure où s'épanouissaient tous les roses, tous les rouges et tous les violets, jusqu'au bleu inclusivement : cette dernière couleur, produite par une barbe noire qui, si soigneusement rasée qu'elle fût, se manifestait encore par la vigueur de ses teintes. Ce visage, remarquable, comme on le voit, sous tant de rapports, était, en outre, orné d'une paire de moustaches si soigneusement graissées et enduites d'un cosmétique si redoutable, que, de loin, on eût juré qu'elle était en bois ; un nez fortement relevé à son extrémité épanouissait à sa base sa double marine au-dessus de ces moustaches, et, par son extrémité supérieure, séparait deux gros yeux à fleur de tête, dont le regard n'indiquait pas que l'intelligence eût jamais pu entraver la croissance de leur propriétaire.

Le sourire qui se dessinait sur les lèvres épaisses du sous-lieutenant n'était pas précisément spirituel ; mais il semblait si heureux et si satisfait du lot que la nature lui avait concédé en partage, que l'on aurait pu, sans barbarie, oser avertir ce brave jeune homme qu'il avait quelque chose à regretter en ce monde.

— Il faut avouer, mon cher ami, que vous êtes considérablement jeune, disait ce bel officier à son compagnon. Comment ! depuis un mois, une grisette vous reçoit dans sa chambre ; elle est jolie, et vous n'êtes point dégoûtant ; elle a dix-huit ans, et vous n'êtes pas un barbon ; elle vous plaît, et vous lui plaisez, et, mille cigares! vous en êtes encore à ce qu'il y a de plus purissime et de plus platonique en amour. Savez-vous, mon cher Gratien, qu'il y a là de quoi déshonorer tout le corps d'officiers, depuis le colonel jusqu'au trompette-major, de quoi défrayer enfin, pour une année, la gaieté des glorieuses culottes de peau que Sa Majesté le roi Louis-Philippe nous a données pour camarades.

— Ah! mon cher Louville, répondit celui qui venait d'être interpellé sous le prénom de Gratien, tout le monde n'a point votre audace ; je ne me vante point d'un grand vainqueur, moi ; il y a plus, la présence d'un tiers suffit pour me glacer au moment où je suis le plus amoureux.

— Comment ! d'un tiers? exclama le sous-lieutenant en se redressant sur sa chaise et en s'assurant que ses moustaches avaient toujours la rigidité d'une alène ; ne m'avez-vous point dit qu'elle était seule, isolée ; qu'elle avait le bonheur d'être un de ces heureux enfants du hasard qui ne possèdent ni père, ni mère, ni frère, ni oncle, ni cousin ; enfin, aucun de ces nuages qui assombrissent pour ces pauvres filles les seuls bons moments de leur existence, en leur parlant sans cesse de ménage et de sacrement avec quelque honnête ébéniste ou quelque loyal chaudronnier, tandis que l'officier et surtout le sous-lieutenant peut les rendre fières et heureuses comme des reines, sans prendre la moitié autant d'embarras ?

— Je vous ai dit la vérité, Louville, elle est tout ce qu'il y a de plus orpheline, répondit Gratien.

— Eh bien, qui vous arrête alors? qui vous retient? Mademoiselle Francotte, sa maîtresse de magasin, se donnerait-elle le genre de venir écouter les douceurs que vous glissez dans le tuyau de l'oreille de votre amoureuse? Veut-elle savoir, la vénérable bécasse, si l'amour se conte aujourd'hui d'une autre façon qu'en 1808, ou bien aurait-elle pris des mœurs de se racornissant? S'il en est ainsi, plantez-vous carrément en face d'elle, Gratien, et parlez-lui d'un souper dans lequel les hussards du 5e l'ont passée au noir de fumée pour la punir d'avoir entrepris, non pas la multiplication des pains et des poissons, mais celle des amants. Hein ! qu'en dites-vous? Il me semble que je vous donne là un assez bon spécifique pour vous débarrasser de cet oiseau de malheur.

Gratien secoua la tête.

— Ce n'est point tout cela, dit-il.

— Qu'est-ce donc alors? demanda Louville.

— La Francotte la laisse parfaitement libre, comme ses autres ouvrières.

Et il poussa un soupir.

— Alors, reprit Louville, c'est donc le propriétaire de la chambre ?

— Non.

— Ah! ou bien une amie, une amie jalouse? J'y suis; rien de tel pour sauvegarder la vertu des filles. Je me dévoue.

— Comment cela?

— Je me charge de l'amie, fût-elle laide à faire peur. Hein! c'est du dévouement cela, ou je ne m'y connais point.

— Vous n'y êtes pas, cher ami.

— Mais, mille cigares! qu'est-ce donc?

— Vous allez rire, Louville. Savez-vous ce qui me fait rentrer dans la gorge les mots et les prières d'amour qui ne demandent pas mieux que de prendre leur essor? Savez-vous qui contient, ou plutôt qui retient toutes les libertés que je meurs d'envie de prendre, qui glace mes élans les plus passionnés, qui me fait balbutier au milieu d'une phrase commencée, qui me rend chaste et pudique, bête et ridicule, lorsque je voudrais être toute autre chose? Devinez, je vous le donne en cent[1]

— Quand vous me le donneriez en mille, nous n'en serions pas plus avancés. Voyons, accouchez, Gratien; vous savez que les rébus ne sont pas mon fort.

— Eh bien, mon cher Louville, ce qui préserve Thérèse des projets que j'avais sur elle, ce qui jusqu'ici l'a défendue et qui est cause qu'elle n'est point et ne sera jamais ma maîtresse, c'est tout simplement ce grand diable d'épagneul noir qui ne la quitte jamais.

— Hein? fit le chevalier.

— Plaît-il, monsieur? dit Louville en regardant le chevalier; est-ce que l'on vous a marché sur le pied, par hasard?

— Non, monsieur, dit le chevalier en se rasseyant avec son humilité ordinaire.

Louville se retourna vers Gratien en murmurant :

— En vérité, ces bourgeois sont incroyables.

Puis, revenant à la conversation :

— J'ai mal entendu, n'est-ce pas? murmura-t-il.

— Non.

Louville éclata de rire, et son rire fut d'autant plus formidable, que, pendant un instant, il avait cru devoir le contenir.

Les vitres du café en remuèrent.

Le chevalier profita du moment où le jeune homme, renversé en arrière, se tenait les côtes, pour tourner le dos aux deux officiers, mais pour se rapprocher d'eux en leur tournant le dos.

— Ah! c'est charmant! s'écria Louville lorsque son hilarité fut un peu calmée; le dragon des Hespérides ressuscite à propos, Gratien; c'est délirant, ma parole d'honneur!

Gratien se mordit les lèvres.

— Je m'attendais trop à ces éclats de rire, dit-il, pour m'en offenser, et cependant ce que je vous raconte est de la plus grande exactitude; lorsque je hasarde une phrase un peu sentimentale, cette infernale bête se met à gronder comme si elle voulait avertir sa maîtresse; si je continue, elle aboie; si j'insiste, elle passe au hurlement, et sa voix couvre la mienne; je ne puis pourtant pas dire à Thérèse : « Chère amie, je vous adore, » en prenant le diapason d'une meute.

— Alors, mon cher, dit Louville, remplacez la parole, comme on fait de la musique dans les opéras de province, par une pantomime vive et animée.

— Une pantomime? Ah! bien oui, c'est autre chose; imaginez que ce damné chien ne peut souffrir la pantomime. Lorsque je me permets un geste, il ne grogne plus, il n'aboie plus, il ne hurle plus, il montre les dents; si je ne m'arrête point à la démonstration, il fait mieux que de les montrer, il me les plante dans les chairs, et c'est gênant pour parler d'amour, sans compter que, dans la lutte grotesque qui résulte de ce dissentiment dans nos opinions, je dois paraître fort ridicule à celle que j'adore.

— Et, par aucun moyen, vous n'avez pu capter la bienveillance de cet abominable quadrupède?

— Par aucun.

— Mais, mille cigares! quand nous étions au collège, époque que je ne regrette pas, est-ce que nous ne lisions pas dans le cygne de Mantoue, comme l'appelait notre professeur, qu'il y avait quelque part une boulangerie qui fabriquait des gâteaux à l'usage de Cerbère?

— Black est incorruptible, mon cher.

Le chevalier tressaillit : mais ni Gratien ni Louville ne virent ce tressaillement.

— Incorruptible? C'est fait pour toi.

— Je bourre mes poches de friandises à son intention; il les mange avec reconnaissance, mais reste toujours prêt à me traiter comme mes cadeaux.

— Et il ne dort pas? il ne sort jamais?

— Il y a quinze ou vingt jours, il a été absent pendant une soirée et une nuit; j'espérais qu'il ne reviendrait pas, mais il est revenu.

— Et depuis?

— Il n'a pas bougé; il faut que le damné chien soit doué d'une seconde vue.

— Je crois plutôt, répondit Louville, que votre Thérèse est une fille beaucoup plus fine que vous ne pensez, et qu'elle a dressé ce chien au manège qui déconcerte votre plan.

— Enfin, quoi qu'il en soit, je suis à bout de patience, mon cher, et, ma foi! bien près d'abandonner la partie.

— Vous auriez tort.

— Pardieu! je voudrais bien vous voir à ma place.

Le chevalier écoutait de toutes ses oreilles.

— A votre place, mon cher Gratien, répondit Louville, il y a quinze jours que mademoiselle Thérèse me recoudrait des boutons à mes gilets de flanelle, et, ce soir, je la ferais souper avec MM. les sous-lieutenants, pour expérimenter devant vous tous de la quantité de champagne que peut ingurgiter, sans rouler sous la table, une grisette habituée à boire de l'eau claire.

Le chevalier frissonna sans savoir pourquoi.

— Ah! mon cher Louville, que vous ne la connaissez guère! dit Gratien avec un soupir.

— Bon! j'en connais d'autres, répondit M. Louville en caressant amoureusement sa moustache; une grisette est une grisette, que diable!

— Et le chien, dont nous ne parlons plus, dit Gratien.

— Le chien! répliqua Louville, en haussant les épaules, le chien! Mais pour qui confectionne-t-on les boulettes et les éponges frites?

A ces paroles, le chevalier fit un soubresaut sur sa chaise.

— Ah ça! dit Louville de manière à être entendu de Dieudonné, voilà un bourgeois qui m'a l'air piqué de la tarentule!

Et il regarda de travers du côté du chevalier, espérant que celui-ci se retournerait, et que cela lui ferait une occasion de chercher querelle.

Mais le chevalier n'avait garde; il était trop curieux de suivre la conversation des deux jeunes gens.

— Ah! ma foi, non! dit Gratien; tous ces moyens me répugnent; d'ailleurs, je suis chasseur, et j'aime mieux manquer la fille que de faire le moindre mal à cette magnifique bête.

— Bon jeune homme! murmura le chevalier.

— Eh bien, alors, dit Louville, prenez un parti, mon cher Gratien; renoncez à Thérèse, et je verrai alors, moi, si je ne suis pas plus heureux que vous.

— Ah! ah! vous voulez que je vous cède la place? dit Gratien, dont la physionomie s'assombrit.

— Mieux vaut céder la place à un ami, ce me semble, que de la laisser prendre à un indifférent.

— Ce n'est pas mon avis, répondit Gratien; et puis, tenez, Louville, je veux ménager votre amour-propre et vous épargner la honte d'une défaite.

— Bon! croyez-vous que Thérèse serait la première bégueule que j'aurais rencontrée?

— Je sais que vous êtes un grand vainqueur, Louville, dit Gratien; mais, ajouta-t-il avec un sourire qui n'était pas exempt d'ironie, je ne pense pas que vous ayez ce qu'il faut pour plaire à celle-là.

— Eh bien, c'est ce que nous verrons, alors.

— Comment! c'est ce que nous verrons?

— Je vous jure, s'écria Louville, dont le visage s'empourpra de colère, je vous jure, puisque vous m'en défiez, que j'aurai cette fille, et, pour vous prouver l'entière confiance que j'ai dans votre maladresse, je vous laisse encore huit jours avec toutes coudées franches; dans huit jours seulement, je commencerai l'attaque.

— Quand même je vous prierais de n'en rien faire, Louville?

— Ma foi, oui, quand même vous me prieriez de n'en rien faire. Vous avez eu tout à l'heure avec moi un petit air gouailleur qui m'est resté sur l'estomac.

— Et le chien? dit Gratien en essayant de rire.

— Le chien? répondit Louville. Comme je veux que, pendant

ces huit jours, vous ayez le jeu aussi beau que je compte me le faire, nous en serons débarrassés dès ce soir.

Le chevalier, qui, par contenance, buvait à petits coups un verre d'eau sucrée, faillit s'étrangler en entendant les paroles de Louville.

— Dès ce soir? répéta Gratien ne sachant s'il devait accepter ou refuser la proposition de son camarade.

— N'avez-vous pas ce soir, à neuf heures, rendez-vous avec Thérèse à la porte Morard? dit Louville. Eh bien, allez à votre rendez-vous, et je vous jure que vous pourrez, tout à votre aise, roucouler avec votre tourterelle, sans avoir peur d'être traité par M. Black en bourgeois de Saint-Malo.

M. de la Graverie n'en écouta point davantage; il se leva précipitamment, regarda sa montre et sortit du café d'un air effaré, qui excita les commentaires des habitués.

Le chevalier, en effet, était si effaré, qu'à dix pas du café, il fut rejoint par un garçon qui lui fit poliment observer qu'il s'en allait sans payer.

— Oh! mon Dieu! s'écria le chevalier, sac à papier! vous avez raison, mon ami; tenez, voici cinq francs, payez ma dépense et gardez le reste pour vous.

Et le chevalier se mit à courir de toute la longueur de ses petites jambes.

Il était évident pour le chevalier qu'un grand danger menaçait le chien qu'il convoitait.

## XX

Où M. le chevalier de la Graverie passe par des angoisses inexprimables.

Ce que l'officier nommé Gratien avait dit de l'intelligence miraculeuse de l'animal, avait singulièrement frappé Dieudonné.

A mesure que les deux officiers parlaient de Black, et que Gratien l'exaltait, ses préoccupations à l'endroit de la métempsycose revenaient à son esprit plus vives que jamais.

Il va sans dire qu'il ne doutait pas que son épagneul ne fût le Black de Thérèse, pas plus qu'il ne doutait que Thérèse ne fût la maîtresse de Black, c'est-à-dire la jeune fille qu'il avait vue.

Il se décida donc sans hésiter à soustraire le pauvre animal aux mauvais desseins que le sous-lieutenant Louville avait manifestés contre lui, et qu'il s'apprêtait à exécuter le même soir.

Il prit le chemin qui conduisait à la porte Morard, dans l'intention de prévenir la jeune fille du danger que couraient à la fois, et sa vertu, et le gardien de sa vertu.

En outre, il comptait, tenant encore plus à la vie de Black qu'à la vertu de la jeune fille, lui offrir du chien une bonne somme d'argent.

— Mais, si elle refusait de se séparer de Black! marmottait le chevalier tout en trottinant. — Bon! continuait-il, je doublerais le prix : j'en offrirais jusqu'à trois cents, jusqu'à quatre cents, jusqu'à cinq cents francs, et, pour cinq cents francs, sac à papier! une grisette donne, il me semble, bien autre chose que son chien. — Puis, en cas d'insuccès, reprenait-il résolûment, j'aviserai, sac à papier! Je ne veux pas m'exposer à rencontrer mon pauvre Dumesnil se débattant au coin d'une borne, empoisonné dans la peau de mon pauvre Black.

Il fallait que le chevalier fût bien exaspéré pour risquer deux fois, et à si courte distance l'un de l'autre, un juron qu'il ne lâchait que dans de grandes occasions.

Mais, lorsque le chevalier arriva à la porte Morard, il trouva la promenade déserte.

Il la fouilla dans tous les sens, sonda de l'œil les anfractuosités de la porte; mais il n'aperçut ni passant ni passante; neuf heures venaient de sonner à la cathédrale, et, à cette heure-là, Chartres tout entier se met au lit.

Il commençait à craindre d'avoir mal entendu, mal compris; il éprouvait, en comptant les minutes, toutes les émotions qui bouleversent le cœur d'un amoureux, lorsqu'il attend la femme qu'il aime et que cet amour est son premier amour!

Enfin, le chevalier entendit des pas dans l'ombre, et, à force d'écarquiller les yeux, aperçut une forme féminine qui se dessinait, vague et confuse, dans l'encadrement de la porte Morard.

Le chevalier allait s'élancer en avant lorsque cette forme, en passant sous un réverbère, s'adjoignit une autre forme qui semblait l'attendre.

C'était trop tard; Thérèse venait d'être rejointe.

Par qui?

Par Gratien probablement.

Le chevalier éprouva une vive impatience.

Il lui fallait recourir aux ruses des coureurs des bois d'Amérique, aux stratagèmes de Natty Bas-de-Cuir et de Costa l'Indien; ce qui, tout à la fois, ne cadrait pas avec ses habitudes et répugnait à son caractère.

Par malheur, il n'y avait pas une minute à perdre en réflexions s'il tenait à n'être point aperçu; le chevalier se laissa donc glisser vivement sur le talus qui conduit à la rivière, et s'y coucha à plat ventre.

Le gazon humide et froid qui lui servait de tapis, le fit frissonner; il y avait un rhumatisme dans chaque brin d'herbe.

C'était bien le moment de déplorer l'effervescence de ses passions.

Le chevalier la déplora du fond du cœur, mais resta à sa place, tout imprégnée de rosée qu'elle était.

Pendant ce temps, les deux jeunes gens débouchaient du pont et passaient à dix pas de lui.

Oh! c'était bien la jeune fille que Dieudonné avait poursuivie le matin; c'était bien l'officier aux cheveux roux dont il avait surpris les confidences.

Black marchait derrière eux, emboîtant le pas, avec une gravité qui indiquait chez l'honnête animal la conscience qu'il avait de la moralité de ses fonctions actuelles.

L'officier, si l'on en jugeait à ses gestes, quoique parlant à demi-voix à sa compagne, lui parlait avec une certaine véhémence; la jeune fille paraissait l'écouter avec attention; son attitude était triste et mélancolique.

De temps en temps, la silhouette de l'épagneul se découpait en noir sur la surface plus claire de la robe de sa maîtresse, et il levait la tête à la hauteur de sa main pour quêter une caresse.

Tout à coup, le chevalier entendit le pas d'une personne qui s'avançait sur le pont et marchait avec toutes sortes de précautions.

Il tourna la tête du côté d'où venait le bruit; mais sans doute le nouvel arrivant marchait courbé derrière le parapet, car il ne put rien distinguer.

En ce moment, les deux promeneurs revenaient à la hauteur du poste où le chevalier était en observation; aussi le bruit qui avait frappé l'oreille de ce dernier cessa-t-il tout à coup.

Puis, lorsque les jeunes gens, rebroussant chemin, eurent fait une cinquantaine de pas dans la direction opposée, M. de la Graverie entendit distinctement le son mat d'un corps mou lancé sur le sol, et il lui sembla voir un objet de la grosseur d'un œuf rouler à quelques pas de lui au milieu de la promenade; après quoi, il reconnut que l'individu invisible, mais qui si clairement venait de manifester sa présence, s'éloignait avec précipitation.

Mademoiselle Thérèse et M. Gratien étaient alors au bout de la promenade.

Le chevalier calcula qu'il avait le temps d'accomplir l'honnête projet pour lequel il était venu.

Il se dressa sur ses pieds, et, avec une prestesse dont il se fût cru incapable, il bondit sur la chaussée, et, au risque des inconvénients graves qui pouvaient en résulter, il promena ses mains dans la boue et se mit à chercher avec anxiété ce qu'il supposait être une amorce préparée pour tenter la gourmandise du pauvre Black.

Tout n'était pas rose dans les fonctions du chevalier; mais, après deux ou trois erreurs, dont la subtilité de son tact l'avertit à l'instant même, il tomba sur ce qu'il cherchait, et reconnut que c'était un morceau de viande, selon toute probabilité saupoudré d'arsenic.

Il jeta au loin le morceau de viande et l'entendit avec satisfaction tomber dans la rivière.

Mais l'idée coupable de Louville lui avait inspiré, à lui, une idée innocente et selon son caractère.

C'était, de même que le Petit-Poucet avait semé des cailloux qui devaient le ramener à la maison, de semer des morceaux de sucre qui devaient conduire Black jusqu'à lui.

Il lui passait bien un remords dans le cœur, si son stratagème réussissait.

Ce remords, c'était de prendre un chien qui ne lui appartenait pas et, en le prenant, de désarmer la vertu de la jeune fille.

Mais, s'il ne s'emparait pas immédiatement de Black, Black était perdu.

Son intention avait été, non de prendre Black, mais de l'acheter à la jeune fille.

Seulement, pourquoi la jeune fille ne s'était-elle pas présentée seule à sa vue ?

Seule, il l'eût avertie.

Au bras de Gratien, c'était impossible.

Il était donc la victime des circonstances, et l'enlèvement de Black, étant un enlèvement forcé, devenait un enlèvement excusable.

D'ailleurs, il comptait bien, s'il pouvait s'emparer de Black, ne pas le garder sans donner un splendide dédommagement à sa maîtresse.

Le chevalier, couché à plat ventre sur son talus, faisait toutes ces réflexions en voyant les amoureux se rapprocher de lui.

L'effet sur lequel comptait le chevalier fut produit.

En trouvant le premier morceau de sucre vers lequel le conduisit la finesse de son odorat, Black manifesta une vive satisfaction.

Il laissa sa maîtresse le devancer.

Puis, au lieu de la suivre, il se mit en quête du second morceau de sucre.

Enfin, de morceau de sucre en morceau de sucre, il arriva jusqu'à la place où le chevalier l'attendait couché, un morceau de sucre à la main.

Tout en lui offrant sa friandise, le chevalier le siffla doucement.

Le chien, en reconnaissant un homme des procédés duquel il n'avait qu'à se louer, — Black était trop intelligent et trop équitable pour confondre les seaux d'eau de Marianne avec les morceaux de sucre du chevalier — Black, en reconnaissant, disons-nous, un homme des procédés duquel il n'avait qu'à se louer, approcha sans méfiance et même en manifestant une certaine satisfaction. Le chevalier commença par le caresser perfidement; puis, abusant de la confiance de Black et prenant son temps, il lui passa son mouchoir en guise de collier, fit un nœud solide, continua de l'amuser avec des morceaux de sucre jusqu'à ce que sa maîtresse, trop préoccupée pour s'apercevoir de son absence, fût revenue sur ses pas et l'eût dépassé sur la chaussée, et, suivant le talus jusqu'au pont, il entraîna Black avec lui ; au pont, il se courba comme avait fait Louville, de sorte qu'il franchit le pont sans être vu. Le pont franchi enfin, il s'enfonça dans la ville, traînant bon gré mal gré sa conquête tant convoitée.

Lorsque M. de la Graverie fut devant sa maison, il introduisit doucement la clef dans la serrure et essaya de faire tourner sans bruit la porte sur les gonds ; mais le fer rouillé grinça et eut pour écho le terrible *qui va là?* de Marianne.

Immédiatement, la gouvernante parut dans le corridor ; d'une main, elle tenait une chandelle, tandis que, de l'autre, elle essayait d'en abriter la flamme et de la garantir du vent qui s'engouffrait sous la porte.

— Qui va là ? répéta Marianne.

— Moi, que diable! répondit le chevalier, en repoussant derrière lui la nouvelle conquête, en faisant tous ses efforts pour la dissimuler; ne puis-je donc plus rentrer chez moi sans subir votre espionnage?

— Espionnage! répéta Marianne, espionnage! Sachez, monsieur le chevalier, qu'il n'y a que les gens qui font le mal qui redoutent l'œil du prochain.

En ce moment, la cuisinière aperçut le désordre qui régnait dans les vêtements du chevalier.

— Ah! mon Dieu ! s'écria-t-elle en faisant deux pas en arrière comme si elle eût vu un spectre, ah ! mon Dieu !

— Eh bien, quoi ? fit le chevalier en essayant de passer.

— Mais vous êtes sans chapeau !

— Après? Ne puis-je pas me promener tête nue, si cela me plaît?

— Vos habits sont tout souillés de boue !

— J'ai été éclaboussé.

— Eclaboussé ! Quelle vie menez-vous, sainte Vierge, pour rentrer dans des états pareils et à des heures aussi indues !

En ce moment, Black, qui jusqu'alors s'était tenu assez tranquille, excité par la voix aigre et perçante de Marianne, — qu'en outre il reconnaissait, peut-être, pour sa vieille ennemie, — Black à son tour fit entendre un aboi formidable.

— Ah ! ma foi, tant pis ! dit le chevalier.

— Juste ciel ! un chien ! glapit Marianne ; et quel chien ! une horrible bête toute noire avec deux yeux brillants comme des charbons. Retenez-le, monsieur, retenez-le ! ne voyez-vous pas qu'il va me dévorer !

— Voyons, tenez-vous tranquille, et laissez-moi passer.

Mais ce n'était pas l'intention de Marianne de céder ainsi.

— Qu'allons-nous devenir? reprit-elle en continuant ses lamentations et en cherchant à se trouver des larmes dans la voix. Mon Dieu! on peut juger, par l'état dans lequel vous êtes, de ce que sera la maison avec un pareil hôte; heureusement que vous allez l'enchaîner, j'espère.

— L'enchaîner? s'écria M. de la Graverie avec indignation. Jamais !

— Vous allez laisser cet animal en liberté? vous allez m'exposer à ses morsures à chaque instant du jour et de la nuit? Non, monsieur, non, cela ne sera pas.

Et, s'armant de son balai, Marianne prit la pose d'un grenadier de la vieille garde défendant ses foyers.

— Vous allez me laisser chasser cet affreux chien, n'est-ce pas ? dit-elle, ou je quitte à l'instant même votre maison.

La patience de M. de la Graverie était à bout ; il repoussa si brusquement sa gouvernante, que celle-ci, qui ne s'attendait pas à cette agression, perdit l'équilibre et tomba en poussant des cris aigus.

La lumière était éteinte ; mais le passage était libre.

Le chevalier enjamba par-dessus le corps de Marianne, franchit le vestibule et grimpa l'escalier avec l'agilité d'un jeune homme, puis, poussant le chien dans sa chambre, y entra derrière lui, en ferma la porte à double tour et en assujettit les verrous, tout cela avec les palpitations qui agitent un amant bien épris lorsqu'une maîtresse adorée remplit le rôle de l'épagneul noir.

Le chevalier prit les trois meilleurs coussins de ses bergères, les rapprocha l'un de l'autre, et en fit un lit pour Black, tout crotté qu'il était.

Black ne fit aucune difficulté, tourna trois fois sur lui-même, et se coucha en cerceau.

Le chevalier le regarda avec amour, jusqu'à ce qu'il fût endormi ; après quoi, il se déshabilla, se coucha et s'endormit à son tour.

Il y avait trois semaines que le chevalier n'avait dormi d'un si bon sommeil.

## XXI

*Où la force armée ramène la tranquillité dans la maison.*

En se réveillant le lendemain, le chevalier se sentit les membres tout endoloris ; pour la première fois depuis vingt-quatre heures, il réfléchit aux imprudences que sa passion lui avait fait commettre, et frémit en songeant qu'une pleurésie, une attaque de goutte ou un rhumatisme pourrait bien en être la conséquence.

Il se tâta donc le pouls, ce que, depuis un mois, il négligeait de faire, et, le trouvant calme, moelleux, régulier et d'une accélération modérée, il se rassura en se rappelant qu'il était un Dieu pour toutes les ivresses.

Rassuré sur sa santé, il sauta à bas de son lit et se mit à jouer avec son chien sans s'apercevoir qu'il n'y avait point de feu dans la cheminée.

Vers neuf heures, Marianne entra dans la chambre de son maître, comme d'habitude ; seulement, plus que d'habitude, elle avait la figure hargneuse.

Mais la nuit avait porté conseil.

La prudente personne ne parla plus de la retraite qu'elle avait juré d'opérer la veille.

Le chevalier, de son côté, était trop heureux d'avoir enfin en sa possession l'objet qu'il convoitait depuis un mois pour manquer de magnanimité.

Une pensée cependant empoisonnait cette félicité : pensée moitié crainte, moitié remords.

Le chevalier tremblait que la jeune propriétaire de Black ne vînt à reconnaître et à réclamer son chien.

Il se demandait ce que deviendrait sa réputation d'honnête homme, si la façon dont il s'était emparé de l'animal venait à se répandre dans la ville.

Puis ses idées de la veille lui revenaient.

Avait-il bien le droit de s'emparer de Black, l'existence de Black fût-elle menacée par le sous-lieutenant ?

Enfin, ce n'était point sans remords à l'endroit des conséquences que le rapt de Black pouvait avoir sur la vie de la pauvre enfant, et il avait beau se dire qu'il n'avait fait qu'arracher Black à une mort certaine, il ne pouvait à cet égard parvenir à rassurer complètement sa conscience.

Pour l'essayer, il mit sous pli un billet de banque de cinq cents francs et l'adressa à mademoiselle Thérèse, chez mademoiselle Francotte.

A ce billet de banque étaient jointes quelques lignes dans lesquelles il l'avertissait, sans lui dire aucunement les motifs de cette libéralité, que pareille somme lui parviendrait encore l'année suivante.

Avec cette somme, la jeune fille était à l'abri des méchantes suggestions du besoin, démon tentateur que M. de la Graverie considérait comme le plus redoutable de tous les démons.

Ainsi, avec mille francs, la perte de l'épagneul serait largement compensée.

Restait à pourvoir à la conservation du chien.

Le chevalier résolut, pour y parvenir, de ne jamais lui laisser franchir le seuil de sa porte.

Le jardin serait consacré à ses ébats.

Les murs en étaient si élevés, qu'il n'y avait point à redouter la curiosité des voisins.

Black coucherait dans la chambre de son maître.

Lorsque ce dernier serait forcé de s'absenter pour une, deux ou trois heures, le chien serait enfermé dans le cabinet de toilette, bien et dûment clos d'un cadenas à secret, lequel garantirait le pauvre animal de la rancune de Marianne, sur laquelle le chevalier n'avait point sans appréhension.

L'indiscrétion de cette dernière pouvait seule troubler les jours heureux que se promettait le chevalier de la Graverie dans la société de Black.

Mais, dès le soir même, le hasard se chargea de mettre la cuisinière revêche sous l'entière dépendance du chevalier.

Ni avant, ni après son dîner, le chevalier ne sortit.

Il déjeuna avec son ami, il dîna avec son ami.

Enfin, selon le programme qu'il s'était tracé, le soir il le promena dans le jardin.

Pendant que le chevalier s'occupait d'un églantier qu'il avait écussonné lui-même au printemps, et dont la pousse lui paraissait de mauvaise nature, Black, malgré les soins affectueux que l'on avait eus de lui, semblait regretter quelque chose, Black profita de l'entre bâillement de la porte du jardin pour chercher le chemin qui pouvait le ramener à ce qui lui tenait au cœur.

Malheureusement pour ses projets de fuite, avant d'arriver à la rue, il lui fallait traverser le vestibule et passer devant la porte de la cuisine.

Or, il sortait de cette pièce une odeur de rôti véritablement délectable.

Black entra dans la cuisine, qui, à première vue, semblait déserte.

Il chercha la cause de ce parfum.

Tout en cherchant, il s'arrêta tout à coup comme un chien qui rencontre.

Il se mit à aboyer contre une grande armoire, comme s'il eût voulu accuser cette armoire de receler ce qu'il cherchait.

Marianne survint sur ces entrefaites ; elle était accourue aux abois de Black.

Déjà elle saisissait son arme ordinaire ; mais M. de la Graverie, qui s'était aperçu de la disparition de Black, marchait derrière Marianne.

L'attitude du chevalier, son air d'autorité firent tomber le balai des mains de la cuisinière.

Cependant, sans s'inquiéter de ce qui se passait autour de lui, si fort intéressé qu'il fût, l'épagneul continuait d'aboyer avec fureur contre l'armoire.

M. de la Graverie l'ouvrit à deux battants, et, à sa grande stupéfaction, aperçut un cuirassier qui, reconnaissant dans le chevalier le maître du logis, porta respectueusement la main à son casque ; ce qui est, comme chacun sait, le salut militaire.

Marianne se laissa choir sur une chaise, comme s'il lui était possible de s'évanouir.

Le chevalier comprit tout.

Mais, au lieu de se laisser aller à une colère inconsidérée, il comprit aussitôt tout le parti qu'il pouvait tirer de l'événement.

Il donna une caresse de remercîment au chien, et fit signe à Marianne de le suivre.

Il ne l'emmena pas plus loin que le vestibule.

Là, il s'arrêta, et d'une voix grave :

— Marianne, lui dit-il, vous avez chez moi trois cents francs de gages ; vous m'en volez six cents...

Marianne essaya d'interrompre le chevalier ; mais celui-ci l'arrêta avec un geste de conviction.

— Vous m'en volez six cents, continua-t-il, sur lesquels je ferme les yeux, ce qui vous constitue la meilleure place de la ville ; moi seul, en outre, saurais supporter votre insupportable caractère ; vous venez de mériter d'être honteusement chassée, je ne vous chasserai pas.

Marianne voulut interrompre son maître pour le remercier.

— Attendez! mon indulgence a ses conditions.

Marianne s'inclina en indiquant qu'elle était prête à passer sous les fourches caudines qu'il plairait à son maître de dresser.

— Voici, continua solennellement le chevalier, voici un chien que j'ai trouvé ; par des raisons que je n'ai aucunement besoin de vous dire, je tiens à le conserver, et, de plus, je veux qu'il soit heureux chez moi ; si, par suite de vos bavardages, on réclame ce chien ; si, par suite de la haine que vous lui portez, il tombe malade ; si, par suite enfin d'une négligence calculée, il se sauve, je vous donne ma parole d'honneur que vous sortirez immédiatement de chez moi. Et maintenant, Marianne, vous pouvez, si bon vous semble, aller retrouver votre cuirassier ; j'ai été soldat moi-même, fit le chevalier en se redressant, et je n'ai point le préjugé contre les militaires.

Marianne était si honteuse de s'être laissée surprendre en flagrant délit ; il y avait un tel accent de fermeté et de résolution dans les paroles du chevalier, qu'elle tourna les talons sans répliquer et rentra dans sa cuisine.

Quant au chevalier, il fut enchanté de cet incident, qui, avec ses autres combinaisons, paraissait lui garantir la tranquille possession de l'épagneul.

Il ne se trompait point.

A partir de ce jour, commença pour Dieudonné et pour son ami à quatre pattes, une existence toute de béatitude ; la jouissance ne rendit le chevalier ni tiède ni indifférent aux charmes de l'animal ; au contraire, chaque jour, il s'attachait plus vivement à la conquête qui lui avait coûté tant de peine et de soucis ; chaque jour, il découvrait à Black des qualités si supérieures, que, par moments, ses idées sur la perpétuelle succession des êtres les uns aux autres lui revenaient à l'esprit ; alors il ne pouvait s'empêcher de regarder Black avec un certain attendrissement ; il lui parlait du passé, lui racontant de préférence tous les épisodes de sa vie auxquels Dumesnil avait pris part ; parfois égaré dans ces douces réminiscences, comme dans un bois charmant, il s'oubliait jusqu'à s'écrier, comme le capitaine au vétéran :

— T'en souviens-tu ?

Et, si en ce moment le chien levait sa tête intelligente et le regardait avec des yeux expressifs, le chevalier, comme des feuilles mortes de l'arbre, sentait peu à peu tomber de son esprit les doutes qu'il conservait encore, et, pendant les quelques heures que durait ordinairement cet accès de monomanie, il ne pouvait s'empêcher de traiter Black avec la déférence reconnaissante qu'il témoignait autrefois à son ami.

Cela dura ainsi pendant six mois entiers.

Certes, l'épagneul, à moins d'être le plus difficile de tous les chiens, devait se considérer comme le plus fortuné de tous les quadrupèdes ; cependant, et cela assez souvent pour inquiéter le chevalier, il se montrait triste, soucieux, préoccupé ; il regardait les murs et considérait les portes avec une teinte très-marquée de mélancolie, et, par tous ces signes, semblait vouloir faire comprendre au chevalier que ni le temps qui s'était écoulé, ni les bons traitements dont il était l'objet, ne lui avaient fait oublier sa maîtresse ; et cette persistance dans un attachement tout à fait en dehors de la vieille liaison qui devait unir Dumesnil à lui seul, était ce qui arrachait le plus efficacement le chevalier à cette consolante idée qu'il y avait identité entre Black et son ami.

Un soir, on était au printemps, la nuit tombait ; M. de la Graverie, voulant rendre quelques visites, faisait sa barbe.

La veille, et pendant toute la journée, Black avait paru plus inquiet que d'habitude.

Tout à coup, le chevalier entendit retentir dans l'escalier des cris perçants, et, au milieu de ces cris, il distingua ces mots prononcés par la voix désespérée de Marianne :

— Monsieur ! monsieur ! à l'aide ! au secours ! votre chien se sauve !

M. de la Graverie jeta son rasoir, essuya son visage à demi-rasé, passa le premier vêtement qui lui tomba sous la main, et, en une minute, fut au rez-de-chaussée.

Sur le seuil de la porte, il trouva Marianne, qui, d'un air d'effroi bien franc et bien réel, regardait l'épagneul, lequel disparaissait à l'extrémité de la rue, détalant à toutes jambes.

— Monsieur, dit la gouvernante d'un air piteux, je vous jure que ce n'est pas moi qui ai laissé la porte ouverte ; c'est le facteur.

— Je vous avais prévenue, Marianne, répondit le chevalier furieux ; vous n'êtes plus à mon service, faites vos paquets et quittez la maison à l'instant même.

Puis, sans attendre la réponse de la cuisinière désespérée, sans réfléchir que sa tête était nue et qu'il n'avait à ses pieds que des pantoufles, le chevalier se mit à la poursuite de l'animal.

## XXII

### Où Black conduit le chevalier.

Comme il connaissait à peu près la direction qu'il devait prendre, le chevalier ne perdit point de temps à chercher son chemin.

Tout au contraire, s'élança-t-il sans hésitation et marcha si rapidement, qu'en tournant la cathédrale, il aperçut Black à cent pas devant lui, dans la direction de l'Ane-qui-vielle, et l'appela ; mais, en vrai chien de Jean de Nivelles, comprenant que l'on était à sa poursuite, Black enfila la rue des Changes, et M. de la Graverie ne le revit plus qu'en arrivant au faubourg de la Grappe, où, sans qu'il en connût le numéro, il savait que demeurait l'ancienne maîtresse de l'épagneul.

Il est vrai qu'arrivé là, le chevalier le vit de si près, qu'il eut un instant l'espoir de s'en emparer.

Soit que le chien ne voulût point être entièrement perdu de vue par le chevalier, soit que celui-ci ne connût pas aussi bien qu'un bourgeois de Chartres le dédale des rues où Black semblait s'être égaré, tant est-il qu'il le revit, haletant, mais cependant ayant encore assez de forces pour lui échapper.

En effet, au moment où M. de la Graverie étendait la main pour le saisir par le magnifique collier qu'il lui avait fait faire,

Black fit un bond de côté, et se jeta dans l'allée de la troisième maison à gauche du faubourg.

Cette allée était étroite, humide, sale et obscure.

Et cependant le chevalier n'hésita point à y suivre son ingrat pensionnaire.

Il ne se demanda même point ce qu'il répondrait dans le cas où l'animal le conduirait en face de la jeune fille à laquelle il avait été dérobé.

Après avoir tâtonné pendant quelque temps dans le sombre cloaque, le chevalier finit par mettre la main sur une corde.

Cette corde, tendue là pour remplacer une rampe, indiquait un escalier.

Le chevalier de la Graverie en chercha les marches du pied, et, ayant trouvé la première, guidé par une faible lueur qu'il entrevoyait au-dessus de sa tête, à travers un mauvais vitrage couvert de poussière et où les carreaux manquants étaient remplacés par des feuilles de papier huilé, il commença d'escalader l'escalier.

Il parvint au premier étage.

Toutes les portes du premier étage étaient fermées.

Le chevalier écouta.

On n'entendait aucun bruit sortir des chambres ; il était clair que ce n'était point là que le chien s'était arrêté.

Le chevalier rattrapa la corde et continua son ascension.

A partir du premier étage, l'escalier se rétrécissait ; ce qui n'empêcha point le chevalier d'atteindre au second.

Comme au premier étage, le chevalier écouta.

Le second étage était aussi muet que le premier.

A partir du second étage, et pour arriver plus haut, comme ces femmes de Virgile dont le corps finissait en poisson, l'escalier du faubourg de la Grappe finissait en échelle.

M. de la Graverie commença de craindre que le chien n'eût profité d'une issue que lui n'aurait pas vue, pour s'échapper de la maison et pour pénétrer dans une cour.

Mais, en ce moment, il entendit retentir au-dessus de sa tête ce hurlement triste et prolongé par lequel les chiens, selon une croyance très-répandue, annoncent la mort de leur maître.

Ce cri lugubre dans cette maison sombre, qui semblait déserte, glaça le sang du chevalier dans ses veines ; ses cheveux se dressèrent sur sa tête, et il sentit une sueur glacée baigner son front.

Mais il pensa presque aussitôt que Black arrivait à la porte de sa maîtresse, et, trouvant cette porte fermée, lui adressait à travers la porte cet appel désespéré.

Selon toute probabilité, dans cette hypothèse, la jeune fille n'était point chez elle.

Le chevalier joindrait donc Black à la porte, et, bloqué dans un corridor étroit, Black était obligé de se rendre.

Cette idée redonna du courage au chevalier.

Il se cramponna donc aux barreaux de l'échelle et tenta l'escalade.

Cela lui rappela ce jour de désespoir où, au lieu de monter à une échelle, il descendait avec ses draps.

Une fois arrivé là, sa pensée fit un pas de plus : il se souvint de Mathilde, et, si racorni que fût son cœur à cet endroit, il poussa un soupir.

Mais, tout en soupirant, il continua de monter.

Lorsqu'il eut monté une vingtaine d'échelons, il se trouva le corps à moitié passé dans une trappe.

Cette trappe donnait dans un petit galetas où il faisait complétement noir.

Ce galetas, au premier abord, paraissait vide comme le reste de la maison, et cependant il n'y avait point à douter que ce ne fût là qu'avait abouti la course de l'animal.

En effet, le chevalier avait à peine posé le plancher de la chambre, que l'animal était venu à lui et l'avait caressé avec une expression de tendresse que le chevalier ne se rappelait point lui avoir jamais vue.

Mais, dès que le chevalier avait étendu la main de son côté comme pour lui indiquer ce qu'il avait à faire, Black s'était éloigné vivement et était allé se coucher au pied d'un grabat que l'on distinguait vaguement dans l'obscurité.

Le grabat était placé dans un angle, le long des tuiles, de sorte qu'il échappait au faible rayon de lumière qui pénétrait dans ce réduit par une étroite lucarne.

Rien ne remuait, rien ne bougeait dans cette espèce de grenier.

— Y a-t-il quelqu'un ici ? demanda le chevalier.

Personne ne répondit ; seulement, Black vint une seconde fois se frotter à ses jambes.

En ce moment, le chevalier s'aperçut que l'atmosphère du grenier était chargée d'une odeur âcre et pénétrante qui le saisissait à la gorge.

Ses craintes lui revinrent ; il voulut fuir et appela Black.

Black jeta un second hurlement plus sinistre que le premier, et se cacha sous le lit.

Le chevalier ne pouvait se décider à abandonner Black.

Il chercha de la lumière.

En cherchant, son pied se heurta contre un réchaud de fer et le renversa.

Presque en même temps, ses doigts rencontraient un briquet phosphorique.

En un instant, il eut du feu.

Il alluma une lampe qu'il aperçut sur une chaise.

Puis il s'approcha du grabat.

Sur ce grabat, il vit une femme couchée.

La figure de cette femme, ou plutôt de cette jeune fille, était violette ; ses lèvres étaient noires ; une sueur abondante avait collé ses cheveux le long de ses tempes ; ses dents étaient serrées les unes contre les autres.

Tout le corps semblait déjà roidi par le froid de la mort et ne remuait plus.

On ne s'apercevait que l'âme n'avait point encore quitté la moribonde qu'au frémissement de ses paupières bleuâtres et au faible souffle qui s'échappait de sa bouche contractée, et qui prouvait qu'elle n'en avait point encore fini avec la douleur.

Dans ce demi-cadavre, M. de la Graverie reconnut la jeune fille qu'il avait poursuivie un dimanche de l'automne précédent, celle enfin à laquelle il avait dérobé Black.

Il lui parla ; mais la jeune fille était trop faible pour lui répondre.

Cependant elle l'entendit ; car elle rouvrit la paupière, tourna vers lui des yeux hagards et lui tendit la main.

Le chevalier de la Graverie, touché d'une profonde pitié, à laquelle commençait de se mêler un peu de remords, prit cette main.

Elle était glacée.

— Mon Dieu ! mon Dieu ! dit-il parlant tout haut comme c'était son habitude, je ne puis cependant pas laisser mourir cette malheureuse créature, et, puisque j'ai traversé la ville sans chapeau pour courir après Black, je puis bien la retraverser dans le même état pour aller chercher M. Robert.

Le chevalier ne connaissait pas M. Robert ; mais il savait que M. Robert était le médecin en renom de Chartres.

— Je dois bien cela, je lui dois bien cela, répétait le chevalier tout en le regardant, et en remarquant une seconde fois, comme il avait fait la première, la ressemblance singulière qu'il y avait entre Mathilde et cette jeune fille, quand Mathilde avait le même âge.

Et, laissant la mourante à la garde de Black, M. de la Graverie descendit l'échelle plus vite qu'il ne l'avait montée, quoiqu'elle fût plus facile à monter qu'à descendre.

Le médecin était sorti ; le chevalier laissa chez lui l'adresse de la jeune fille avec des détails qui permettaient au médecin d'arriver auprès d'elle sans autre renseignement.

Puis lui-même revint tout courant au faubourg de la Grappe.

Il retrouva le galetas dans l'état où il l'avait laissé ; seulement, Black, pour combattre ce froid de glace auquel était en proie sa jeune maîtresse, était monté sur le lit et s'était couché sur les pieds de la malade.

En l'apercevant qui faisait de son mieux pour réchauffer Thérèse, M. de la Graverie eut une idée : c'était d'aider le chien de tout son pouvoir dans la tâche que celui-ci avait entreprise.

Il releva le fourneau, ramassa tous les morceaux de charbon qu'il trouva épars sur le carreau, et essaya de rallumer le feu.

Nous devons avouer que le pauvre chevalier s'acquittait de ces soins avec plus de bonne volonté que d'adresse.

Il s'apercevait lui-même de sa mauvaise grâce, et il ne fallait pas moins que le cri de son bon cœur et l'exemple de Black pour le décider à l'émulation.

Mais le chevalier n'accomplissait pas sans grommeler ce qu'il regardait comme un devoir.

Aussi, selon son habitude, disait-il à demi-voix :

— Ce diable de chien ! il avait bien besoin de se sauver ; que lui fallait-il donc de plus ? Il était bien nourri, il couchait sur une belle peau de loup, moelleuse et douce à plaisir ; quelle singulière idée a-t-il eue de regretter cet effroyable taudis ? Ah ! j'avais bien raison de maudire et de fuir toute espèce d'attachement. Sans celui que tu as conservé pour ta maîtresse, sot animal ! — et, en disant cela, il regardait Black avec une inexprimable tendresse, — nous serions à cette heure bien tranquilles, bien heureux dans notre petit jardin ; tu jouerais sur les herbes de la pelouse, et, moi, je taillerais mes rosiers-noisettes qui en ont grand besoin… Et cet infernal charbon qui ne s'allume pas ! il ne s'allumera jamais, sac à papier ! Si encore j'avais pu trouver quelqu'un dans la maison, j'eusse fait soigner cette jeune fille. L'argent m'aurait épargné cette corvée ; j'en eusse donné de grand cœur autant qu'on m'en aurait demandé. Voyons, franchement, cela ne serait-il pas revenu au même ?

— Non, chevalier, dit une voix derrière Dieudonné, non, cela ne serait pas revenu au même, et vous vous en apercevrez si vous avez le bonheur de sauver la malade à laquelle vous vous intéressez.

— Ah ! c'est vous, docteur ! dit le chevalier, qui avait tressailli aux premières paroles prononcées par la voix, mais qui, s'étant retourné, avait reconnu la figure grave et douce du médecin ; c'est que, voyez-vous, je puis vous avouer cela, à vous, j'ai l'horreur des malades et grand'peur des maladies.

— Votre mérite et la satisfaction de votre conscience n'en seront que plus grands, répondit le médecin ; puis, croyez-le bien, on s'habitue à tout, et vous n'en aurez pas soigné une dizaine comme celle-là, que vous ne voudrez plus d'un autre métier. Ah çà ! où est la malade ?

— Ici, dit le chevalier en montrant le lit.

Le docteur s'avança vers la jeune fille ; mais Black, en voyant cet inconnu s'approcher de sa jeune maîtresse, poussa un aboi menaçant.

— Eh bien, Black, eh bien, mon garçon, dit le chevalier, qu'est-ce que cela signifie ?

Et il fit taire le chien en le caressant.

Le docteur prit la lampe, et promena la lueur vacillante sur le visage de la malade.

— Ah ! ah ! dit-il, je m'en doutais bien ; mais je ne croyais pas le cas si grave.

— Qu'est-ce donc ? demanda le chevalier.

— Ce que c'est ? C'est le choléra-morbus, le vrai choléra-morbus, le choléra asiatique dans toute sa hideuse énergie !

— Sac à papier ! s'écria le chevalier.

Et il courut du côté de l'échelle.

Mais, avant d'être arrivé à la trappe, les jambes lui avaient manqué, et il était tombé sur un escabeau.

— Eh bien, qu'avez-vous donc, chevalier ? demanda le docteur.

— Le choléra-morbus ! répétait celui-ci, auquel l'haleine manquait pour respirer, et la force pour se lever ; le choléra-morbus ! le choléra-morbus est contagieux, docteur !

— Les uns disent endémiques, les autres contagieux ; nous ne sommes point d'accord là-dessus.

— Mais votre avis, à vous ? demanda Dieudonné.

— Mon avis, à moi, c'est qu'il est contagieux, répondit le docteur ; mais nous n'avons pas à nous préoccuper de cela pour le moment.

— Comment ! nous n'avons pas à nous préoccuper de cela ? Mais je vous prie de croire, docteur, que je ne me préoccupe pas d'autre chose.

Et, en effet, le chevalier était pâle comme un mort ; de grosses gouttes de sueur perlaient sur son front ; ses dents s'entre-choquaient.

— Allons donc, dit le docteur, vous, si brave quand il s'agit de la fièvre jaune, vous auriez peur du choléra, chevalier !

— De la fièvre jaune ! balbutia Dieudonné ; comment savez-vous que je suis brave quand il s'agit de la fièvre jaune ?

— Bon ! répondit le docteur ; ne vous ai-je pas vu à l'œuvre ?

— Quand cela ? demanda le chevalier d'un air effaré.

— Mais quand vous avez soigné votre ami, le pauvre capitaine Dumesnil, à Papaéti, est-ce que je n'étais pas là ?

— Là, vous ? vous étiez-là ? fit le chevalier tout étourdi.

— Je comprends ; vous ne reconnaissez pas le jeune docteur

du *Dauphin*; j'avais vingt-six ans, j'en ai quarante et un. Quatorze ou quinze ans changent fort un homme; vous aussi, chevalier, vous vous êtes arrondi.

— Tiens, tiens, tiens ! fit le chevalier; comment ! c'est vous, docteur?

— Oui, c'est moi ; j'ai quitté le service et me suis établi à Chartres. — Deux montagnes ne se rencontrent pas, chevalier; mais deux hommes se rencontrent, et la preuve, c'est que nous voilà tous deux au lit d'une autre malade qui ne vaut guère mieux que le pauvre capitaine.

— Mais le choléra, docteur ! le choléra !

— C'est le cousin germain de la fièvre jaune, de la peste noire, du vomito-negro ; n'ayez pas plus peur de lui que vous n'avez eu peur de l'autre; tout cela est de la famille des chiens enragés, qui ne mordent que ceux qui se sauvent. Du courage, morbleu ! Voilà un morceau de ruban rouge que je vois à votre boutonnière et qui prouve que vous avez été au feu ; rappelez-vous vos beaux jours de vieux militaire, et marchons au choléra comme vous marchiez au feu.

— Mais, balbutia le *vieux soldat*, ne pensez-vous point, docteur, que nous nous exposons à un danger inutile, et croyez-vous que nous ayons quelque chance de sauver cette malheureuse jeune fille ?

Piqué dans son amour-propre, le chevalier, comme on voit, se résignait à parler au pluriel.

— Peu de chance, j'en conviens, reprit le docteur ; la malade est déjà dans la période algide : les ongles noircissent, les yeux se creusent, les extrémités sont froides, je parierais que la langue est déjà glacée. Mais qu'importe! elle vit, il faut combattre la camarde... J'ai l'habitude, vous le savez, de ne point lâcher pied devant elle ; je suis de la race des bouledogues, chevalier ; tant qu'il me reste un morceau entre les dents, je tiens bon ; mais nous avons déjà perdu trop de temps... A l'œuvre !

Le chevalier, sous l'impression de la terreur que lui avait causée le mot *choléra*, fut d'abord à peu près inutile au médecin; par bonheur, le docteur, qui s'était douté, d'après les quelques mots dits par le chevalier à son domestique, qu'il s'agissait d'une attaque de choléra, avait pris dans sa pharmacie de l'éther et du vératrum, les deux médicaments à l'aide desquels il combattait le choléra. Le pauvre Dieudonné allait dans la chambre comme s'il eût perdu l'esprit ; mais, à la longue, le calme et la conscience avec lesquels l'homme de l'art approchait de la malade, respirait son souffle, la palpait, apaisèrent ses appréhensions, amoindrirent sa frayeur.

Son affection pour le pauvre chien avait déjà battu en brèche le sentiment d'égoïsme qu'il avait installé dans son cœur; son orgueil mis en jeu et surtout la pitié pour les souffrances de la malade achevèrent d'en triompher peu à peu.

A son tour, il se rapprocha du grabat de la mourante, et il aida le docteur à placer autour d'elle les briques que ce dernier avait arrachées au mur pour les chauffer.

L'épagneul comprit sans doute le but des soins que l'on rendait à sa maîtresse ; il sauta à bas du lit pour laisser le champ libre aux deux hommes, et vint lécher les mains du chevalier.

Ce signe de reconnaissance toucha vivement Dieudonné ; les hallucinations de métempsycose lui revinrent à l'esprit, et il s'écria avec enthousiasme :

— Sois tranquille, mon pauvre Dumesnil, nous la sauverons !

Le docteur était trop occupé de la malade pour faire attention aux paroles singulières que le chevalier adressait au chien noir ; il n'en comprit que le sens général.

— Oui, dit-il, chevalier, oui, espérons ! voici les extrémités qui se réchauffent ; mais, si elle en réchappe, ce sera bien à vous qu'elle le devra.

— Vraiment ! s'écria le chevalier.

— Pardieu ! Mais il ne faut pas laisser votre œuvre incomplète ; je vous demande pardon de vous envoyer en course, chevalier.

— Oh ! disposez de moi.

— Vous comprenez que ma présence à moi est nécessaire ici.

— Sac à papier ! je crois bien que je le comprends !

Le docteur tira un petit carnet de sa poche, écrivit quelques lignes au crayon sur une feuille qu'il déchira.

— Courez chez le pharmacien, chevalier, et rapportez-moi cette ordonnance.

— Tout ce que vous voudrez, docteur, pourvu que je la sauve, s'écria le chevalier entrant à corps perdu dans la lutte et brûlant ses vaisseaux.

Le chevalier ne fut pas plus de dix minutes pour aller et venir, et, lorsqu'il rentra dans le grenier, il trouva au docteur un air souriant, qui le paya largement de ses peines.

— Cela va donc mieux? s'écria le chevalier en s'approchant du lit pour regarder la malade, dont le visage avait effectivement perdu de sa teinte cadavéreuse.

— Oui, cela va mieux, chevalier, et, si Dieu nous aide, j'espère que mademoiselle, dans trois mois, nous donnera un petit poupon qui vous ressemblera comme deux gouttes d'eau.

— A moi ! à moi ! mademoiselle, un enfant?

— Ah ! c'est que vous êtes un gaillard, chevalier ; j'ai su de vos nouvelles à Papaéti : la belle Mahaouni m'en a donné.

— Docteur, je vous jure...

— Allons, chevalier, allons, ne faites pas le discret avec moi ; tôt ou tard, il eût bien fallu me le dire ; mon métier n'est-il pas de faciliter à l'homme l'entrée dans la vie, tout comme de l'aider à en sortir ?

— Mais, encore une fois, docteur, qui peut vous faire penser ?...

— Ceci, mordieu ! dit le docteur en tendant au chevalier une alliance en or, qu'il prit au doigt de la malade toujours inerte, ceci que, cédant à un mouvement de curiosité, j'ai eu, pendant votre absence, l'idée d'ouvrir et d'examiner. Ne vous défendez donc plus de votre paternité, cher monsieur ; votre secret est en bonnes mains ; un médecin est obligé à plus de discrétion encore qu'un confesseur.

Le chevalier, stupéfait, croyant rêver, prit la bague, la sépara en introduisant l'ongle de son pouce au milieu de la circonférence, et, la bague ouverte, lut il :

*Dieudonné de la Graverie, — Mathilde de Florsheim.*

Son émotion fut si forte, qu'il tomba à genoux, sanglotant et priant à la fois.

## XXIII

Le chevalier garde-malade.

Le médecin attribua cette émotion du chevalier à la joie qu'il éprouvait en apprenant qu'il y avait quelque chance de sauver la malade.

Il laissa le chevalier achever sa prière et essuyer ses yeux ; puis, pensant qu'il fallait utiliser cette exaltation du sentiment au profit de la pauvre jeune fille :

— Et maintenant, chevalier, demanda-t-il, qu'allons-nous faire de cette enfant? car il est impossible qu'elle demeure dans ce bouge infect. Voulez-vous que je la fasse porter à l'hôpital ?

— A l'hôpital ! s'écria le chevalier d'un accent indigné.

— Dame ! il sera infiniment mieux qu'ici, et, sans vouloir vous faire la leçon, vous me permettrez, chevalier, de trouver bien étrange que vous ayez laissé la femme au doigt de laquelle vous aviez mis cet anneau, dans un si misérable taudis, surtout au moment où ce quartier est décimé par la maladie.

— Je vais la faire transporter chez moi, docteur.

— A la bonne heure, voilà un bon mouvement ! il est venu un peu tard ; mais, comme dit le proverbe, vaut mieux tard que jamais. Cela fera bien crier un peu les bonnes âmes chartraines; mais j'aime mieux pour mon compte, chevalier, et avec l'idée que j'avais prise de vous, voir commettre ce péché que l'autre, vous voir manquer aux convenances qu'à l'humanité.

Le chevalier ne répondit rien et courba la tête ; son âme était agitée par mille sentiments différents.

Il pensait à Mathilde, dont cette malheureuse jeune fille devait être l'enfant; il reculait de vingt-cinq ans en arrière il revoyait les jours si calmes, si heureux, de vingt jeux d'abord, de leurs amours ensuite; c'était depuis dix-huit ans, peut-être la première fois qu'il osait jeter les yeux sur le passé, et il éprouvait un sentiment de honte en songeant qu'il avait pu comparer les satisfactions mesquines de l'égoïsme satisfait à ces joies si fortes et si vivaces, qu'après plus de vingt ans écoulés, elles avaient encore la force de réchauffer son âme.

En regardant la pauvre malade, il éprouvait des remords, sa conscience lui disait que, quels que fussent les torts que s'était donnés la mère, il n'en avait pas moins, lui, des devoirs envers cette enfant, et que ces devoirs, il ne les avait pas remplis.

Il n'était pas non plus sans penser aux conséquences funestes qu'avait eues pour la jeune fille le vol de son gardien; peut-être, en lui enlevant Black, l'avait-il livrée sans défense à la trahison; il se promettait de réparer ses fautes; car il reconnaissait la main de Dieu dans tout ceci.

Et le voyant si profondément absorbé dans sa méditation, le docteur supposa que le chevalier reculait devant les conséquences que devait avoir le séjour de la jeune malade dans sa maison.

— Voyons, après tout, dit-il au chevalier, réfléchissez encore; peut-être sera-t-il possible de trouver, à prix d'argent, quelques braves gens qui consentent à vaincre leur répugnance pour cette diablesse de maladie, et qui recevront chez eux la pauvre petite; cela vaudra peut-être mieux et conciliera tout.

Et une dernière fois dans l'esprit de Dieudonné il y eut lutte entre le soin de son repos, les traces de frayeur que lui causait encore la contagion, et les bonnes inspirations de son cœur; disons, à sa gloire, que cette lutte ne fut pas de longue durée.

Le chevalier secoua la tête et se redressa.

— Chez moi, docteur! chez moi, pas ailleurs que chez moi! s'écria-t-il avec cette énergie que les hommes faibles savent si bien déployer quand, par hasard, il leur arrive d'être résolus.

Le jour commençait à paraître lorsque le brancard, emprunté à l'hôpital, et sur lequel on avait couché la malade, se mit en marche pour la rue des Lices.

Le chevalier et Black suivaient ce triste convoi, qui, ainsi que c'est l'habitude, soulevait sur son parcours la curiosité des paysannes et des laitières, lesquelles déjà descendaient vers la ville.

Lorsque l'on arriva à la maison de M. de la Graverie, on trouva la porte fermée; le propriétaire, qui, étant sans chapeau et en pantoufles, n'avait pas eu l'idée de prendre son passe-partout, fit jouer la sonnette et le marteau, mais inutilement; rien ne répondit.

Il se rappela alors que, la veille au soir, il avait renvoyé Marianne, et il supposa que, pour exercer sur son maître une dernière vengeance, la maussade gouvernante avait trouvé bon d'exécuter à la lettre l'ordre qu'elle avait reçu de déguerpir au plus vite.

Il n'y avait qu'une ressource : c'était d'aller chercher le serrurier; on y alla.

Par bonheur, il était dans le voisinage.

Mais la porte était fermée à deux tours ; le travail de l'ouverture fut long et donna au quartier le temps de se réveiller.

Les voisins se mirent aux fenêtres; les domestiques sortirent des maisons et s'interrogèrent les uns les autres; il y en eut qui, tandis que le chevalier était allé chercher le serrurier, entr'ouvrirent les rideaux de la civière pour savoir ce qu'elle contenait; et, sachant ce qu'elle contenait, chacun se demanda quelle pouvait être cette jeune fille que le chevalier entourait de tant de sollicitude, et qu'il introduisait dans cette maison, dont, jusqu'alors, il avait interdit l'entrée au sexe féminin tout entier.

Comme il arrive d'ordinaire en pareil cas, dix versions circulèrent à partir de ce moment; toutes étaient différentes, mais pas une naturellement n'était à l'avantage du chevalier, dont la considération reçut une grave atteinte.

Toute la ville en jasa.

Les viveurs du café Jousse et du Cercle chartrain en firent des gorges chaudes.

Les gens du *Muret* en chuchotèrent tout bas, se signant et déclarant que le pauvre chevalier était décidément un homme dont il fallait éviter le contact.

Le chevalier ne songeait à rien de cela, lui. Il était tout entier à l'idée qu'il venait, selon toute probabilité, de retrouver la fille de la seule femme qu'il eût jamais aimée.

Nous sommes d'avis, et peut-être nous traitera-t-on d'optimiste ou de niais, ce qui est à peu près la même chose ; nous sommes d'avis, disons-nous, qu'il est peu de cœurs chez lesquels le mal n'emporte sur celui du bien ; en tout cas, le chevalier n'était point de ceux-là.

Peu à peu, les images du passé se dégageant de ce qu'elles avaient de tristesse et d'amertume, Mathilde reparaissait à ses yeux telle qu'elle était aux beaux jours de leur jeunesse, belle et pure, aimante et dévouée; il ne songeait plus aux événements qui l'avaient séparé d'elle, à son ingratitude, à son infidélité; il pensait aux myosotis qu'il allait cueillir pour sa petite amie sur les bords du ruisseau qui traversait le parc, et dont les fleurs bleues encadraient si délicieusement la chevelure blonde de la jeune fille; puis, avec de grosses larmes dans le cœur, il songeait qu'il n'avait point eu, dans le reste de son existence, de joies qui eussent valu celles-là, même les joies qu'il devait à la belle Mahaouni ; jamais les délices de la table, jamais les jouissances de l'horticulture n'avaient remué son âme comme le faisait ce simple coup d'œil jeté en arrière, et le chevalier se demandait si les plus heureux sur la terre n'étaient pas, au bout du compte, ceux qui arrivaient à la vieillesse avec le plus gros butin de ces sortes de souvenirs.

Ce n'était point encore du regret, mais c'était déjà de la comparaison.

Cependant il fallait s'occuper de la pauvre malade, et les soins à lui donner tirèrent le chevalier de la rêverie à laquelle il se fût cependant si volontiers abandonné.

Marianne avait fait de la clef de sa chambre ce qu'elle avait fait de celle de la maison; elle l'avait emportée, comme si la maison lui eût appartenu. M. de la Graverie fut obligé d'installer la pauvre malade dans sa chambre et dans son lit.

Ici, ses préoccupations personnelles le reprirent un peu ; il se demanda avec une certaine anxiété où il passerait la nuit prochaine, et surtout où on le placerait, lui, si la contagion venait à l'atteindre à son tour.

Puis, comme il était absolument seul dans la maison, il lui fallut vaquer aux soins du ménage, préparer les tisanes, et s'occuper de son propre déjeuner, occupation qui lui était particulièrement antipathique.

En suant sang et eau, et en maudissant vingt fois son ex-gouvernante, il parvint à découvrir, au milieu de l'épouvantable chaos où Marianne avait à dessein laissé le ménage et les ustensiles de cuisine, trois œufs dont lesquels il accomplit son premier repas, tout en se demandant avec inquiétude comment pourrait s'opérer la digestion de ce repas, si frugal qu'il fût, puisque, pour la première fois depuis vingt ans, il avait été contraint de le faire sans thé, expédient qu'il considérait comme absolument nécessaire pour activer la paresse de son estomac.

Son inquiétude était d'autant plus grande, que les œufs qu'il avait mis dans l'eau bouillante y étaient restés douze secondes de trop, et qu'au lieu de manger à son déjeuner trois œufs à la coque, le chevalier avait mangé trois œufs durs.

Sur le midi, Marianne arriva ; elle venait réclamer ses gages.

En l'apercevant, le chevalier avait eu une lueur d'espérance ; il avait pensé que la vieille drôlesse venait lui demander à rentrer en grâce, et il s'apprêtait à accueillir sa prière avec un sourire du meilleur augure.

Le chevalier était décidé à en passer par toutes les exigences de son ex-gouvernante et à signer, même avec augmentation de loyer, un nouveau bail, afin de se débarrasser tout de suite des soins domestiques, qui lui répugnaient si fort.

Le chevalier comptait sans son hôte.

Marianne fut pleine d'une dignité froide et dédaigneuse en recevant son argent, et, lorsque le pauvre chevalier, oubliant et son caractère et le sentiment de convenance qui eût dû lui fermer la bouche, lui demanda d'un ton qu'il essayait de rendre pathétique, comment elle pouvait se décider à l'abandonner dans l'embarras où il se trouvait, l'ex-gouvernante lui répondit avec indignation qu'une honnête femme ne pouvait décemment demeurer dans une maison comme la sienne et que, s'il avait besoin de soins, *la péronnelle* lui en donnerait.

Après quoi, elle sortit majestueusement.

M. de la Graverie, resté seul, tomba dans un désespoir profond.

En effet, il comprenait que toutes les langues de la ville allaient s'exercer à ses dépens; qu'il allait se trouver honni, vilipendé, montré au doigt; il vit comme un lac tranquille, comme un ciel serein, le miroir immaculé le calme dans lequel il avait vécu jusque-là, troublé à jamais, et il commença à penser qu'il avait peut-être agi bien légèrement en recueillant chez lui la jeune fille.

Black avait beau aller du lit de son ancienne maîtresse au fauteuil dans lequel était plongé le maître qu'il avait eu dans les six derniers mois; il avait beau remuer la queue, poser sa belle tête sur le genou du chevalier, lécher la main que celui-ci laissait pendre, tout cela ne signe de remerciment approbatif, rien ne pouvait tirer le chevalier de la Graverie des réflexions où il était plongé.

L'esprit de l'homme, comme l'Océan, a son flux et son reflux.

Dans ses réflexions, le chevalier ne songeait pas à moins qu'à se débarrasser tout à la fois de la jeune fille et de son épagneul, en les plaçant, l'un suivant l'autre, dans une maison de santé.

Un peu honteux de cette mauvaise pensée, il se disait tout ce qu'il pouvait pour l'atténuer : par exemple, que les gens les plus comme il faut allaient dans les maisons de santé, qu'il irait lui-même s'il était malade; que, là, si les soins étaient moins désintéressés, ils étaient, par contre, plus intelligents : l'habitude remplaçait le dévouement, etc.

Le flot montait, celui des mauvais sentiments!

Depuis que le chevalier possédait Black, il n'avait pas eu un jour entier exempt d'inquiétude, de préoccupation. Depuis six mois, le calme de son existence précédente avait disparu. A quel danger ne s'était-il pas exposé pour le recouvrer! La contagion n'allait-elle pas l'atteindre à son tour. surtout si, ne trouvant un domestique ni garde avant la soirée, il se trouvait forcé de veiller la jeune fille et de respirer, durant toute une nuit, les miasmes délétères qui s'échappaient de ce corps malade!

Le flot montait toujours; comme chaque vague pousse une vague, chaque pensée poussait une pensée.

N'était-il pas possible, se disait le chevalier, que le hasard seul eût mis au doigt de Thérèse l'alliance de Mathilde? La possession de cet anneau entraînait-elle cette conséquence que la malade fût la fille de madame de la Graverie? et puis, quand il eût été prouvé, au bout du compte, que la malade tînt à cette dernière par les liens du sang, était-ce bien au mari offensé de s'exposer à la mort pour sauver ce fruit de l'adultère?

La marée était haute, comme on le voit.

Cette pensée que la malade n'était point la fille de madame de la Graverie était devenue si impérieuse, que le chevalier résolut d'interroger Thérèse; mais la jeune fille était si faible, qu'il fut impossible à Dieudonné d'en obtenir une réponse.

En ce moment, les yeux du chevalier se portèrent sur la toilette, où étaient rangés dans un ordre parfait tous les ustensiles du capitaine; puis, par une succession d'idées toute naturelle, il en arriva à penser au nécessaire dans lequel ils avaient été enfermés, et particulièrement au mystérieux paquet que le chevalier devait remettre à madame de la Graverie si elle était encore vivante, et jeter au feu si elle était morte.

Il pensa que, dans ce paquet, se trouvait, selon toute probabilité, la solution du problème qui le préoccupait en ce moment, et, comme une fois sur la pente des mauvaises idées, on ne s'y arrête pas facilement, il résolut, malgré la défense de son ami, d'ouvrir le paquet et de se fixer à l'endroit de Thérèse, si toutefois, dans ce paquet, il était question d'elle.

Par suite de son parti pris d'éviter les émotions inutiles, jamais le chevalier n'avait ouvert le double fond de ce nécessaire, depuis le jour où il y avait renfermé le mystérieux paquet.

Depuis ce jour, il s'était constamment efforcé d'oublier, et ce paquet, et ce qu'il pouvait contenir, et la recommandation de son ami. Mais les événements extraordinaires qui venaient de bouleverser sa vie l'avaient jeté dans un ordre d'idées qui le fit passer par-dessus toutes ses répugnances.

Il restait convaincu que, dans le message que son ami Dumesnil adressait à madame de la Graverie, il trouverait quelques renseignements propres à débrouiller l'embarras de la situation.

Jamais, il est vrai, Dumesnil ne prononçait le nom de madame de la Graverie; mais il était bien certainement à présumer, pensait le chevalier, que le capitaine savait quelque chose de sa destinée.

M. de la Graverie, sous le poids d'une vive émotion, alla droit à l'armoire où il avait, à son retour de Papaéti, déposé le nécessaire.

Tout naturellement, le nécessaire était encore à la même place.

Le chevalier le prit, posa la lampe sur la cheminée, s'assit près du feu, mit le nécessaire sur ses genoux, ouvrit le premier compartiment, puis le second, et se trouva en face du fameux paquet avec ses larges cachets noirs.

Pour la première fois, le chevalier remarqua la couleur de la cire qui le scellait.

Il hésita à l'ouvrir.

Mais, enfin, continuant à suivre la pente des idées qui l'entraînaient, il déchira l'enveloppe.

Quelques billets de mille francs glissèrent entre les débris du papier et s'éparpillèrent sur le tapis.

Une lettre tout ouverte resta entre les mains du chevalier.

« Si votre femme vit encore au moment où vous rentrerez en France, remettez-lui le paquet ci-joint et les billets de banque qui l'accompagnent; mais, si, au contraire, elle est morte, ou si vous n'avez aucune espérance de savoir ce qu'elle est devenue, Dieudonné, au nom de l'honneur, rappelez-vous votre promesse, jetez ce paquet au feu, et employez l'argent en bonnes œuvres.

» Votre fidèle ami,
» DUMESNIL. »

Le chevalier tourna et retourna pendant quelques minutes le paquet entre ses doigts; il était, en somme, assez intrigué de savoir quel genre de relations avaient pu exister entre son ami et sa femme.

Une ou deux fois il porta la main à l'enveloppe du second paquet, comme il l'avait fait de l'enveloppe du premier; mais cette adjuration du capitaine : « Dieudonné, au nom de l'honneur, rappelez-vous votre promesse et jetez ce paquet au feu, » lui étant retombée sous les yeux, afin de ne pas céder à la tentation, il envoya le paquet au milieu des flammes.

Le paquet noircit d'abord, se tordit, s'effondra et laissa voir, au milieu d'une quantité de lettres, une mèche de cheveux qu'à leur nuance blond cendré, le chevalier de la Graverie reconnut pour avoir appartenu à Mathilde.

A cette vue, le chevalier ne fut plus maître de ses premières paroles, ni de son premier mouvement.

— Comment, diable! s'écria-t-il, Dumesnil avait-il des cheveux de ma femme?

Et, allongeant la main au beau milieu des flammes, il saisit la boucle de cheveux dans le papier qui l'enveloppait.

Il jeta le tout à terre et mit le pied dessus pour éteindre cheveux et papier qui brûlaient.

Puis, recueillant avec un soin minutieux ces débris à moitié dévorés par les flammes, il s'aperçut que des lignes de la main du capitaine étaient tracées sur le papier qui enveloppait les cheveux.

Mais le feu avait fait son œuvre. Au fur et à mesure qu'il le touchait, le papier tombait en cendres.

Enfin, un petit coin restait, roussi, mais non encore brûlé tout à fait.

Sur ce fragment, il parvint à déchiffrer ces mots :

« J'ai chargé M. Chalier *. . . . . . . . . . .
. . . . . . . votre fille. . . . . . en la
. . . . . sa surveillance . . . . . . . . »

Il se fit une lueur dans l'esprit du chevalier : il se rappela que le jeune docteur, devenu depuis le docteur Robert, lui avait dit, en parlant de la visite du capitaine à bord du *Dauphin*, visite fatale dans laquelle Dumesnil avait attrapé la fièvre jaune, que celui-ci était venu pour parler de son enfant à M. Chalier.

Dumesnil savait donc quelque chose des destinées de madame de la Graverie, même après avoir quitté la France? Il avait donc conservé des relations avec elle?

Comment, dans ce cas, le capitaine n'en avait-il jamais rien dit à son ami?

Quel avait été le rôle de Dumesnil dans toute cette catastrophe, qui avait bouleversé la vie du chevalier?

L'imagination du pauvre Dieudonné se mit à broder des variations sur ce thème. Le rôle qu'avait joué son défunt camarade dans la séparation du chevalier et de sa femme, avait de loin en loin fait naître quelques soupçons rétrospectifs dans l'esprit si confiant de ce dernier. La circonstance actuelle corrobora ces soupçons, leur donna une valeur qu'ils n'avaient jamais eue, et Dieudonné se demanda immédiatement si le capitaine Dumesnil avait toujours été aussi désintéressé dans son amitié que pendant les dernières années de sa vie.

Le chevalier fut obligé de s'avouer à lui-même qu'un mauvais soupçon lui mordait le cœur.

En ce moment, il tourna les yeux du côté de Black.

Black était assis au pied du lit; mais il ne regardait pas la malade; il semblait, au contraire, considérer le chevalier avec une attention profonde et méditative. Il y avait à la fois de la mélancolie et de l'appréhension dans ce regard : le chevalier crut voir des remords dans la façon dont l'animal abaissait de temps en temps ses paupières noires, — de la prière dans son attitude humble et soumise; enfin, il lui parut que le pauvre animal avait le sentiment de la crise dans laquelle ils entraient, et qu'il se demandait à lui-même : « Mon Dieu! comment le pauvre Dieudonné va-t-il prendre cette révélation? »

La physionomie de Black enleva la situation.

Le chevalier se leva de son siége, alla droit au chien, se jeta à genoux devant lui, et, le saisissant dans ses bras et le baisant à plusieurs reprises :

— Je te pardonne, ami! lui dit-il comme s'il eût eu réellement le pauvre Dumesnil sous les yeux; je te pardonne! j'oublie tout, excepté les sept années de bonheur et d'amitié que je dois à ton dévouement, les soins dont tu m'as comblé, l'appui que tu m'as prêté dans de bien tristes épreuves. Voyons, ne courbe pas ainsi la tête, frère; que diable! nous sommes tous des créatures fragiles et facilement vaincues par la tentation : les invaincus sont ceux qui n'ont pas rencontré le danger; et, au bout du compte, pauvre homme mortel que tu étais, il y a point de honte à succomber où les anges eux-mêmes ont failli; si seulement tu pouvais me répondre, si tu pouvais me dire si c'est ma... si c'est ta... si c'est notre... si c'est la fille de Mathilde enfin !

Comme s'il eût réellement entendu ces paroles, le chien se dégagea de l'étreinte du chevalier, se dressa sur ses pattes, se dirigea du pied au chevet du lit, et, là, se mit à lécher celle des mains de la malade qui pendait en dehors des draps.

Cette bizarre coïncidence du hasard, qui correspondait si bien avec la pensée du chevalier, lui parut une réponse de la Providence elle-même.

— C'est donc bien vrai! s'écria-t-il avec une exaltation qui touchait presque à la folie, c'est bien toi, mon pauvre Dumesnil! et Thérèse est ta fille ! Sois tranquille, ami, j'aimerai cette enfant comme tu l'eusses aimée si tu eusses vécu ; je veillerai sur elle comme tu as veillé sur moi ; je consacrerai ma vie à la rendre heureuse, et, dans ton humble condition, mon pauvre Black... non, je veux dire : mon pauvre Dumesnil... tu m'y aideras de tout ton pouvoir. Tu viens de me rendre un dernier service en me montrant quel était mon devoir. Non, non, cent fois non, je ne puis faire retomber sur cette enfant les fautes qui n'ont pas été les siennes, et le doute qui peut peser sur ma paternité. — D'ailleurs, continua le chevalier s'exaltant de plus en plus, qu'est-ce que cela, la paternité? Un mot que domine un fait, l'AFFECTION. — Tu verras, Dumesnil, tu verras jusqu'où peut aller celle que j'aurai pour cette enfant! »

Et, comme en ce moment la pauvre petite malade, d'une voix presque inintelligible, faisait entendre ces mots : « A boire! » le chevalier se précipita sur le verre chauffé par la veilleuse, et, sans plus s'inquiéter si le choléra-morbus était endémique ou contagieux, il passa une main sous la tête de la malade, la souleva, tandis que, de l'autre, il approchait le verre de ses lèvres.

Et, tandis qu'elle buvait en quelque sorte la vie des mains du chevalier, celui-ci, tout en l'embrassant, lui disait :

— Bois, Thérèse! bois, ma fille!... bois, chère enfant de mon cœur !...

## XXIV

*Où un rayon commence à filtrer à travers les nuages.*

Le chevalier de la Graverie ne voulut point, tout entier qu'il était à son émotion, retarder d'un instant l'accomplissement de la promesse qu'il venait de faire à l'âme de son ami, à l'endroit de celle qu'il supposait être sa fille.

Il remplaça immédiatement Marianne et installa celle qui devait lui succéder, sans s'inquiéter préalablement de ce que pouvaient être ses talents culinaires. Il l'avait prise sur une simple recommandation qui la lui désignait comme une excellente garde-malade.

Malgré cette recommandation que la nouvelle venue s'efforça de justifier, le chevalier ne trouva point que son zèle, à l'endroit des soins à donner à la jeune fille, fût à la hauteur des circonstances : il se chargea donc de ces difficiles fonctions, et s'y absorba si complètement, que, huit ou dix jours après, lorsque Thérèse commença à sortir de l'état de torpeur dans lequel elle était restée plongée après la terrible crise, le chevalier, osant pour la première fois quitter le chevet du lit de la malade pour jeter un coup d'œil sur son jardin, s'aperçut, avec une surprise mêlée de douleur, qu'il avait oublié de tailler ses rosiers, dont les branches gourmandes, allongées d'une façon démesurée, devaient nécessairement compromettre la floraison.

Pendant les premiers jours, ou plutôt pendant les premières nuits, le chevalier avait eu quelque peine à s'accoutumer à la fatigue, à la tension d'esprit, aux veilles que rendait nécessaires l'état de la pauvre malade, mais bientôt il s'était attaché à son œuvre et y avait découvert des jouissances inconnues.

Cette lutte contre la mort avec ses péripéties, ses inquiétudes, ses angoisses, ses joies inespérées, ses craintes subites, captivait singulièrement ce cœur encore vierge de grandes émotions ; c'était un duel avec un mobile bien autrement puissant que dans un duel ordinaire : dans un duel ordinaire, on combat pour battre la mort ; le chevalier combattait, lui, pour donner la vie; il y avait chez lui non-seulement point d'honneur, mais encore point de conscience. Lorsque la jeune fille allait plus mal, le chevalier éprouvait des rages sourdes contre la destinée et, pendant ces accès, il sentait centupler ses forces et son courage, il se dressait au chevet de l'enfant, défiant la maladie, et l'appelant pour l'étreindre et l'étouffer ; et il se demandait comment, dans son enfance oiseuse, dans sa jeunesse inoccupée, il n'avait point songé à étudier cette science de sauver les hommes, pour ne devoir à personne, pour ne devoir qu'à lui-même, à lui seul, la vie de celle qu'il appelait son enfant.

Puis, lorsqu'il s'était endormi, parfois écrasé de fatigue, et le désespoir dans le cœur, avec quelle anxiété ne venait-il pas, le matin, au chevet du lit, pour y étudier la respiration oppressée de la malade ! Jamais il n'avait connu de satisfaction aussi complète que celle qu'il éprouva lorsqu'il s'aperçut que le pouls de la jeune fille, d'abord lent et irrégulier, gagnait en calme et en force, que ses yeux se dégageaient de l'opacité vitreuse qui en ternissait l'éclat, que ses lèvres, blêmes jusqu'à la lividité, reprenaient leurs teintes rosées ; et c'était alors avec tout l'orgueil d'un triomphateur et la plus entière bonne foi qu'il se demandait comment il existait des gens qui préféraient les jouissances mesquines et fugitives de l'égoïsme à ces chaudes et ineffables joies de la conscience s'applaudissant elle-même.

Et il oubliait, en se faisant cette question, que, pendant quinze ans, il s'était fait une religion de cet égoïsme qu'il anathématisait.

Pendant les longues journées que le chevalier de la Graverie passa au chevet de la malade, sans être distrait de ses pensées par autre chose que les soins qu'il avait à lui donner, il réfléchit longuement à sa position et à celle de la jeune fille.

La paresse de son esprit, sa peur des ennuis étaient telles, que, depuis quinze ans, il n'avait jamais pris la peine d'y songer.

Il se rappelait bien avoir remis à son frère un pouvoir que celui-ci lui avait demandé pour poursuivre la séparation de corps du chevalier et de sa femme ; mais cela ne lui expliquait pas le moins du monde comment Mathilde s'était décidée à abandonner son enfant.

Depuis ses infortunes conjugales, le chevalier, n'oubliant pas la part venimeuse que son frère y avait prise, avait toujours éprouvé une vive répugnance à revoir ce frère aîné ; et, depuis son retour en France, c'est à peine si, de loin en loin, il recevait de ses nouvelles, et il hésitait à lui demander un éclaircissement sur ce qui s'était passé après son départ, touchant la destinée de madame de la Graverie.

Thérèse ne revenait que très-lentement à la santé ; après la terrible secousse que le choléra imprime au corps humain, ou la santé se rétablit très rapidement, si bien qu'il y a retour immédiat de la maladie à la santé, comme il y a eu passage subit de la santé à la maladie ; ou bien la convalescence languit et perpétue les craintes que l'on avait conçues pour la vie du malade. La jeune fille était dans ce dernier cas.

Son état de grossesse compliquait la situation, et elle était toujours si languissante, que le médecin recommandait chaque jour au bon chevalier d'éviter de lui causer la moindre émotion, certain qu'il était que cette émotion pouvait avoir pour Thérèse les conséquences les plus graves.

Cependant, Dieudonné était bien impatient d'interroger Thérèse : vingt fois il avait commencé une phrase qui devait l'amener à une confidence, et vingt fois il s'était arrêté en balbutiant.

Enfin, un jour, on avait pu lever la jeune fille ; elle était assise près de la fenêtre dans le grand fauteuil du chevalier ; elle recevait, avec cette volupté que l'on voit à tous les malades, la chaleur vive et pénétrante du soleil auquel elle était exposée, et la brise toute parfumée des roses du jardin caressait quelques mèches blondes qui s'échappaient de dessous son petit bonnet.

De temps en temps, elle se retournait pour regarder M. de la Graverie, qui, debout derrière elle, les deux mains appuyées sur son fauteuil, la considérait avec amour ; elle, de son côté, lui pressait la main et la baisait avec une effusion à la fois enfantine et reconnaissante ; puis elle retombait dans une profonde rêverie, et ses yeux se promenaient sur le jardin, dont les massifs de rosiers étaient en ce moment émaillés de mille fleurs de nuances différentes.

Le chevalier se pencha vers elle.

— A quoi songez-vous, Thérèse ? lui demanda-t-il.

— Ce que je vais vous répondre vous paraîtra bien niais, monsieur le chevalier, répondit la jeune fille, mais je ne songe à rien, et, cependant je me complais dans cette rêverie. Demandez-moi ce que je regarde quand je regarde le ciel, et je vous répondrai la même chose ; je ne regarde rien, et cependant mon œil est fixé sur ce qu'il y a de plus grand, de plus beau, de plus incompréhensible au monde ; non, j'éprouve un bien-être ineffable, il me semble que je suis transportée dans une autre sphère que celle où j'ai vécu jusqu'ici et où j'ai tant souffert. Là où je suis transportée, tout est grand, tout est bon, comme aussi tout est beau !

— Chère petite, murmura le chevalier en essuyant une larme qui perlait au coin de son œil.

— Hélas ! continua d'un ton profondément triste, en se retournant vers le chevalier, Thérèse, qui n'avait pas vu cette larme, pourquoi m'éveillez-vous ? Ce bonheur, comme tous les bonheurs d'ici-bas, n'était qu'un rêve ; mais ce rêve était si doux, et le réveil est si triste !

— Avez-vous à vous plaindre de quelqu'un ou de quelque chose, mon enfant ? Trouvez-vous les soins que l'on vous rend ici insuffisants ? Parlez ! Vous devez bien vous apercevoir, cependant, que le désir de vous voir heureuse est devenu ma seule préoccupation.

— Vous m'aimez donc ? demanda l'enfant avec une charmante naïveté.

— Si vous ne m'inspiriez une sincère et profonde affection, serais-je pour vous ce que je suis, ou plutôt ce que je tâche d'être, Thérèse ?

— Mais comment et pourquoi m'aimez-vous ?

Le chevalier hésita un instant avant de répondre.

— Parce que vous me rappelez ma fille, dit-il.

— Votre fille ? demanda Thérèse ; vous l'avez donc perdue, monsieur ? Oh ! je vous plains, alors ; car je sens que, si Dieu m'enlevait l'enfant qu'il a mis dans mon sein pour me consoler de mes misères, rien ne me retiendrait plus dans ce monde, où je ne me résigne à rester qu'en songeant à la tendresse et à l'amour que, dans l'avenir, me réserve ce cher petit être.

C'était la première fois que la jeune fille parlait de son état, et elle le faisait avec une aisance qui n'était pas de l'impudeur, mais qui, cependant, parut étrange à M. de la Graverie. Il jugea à propos de détourner la conversation, et il pensa que le moment était favorable pour interroger Thérèse sur son passé.

— Vous avez donc été malheureuse, pauvre chère enfant ? lui demanda-t-il.

— Oh ! oui ! si malheureuse, que, souvent, je me suis demandé si le Dieu des pauvres était bien le même que celui des riches. Je suis toute jeune encore, n'est-ce pas ? puisque je n'ai pas dix-neuf ans ; eh bien, je crois qu'il n'y a pas une des misères qu'il ait envoyées sur la terre que je n'aie connue.

— Mais votre famille ?

— Ma famille, du moins celle que je connais, se composait d'une pauvre vieille femme qui ne pouvait que souffrir comme moi et qui souffrait avec moi. Oh ! celle-là aussi a bien rempli sa tâche sur la terre.

— C'était... votre mère ? demanda avec émotion le chevalier.

— Elle m'appelait sa fille ; mais, maintenant que j'ai l'âge de réflexion, je ne crois point qu'elle pût être ma mère : elle était trop vieille pour cela ; d'ailleurs, quand je ferme les yeux et que je cherche au fond de ma pensée, je vois bien loin, comme dans un rêve, une première enfance qui ne ressemble en rien à la seconde, c'est-à-dire à celle qui eût été la mienne si j'eusse été l'enfant de la mère Denniée.

— Et que vous disent vos souvenirs sur cette enfance ? demanda vivement le chevalier, Oh ! dites, dites, Thérèse ! vous ne sauriez croire, vous ne pouvez comprendre quel prix j'attache à ce que vous allez me raconter ; car je ne doute pas, mon enfant, que vous n'ayez assez de confiance en moi pour me dire tout ce que vous savez.

— Hélas ! monsieur, je ne demande pas mieux que de vous tout dire ; mais je ne me rappelle rien de bien précis ; seulement, je suis bien certaine de n'avoir pas toujours été couverte des haillons qui sont devenus la livrée de mon adolescence. Je me rappelle surtout que, lorsque je passais devant les Tuileries, ma pauvre mère adoptive avait toujours à me consoler ; car je pleurais en la priant de me laisser, comme dans ma première enfance, aller jouer au cerceau et à la corde sous les marronniers.

— Et pas une des figures que vous avez vues dans cette première enfance ne s'est gravée dans votre mémoire ?

— Pas une ! je ne me souviens ni quand ni comment j'ai passé de l'aisance ou de la richesse au galetas qu'habitait la mère Denniée ; j'y ai vécu dix ans bien malheureuse, allez, monsieur ! elle était bonne cependant, la pauvre femme ; elle m'aimait autant que les pauvres peuvent aimer ; car, quoi que l'on en dise, monsieur, cela dessèche fièrement le cœur, la misère, et, lorsqu'on n'a pas de pain, lorsque depuis vingt-quatre heures la faim frappe à votre porte, lorsqu'en regardant autour de soi l'on ne trouve sans ressources, sans espérances ; lorsque Dieu est si rude à ses enfants, il est bien difficile d'être doux aux autres ! Aussi, dans ces moments-là, quand l'ouvrage n'allait pas, que nous étions forcés d'aller mendier à la porte de quelque restaurant de la barrière de Vaugirard, et que je n'avais pu rencontrer la pitié sur ma route, la mère Denniée me battait quelquefois ; mais cela ne durait pas, sa colère tombait avec mes premières larmes ; elle me demandait pardon, elle m'embrassait, je pleurais avec elle, et, pour quelques instants, nous oubliions nos misères.

— Et comment avez-vous quitté votre mère adoptive, chère enfant ?

— Hélas ! ce n'est pas moi qui l'ai quittée, monsieur, c'est elle qui est partie pour un monde meilleur que le nôtre. J'avais quinze ans dans les derniers jours de sa maladie ; elle m'avait tant exhortée au courage, à la vertu et à la résignation, que, quand je l'eus accompagnée à sa dernière demeure, quand je l'eus vue descendre dans la fosse commune, où elle allait rejoindre ses compagnons d'épreuves sur terre, et que j'eus adressé au bon Dieu une fervente prière, je me relevai plus forte et meilleure que je ne m'étais jamais sentie ; j'avais, malgré mon jeune âge, déjà entrevu les dangers qui m'attendaient dans mon isolement, et, ne pouvant, ne voulant pas les braver, je résolus de les fuir. J'allai trouver des religieuses qui me placèrent en apprentissage ; par malheur, en peu de temps, je devins une ouvrière très-habile.

— Qu'y eut-il donc de malheureux à cela, pauvre chère petite ?

Thérèse se cacha la tête entre ses mains.

— Voyons, voyons, parlez, dit le chevalier du ton le plus encourageant.

— Sans doute, il faut que je parle, répondit l'enfant, et vous qui êtes bon, vous qui êtes miséricordieux, vous pardonnerez, en votre nom et au nom du monde, à la pauvre isolée. Vous dites que vous voulez me servir de père ; il faut donc que vous surtout sachiez toute la vérité, afin de connaître votre fille adoptive ; puis il me semble que, lorsque je vous aurai tout dit, lorsque vous saurez ce qui peut rendre ma faute excusable, je serai plus à l'aise avec vous.

— Parlez, mon enfant, et comptez sur mon indulgence ; elle sera d'accord avec ma tendresse pour vous épargner ce que cet aveu peut avoir de trop pénible.

— Oh ! oui, oui, soyez tranquille, vous saurez tout, répliqua Thérèse en étendant vers le chevalier une main que celui-ci serra paternellement entre les siennes.

» A dix-sept ans, comme je vous le disais tout à l'heure, j'étais donc devenue la plus habile ouvrière de mon atelier, et l'on me plaça chez une des premières lingères de la rue Saint-Honoré.

» Un jour, un jeune homme, accompagné de son père, se présenta chez madame Dubois — c'est le nom de la personne chez laquelle j'étais — pour y commander différents objets qui devaient figurer dans la corbeille de noces qu'il offrait à sa fiancée ; je ne pourrais pas vous dire comment était le père, je ne vis que le jeune homme. Au premier aspect, il n'était cependant pas d'un extérieur bien remarquable. Pourquoi ne pus-je détacher mes yeux de lui ? C'est ce que je ne saurais dire, à moins de mettre la chose sur le compte de la fatalité ; il me sembla, au reste, que lui-même m'avait énormément regardée, et le reste de la journée et une partie de la nuit, que je passai sans dormir, je fus tout agitée.

» Le lendemain, il revint sous prétexte d'ajouter quelques recommandations à celles qu'il avait faites la veille, et, cette fois, il me sembla qu'il me regardait avec encore plus de persistance que la première fois. Moi, ce second jour, je fus toute troublée, et à peine osai-je lever les yeux sur lui ; au moment où il avait mis la main sur le bouton de la porte pour entrer dans la chambre où j'étais, quoique je ne l'eusse point vu encore, quoique rien ne m'eût dit que c'était lui, je m'étais senti froid au cœur...

» Puis, en le voyant, au contraire, quelque chose comme une flamme avait passé dans mes veines, qui me fit bondir la poitrine pendant tout le reste de la journée ; le lendemain, il revint encore, puis le surlendemain ; il était si doux, si bon, si affectueux, que le sentiment vague et indéfini que, dès le premier jour, j'avais ressenti pour lui, ne tarda point à prendre un caractère plus déterminé. Je compris que je l'aimais, et le penchant qui me poussait vers lui était si impérieux, que je ne songeai point un seul instant que, dans quelques jours, il allait donner son nom et sa main à une autre qui peut-être avait déjà son cœur.

» Et cependant, celle-là, je la voulus connaître. J'avais la direction de l'atelier en l'absence de la maîtresse de la maison ; un jour qu'elle était en course, je mis quelques chiffons dans un carton, je sortis et je me dirigeai vers l'hôtel où je savais que demeurait la fiancée de celui que j'aimais si follement.

» Je demandai mademoiselle Adèle de Clermont.

» C'était ainsi qu'elle s'appelait.

» On me fit longtemps attendre.

» Chaque coup de sonnette qui venait du dehors me retentissait dans le cœur, je croyais toujours que c'était lui.

» Enfin, on m'introduisit auprès de la jeune fille.

» Elle pouvait avoir vingt quatre ans ; elle était grande, noire, sèche ; elle avait l'air impérieux, la physionomie méchante. Mon cœur palpita de joie. Henri — il s'appelait Henri — ne pouvait aimer une telle femme.

» Je prétextai quelques mesures à prendre ; puis, ces mesures prises, je sortis sous le coup d'une émotion profonde.

» J'allais descendre les dernières marches de l'escalier, lorsque ma main, qui tenait la rampe, rencontra une autre main.

» Je levai la tête et je reconnus Henri.

» Sa préoccupation égalait probablement la mienne ; car nous ne nous étions aperçus ni l'un ni l'autre.

» Ce fut lui qui parla le premier.

» — Vous ici, mademoiselle ? s'écria-t-il.

» — Oh ! pardonnez moi, pardonnez-moi ! fis-je à mon tour ; mais je voulais la connaître.

» Je tombai dans ses bras en prononçant ces paroles. Il me serra sur son cœur, ses lèvres rencontrèrent les miennes, et il me sembla, folle que j'étais, que cette étreinte, scellée d'un baiser, nous avait unis d'un lien indissoluble.

» Le lendemain, nous nous promenions ensemble au bois de Boulogne ; il me disait qu'il m'aimait, je lui répondais que je l'aimais. Pendant quinze jours, ces promenades se renouvelèrent tous les soirs. Ce fut là le temps le plus heureux de ma vie ; pauvre isolée que j'étais, sans personne pour me dire si je faisais bien ou mal, j'ouvrais mon cœur au présent, et fermais mes yeux à l'avenir ; toute ma tendresse pour lui, je ne lui demandais pas ce qu'il comptait faire. Je vivais au jour le jour, me contentant du bonheur de le voir, m'enivrant du plaisir de l'entendre, sans songer un seul instant que ce bonheur pût jamais me manquer.

» Un jour, il ne vint pas au rendez-vous.

» Je rentrai chez moi à moitié folle d'inquiétude ; j'y trouvai une lettre de Henri. Cette lettre renfermait ses adieux.

» Il me disait qu'au moment de rompre avec sa fiancée, la force lui avait manqué ; que l'idée de déshonorer une jeune fille par le scandale de cette rupture au moment même où l'union allait se conclure, avait triomphé de son amour ; qu'il ne pouvait se décider à cesser d'être un honnête homme ; qu'il serait malheureux toute sa vie de l'idée que j'aurais pu lui appartenir, et qu'il me suppliait de l'oublier pour n'être pas malheureux de son malheur et du mien.

» Hélas ! je ne le pouvais plus.

» Je demandai qui avait apporté cette lettre. On me dit que c'était un jeune homme de vingt-cinq ans, habillé en militaire, et qui ressemblait de telle façon à Henri, qu'on avait cru d'abord que c'était lui.

» L'intervention de ce jeune officier jetait un mystère étrange sur cet événement.

» Mais ce qu'il y avait de réel, c'était cette lettre, cette lettre que je tenais à la main, que j'avais déjà lue et relue, et qui était bien de son écriture.

» Cette lettre, c'était mon arrêt : peu importait celui qui l'avait apporté !

» Depuis que j'avais lu cette fatale lettre, le monde était vide pour moi ; il me semblait que, comme une ombre, j'errais dans un vaste cimetière tout semé de tombes.

» Chacune de ces tombes renfermait un souvenir de lui : je m'arrêtais sur toutes, et je pleurais.

» C'était comme un rêve.

» Lorsque je sortis de cet état d'hallucination, le jour était venu, et ce jour me faisait mal ; je me demandai comment le soleil pouvait encore éclairer la terre lorsque Henri ne m'aimait plus ; comment des hommes et des femmes pouvaient encore vivre, chanter, s'occuper d'affaires indifférentes, lorsque mon cœur était si désolé !

» Je résolus de fuir ce bruit, cette agitation, cette vie de Paris qui me brisait le cœur.

» Je sortis comme une folle, sans me demander où j'allais.

» Où j'allais, c'était où j'avais été avec lui.

» Machinalement, instinctivement, sans voir autour de moi, sans sentir les gens qui me heurtaient, je pris la route du bois de Boulogne, où, depuis quinze jours, il me conduisait tous les soirs.

» J'errai longtemps, m'arrêtant successivement dans tous les endroits où je m'étais arrêtée avec lui ; il me semblait que la brise, en jouant dans les feuilles, leur faisait redire les paroles d'amour que j'avais eu tant de bonheur à écouter ; je tressaillais tout à coup, croyant entendre sa voix qui m'appelait ; je m'arrêtais, croyant reconnaître la trace de ses pas sur le sable ; c'était lui que je voyais venir dans chaque homme trop loin encore pour que je reconnusse ses traits.

» Je marchai ainsi pendant la plus grande partie de la journée.

» Je n'avais rien pris depuis la veille ; mais je ne songeais pas à manger : une fièvre ardente me soutenait.

» Peu à peu, le désespoir prit le dessus sur cette espèce de mirage, qui n'était, si l'on peut parler ainsi, que les dernières bouffées de l'espérance ; je pensais moins à lui et davantage à moi ; je mesurai l'isolement dans lequel il me laissait, comme un voyageur perdu dans un désert mesure un infranchissable horizon. Je ne compris pas que rien pût me tirer de l'abîme, me consoler, me ramener au jour, à la vie, au bonheur ; vaincue par la douleur, par la fatigue, par l'insomnie, je me laisai tomber sur le gazon, au pied d'un arbre, dans un endroit isolé, et je m'évanouis.

» Lorsque je revins à moi, je n'étais plus seule ; un chien noir était à mes côtés et semblait me regarder avec tendresse.

» J'entendis plusieurs fois dans le lointain retentir le nom de Black ; mais le chien secouait la tête comme pour dire : « Vous pouvez appeler, je n'irai pas. »

» Quant à moi, je n'avais ni la force ni de le chasser, ni de le retenir. Je le regardais d'un air hébété ; car je n'avais point encore complétement repris ma raison ; puis j'eus peur et tentai de l'écarter de moi avec la main ; il me lécha la main avec tant d'affection, que je compris qu'il ne voulait point me faire de mal.

» Je me levai, et il me suivit.

» Je commençais à me souvenir et à sortir du présent, pour rentrer dans le passé.

» — Henri ! Henri ! Henri !

» Je répétais ce nom; et, à chaque fois, mon malheur se représentait plus visible et plus douloureux devant moi.

» Je me demandai si, orpheline, sans père ni mère, jeune fille sans appui, amante sans amant, je pouvais vivre encore quand ma vie semblait être dans le besoin d'aimer et d'être aimée.

» Mon cœur me répondit que non.

» Alors, je me mis à songer avec envie à cet autre monde, dont l'âme, dont l'esprit, dont l'essence est l'universel amour.

» Dans ce monde meilleur, Dieu, qui avait mis en mon âme l'ineffable tendresse que j'avais pour *lui*, ne refuserait certes pas de me réunir à *lui*.

» Je résolus d'aller l'attendre dans ce monde des âmes, afin d'être la première qu'il trouverait en entrant.

» Je m'orientai.

» J'étais du côté de Neuilly ; j'aperçus dans le crépuscule la silhouette noire des grands peupliers qui bordent la Seine ; la rivière, c'est-à-dire la mort, n'était qu'à deux pas ; Dieu m'avait donc entendue.

» Je me dirigeai de ce côté avec une décision aussi profondément arrêtée que si elle eût été prise les longtemps.

» Le chien me suivit ; mais je n'y fis pas même attention.

» J'avais à peu près perdu le sentiment de tous les objets extérieurs ; je ne sais comment ils apparaissaient à mes yeux, mais ils n'arrivaient plus à mon cœur comme une espèce de vision.

» Je m'arrêtai tout à coup ; le fleuve était devant moi, l'eau roulait sombre et rapide.

» J'étais si bien résolue à quitter la vie, que je m'y fusse précipitée à l'instant même, si je n'eusse point pensé subitement à Dieu, devant lequel j'allais paraître.

» Je tombai à genoux au bord du fleuve ; ma poitrine s'ouvrit, pour ainsi dire, afin de laisser aller droit à Dieu mon cœur et ma pensée.

» Je lui représentai que, s'il donne à chaque créature humaine sa croix à porter, il avait fait la mienne trop lourde pour mes faibles épaules, et que, tombant écrasée sous son poids, il m'était impossible de la porter plus loin ; je lui demandai de m'adoucir le suprême passage de la vie à la mort, de me recevoir dans son sein et surtout de laisser au cœur de mon Henri un germe d'amour qui pût refleurir là-haut.

» Je me relevai aussi calme que si Dieu lui-même m'eût touchée du doigt ; puis, faisant un pas et fermant les yeux, je m'élançai dans le fleuve...

» Je fus soudain prise, enveloppée, roulée comme dans un linceul humide...

» Mais, au milieu du lugubre bourdonnement que faisait l'eau qui bouillonnait à mes oreilles, il me sembla entendre le choc d'un second corps au-dessus de ma tête.

» Presque immédiatement, je sentis que l'on me tirait violemment par ma robe. J'avais peur, quoique ma résolution fût bien arrêtée, oh ! bien peur de la mort !

» J'avais, une fois dans l'eau, ouvert les yeux ; les glauques profondeurs de la rivière m'avaient épouvantée.

» En me sentant saisir ainsi, je crus que c'était la froide main de la Mort qui m'entraînait dans l'abîme...

» J'ouvris la bouche pour jeter un cri : ma bouche s'emplit d'eau, des étincelles bleuâtres pétillèrent tout autour de moi, et je m'évanouis.

» Puis, et longtemps après, probablement, j'entendis autour de moi des voix humaines ; tout entière à ma pensée de mort, je me crus morte et dans ce monde tant désiré.

» Enfin, le sentiment me revenant peu à peu, je fis, pour ouvrir les yeux, un prodigieux effort.

» J'étais dans la chambre basse d'un de ces cabarets qui bordent les rives de la Seine.

» J'étais couchée sur un matelas posé sur une table.

» Je crus rêver encore.

» Mais j'aperçus, devant le feu qui éclairait la chambre, le chien noir allongé sur ses pattes et léchant avec sa langue son poil tout humide. Je compris alors que l'on m'avait sauvée.

» Puis je me rappelai peu à peu — chaque chose revenant l'une après l'autre — tout ce qui s'était passé.

» Puis, tout bas, je murmurai un nom resté dans mon souvenir.

» C'était le nom du chien — Black.

» Black m'entendit-il ? Black me devina-t-il ? Le fait est qu'il se leva et vint à moi.

» Je sentis l'impression de sa langue tiède sur ma main glacée.

» Ce fut ma première sensation venue du monde extérieur.

» Je fis un mouvement et poussai un soupir.

» Tous ceux qui se trouvaient dans la chambre se groupèrent autour de moi.

» On me fit avaler quelques gouttes de vin chaud, et l'on me dressa contre des oreillers amoncelés derrière moi.

» Alors, chacun parlant à la fois et tous ensemble, j'appris ce qui était arrivé.

» Avertis par les hurlements du chien, puis par le bruit de deux corps tombant à l'eau, les braves gens qui habitaient cette maison avaient couru au bord de la rivière ; là, ils avaient aperçu le chien noir qui m'avait ramenée à la surface de l'eau, mais qui, n'étant pas assez fort pour me tirer sur la berge, suivait le courant.

» Comme je n'étais qu'à quelques pas de la rive, un marinier s'était jeté à l'eau et m'avait amenée à terre. Le reste s'expliquait tout seul.

» En ce moment entrait un magistrat, commissaire de police ou juge de paix, je ne sais lequel : il venait d'être averti de l'évènement et accourait le constater.

» Il me trouva vivante, me fit une admonestation paternelle et exigea de moi le serment de ne plus attenter à ma vie.

» On me chauffa un lit, on me coucha, et je ne quittai la maison de ces braves gens que le lendemain.

» Je tirai de ma poche le peu d'argent que j'avais, pour payer, non pas le service rendu, mais la dépense que j'avais occasionnée.

» Au premier mouvement que je fis, l'homme posa la main sur mon bras.

» Je pris cette main, que je serrai, et j'embrassai la femme.

» Puis je montai dans un fiacre que l'on avait été prendre à Neuilly, ayant bien soin de faire monter avec moi mon sauveur Black, et je revins à Paris.

» Mais mes absences continuelles depuis quinze jours, celle que la veille j'avais faite, avaient mécontenté madame Dubois, qui me signifia qu'elle m'avait remplacée.

» Je résolus de quitter Paris ; Paris m'était devenu odieux.

» J'avais été en relation, pendant le temps que j'étais restée chez madame Dubois, avec mademoiselle Francotte, de Chartres ; elle m'avait souvent dit, si je me décidais à aller en province, de songer à elle. Je montai dans la diligence de Chartres, suivi de Black, et j'arrivai chez elle, où elle me donna aussitôt une place dans son magasin...

— Mais Henri, Henri, s'écria le chevalier, vous n'avez pas eu de ses nouvelles? il vous a abandonnée ainsi sur le point de devenir mère? Oh ! le malheureux !

— Henri ?... Oh ! non, monsieur, lui m'aimait trop pour ne pas me respecter ; je suis sortie pure de tant de doux épanchements, et, certes, je ne lui eusse rien refusé, je l'aimais tant ! mais il ne m'a jamais demandé que ces innocentes caresses que j'étais si heureuse de lui prodiguer.

— Mais alors, demanda le chevalier de la Graverie tout étonné, comment, avec un si profond attachement dans le cœur, avez-vous pu sitôt l'oublier?

— Hélas ! monsieur, répondit Thérèse en secouant la tête, c'est justement cet amour pour lui qui m'a perdue, et vous ne connaissez encore que la moitié de mes malheurs.

— Achevez donc, chère enfant, achevez, si toutefois vous vous sentez assez de force pour ces tristes confidences.

» — Quelques jours après mon arrivée à Chartres, continua Thérèse, comme, en portant un carton en ville, je marchais tête baissée, j'allai donner dans deux officiers qui, par plaisanterie, faisaient une chaîne de leurs deux bras et me barraient la rue ; je relevai la tête, et, ayant jeté les yeux sur l'un des deux militaires, je m'écriai : « Henri ! »

» Je m'appuyai contre la muraille pour ne pas tomber.

» En me voyant si pâle et près de défaillir, les deux jeunes gens me firent leurs excuses, ne pensant pas, disait-celui sur lequel mon regard restait constamment fixé, qu'une innocente plaisanterie pût avoir de pareilles conséquences.

» Mais, moi, de plus en plus sous l'empire de cette vision, je redisais, les lèvres tremblantes :

» — Henri ! Henri ! Henri !

» — Mademoiselle, me dit enfin l'officier en souriant, je suis désespéré de ne pas m'appeler Henri, puisque ce nom vous rappelle de tendres souvenirs, mais c'est mon frère qui s'appelle Henri ; moi, je m'appelle Gratien. Bienheureux que je serais si mon nom restait aussi dans votre mémoire.

» — Si vous n'êtes pas Henri, alors, par grâce, laissez-moi passer, monsieur.

» Black grognait sourdement, et menaçait de se jeter sur les officiers.

» — Mademoiselle, dit celui qui s'était nommé Gratien, nous n'avons jamais eu l'intention de vous retenir.

» — Seulement, dit le compagnon de M. Gratien, nous avons vu venir à nous une jeune fille qui marchait·la tête inclinée ; nous nous sommes dit, Gratien et moi : « Une si belle personne doit avoir de bien beaux yeux ; » alors nous nous sommes mis sur votre chemin pour vous forcer de lever les yeux ; vous les avez levés, nous sommes pleinement satisfaits, mademoiselle ; ils sont encore plus beaux que nous ne pouvions le supposer.

» Et, en disant ces mots, le jeune officier frisait sa moustache d'un air si impertinent, qu'il m'effraya.

» — Messieurs ! m'écriai-je, messieurs !

» Plusieurs personnes s'étaient approchées, attirées, sans doute, par l'expression de crainte qu'il y avait dans ma voix.

» — Que faites-vous donc à cette enfant ? demanda un vieux monsieur à moustaches.

» — Mais rien, absolument rien, répondit en goguenardant l'ami de M. Gratien ; quelques compliments, voilà tout.

» — De mon temps, messieurs, et quand j'avais l'honneur de porter l'uniforme, nous ne faisions aux jeunes filles que des compliments qu'elles pussent entendre sans pâlir et sans appeler au secours.

» Puis, se retournant vers moi :

» — Donnez-moi votre bras, mon enfant, dit-il, et venez.

» J'étais tellement émue, tellement étourdie de ce qui venait de m'arriver, que je donnai le bras au vieux monsieur, et que, aussi vite que la faiblesse de mes jambes me le permit, je m'éloignai des deux officiers.

» Au bout de cinquante pas, le vieillard me demanda :

» — Avez-vous encore besoin de moi, mademoiselle, et croyez-vous que ma protection vous soit utile encore?

» — Non, monsieur, lui répondis-je, et je vous remercie de toute mon âme.

» Puis, comme s'il était au courant de ce qui se passait dans mon cœur :

» — Oh ! lui dis-je, c'est qu'il ressemblait tant à Henri.

» Et, le remerciant une seconde fois, je m'éloignai.

» Le vieux monsieur me suivit des yeux avec étonnement ; en effet, je dus lui paraître folle !...

## XXV

### La surprise.

» — En rentrant au magasin de mademoiselle Francotte, poursuivit Thérèse, je prétextai un violent mal de tête, et demandai la permission de me retirer un instant dans l'arrière-boutique.

» J'avais besoin de reprendre mes esprits.

» J'étais si pâle, que l'on ne douta point un instant de mon indisposition. Mademoiselle Francotte elle-même voulut me soigner ; mais je la priai de me donner un verre d'eau et de me laisser seule.

» Elle fit ce que je demandais.

» Une fois seule, je me mis à réfléchir.

» Alors, je me rappelai cette lettre apportée au magasin de madame Dubois, en mon absence, par un officier qui ressemblait tellement à M. Henri, qu'on l'avait pris pour lui.

» Je me rappelai l'exclamation du jeune officier s'écriant :

» — Ce n'est pas moi qui m'appelle Henri : c'est mon frère.

» Je me rappelai, en outre, que Henri, une ou deux fois, m'avait parlé d'un frère jumeau qu'il avait, et qui était tout son portrait : tellement, que, dans leur enfance, les parents des deux enfants, pour les reconnaître, étaient forcés de leur faire mettre des vêtements de couleurs différentes.

» Tout s'expliquait. Gratien était venu pour le mariage de Henri, et Henri avait chargé Gratien, son meilleur ami, de porter au magasin la lettre qui avait failli causer ma mort.

» Le mariage fait, Gratien était venu reprendre sa garnison à Chartres. Je l'avais rencontré la veille ; j'avais cru rencontrer Henri ; rien de plus simple que tout cela.

» Seulement, pour moi, avec ma disposition de cœur et d'esprit, tout devenait une menace.

» En ce moment, j'entendis se refermer la porte de la rue, et, à travers le double vitrage qui me séparait du magasin, je vis entrer un jeune officier que je reconnus pour Gratien.

» Il venait acheter des gants.

» Sans doute, intrigué de l'aventure, il m'avait suivie ou s'était informé, et l'achat des gants n'était qu'un prétexte pour savoir qui j'étais.

» Je m'appuyai toute tremblante sur une commode dont le marbre rafraîchissait mes mains brûlantes. Il resta près d'un quart d'heure dans le magasin sous différents prétextes, et s'en alla en jetant un regard désappointé autour de lui.

» Cette station dans le magasin n'étonna point, d'ailleurs, mademoiselle Francotte. Comme nous étions là quatre ou cinq jeunes filles, dont la plus âgée n'avait pas vingt ans, ces messieurs de la garnison, sous prétexte de commander des chemises ou d'acheter des gants, faisaient de fréquentes visites au magasin. Mademoiselle Francotte y trouvait son compte, et nous recommandait deux choses : bonne mine et doux sourires au magasin, sévérité partout ailleurs.

» Maintenant que le jour s'était fait dans mon esprit, je n'avais plus aucune raison de rester dans l'arrière-boutique ; je rentrai donc dans le magasin et repris ma place accoutumée au comptoir.

» Ces demoiselles parlaient du bel officier qui venait de sortir. C'était la première fois qu'on le voyait chez mademoiselle Francotte, et vous figurez bien ce que quatre langues de quinze à dix-huit ans avaient à dire sur un bel officier de vingt-cinq.

» On me plaignit fort de ne pas avoir été là quand il était venu.

» Mais on le reverrait bien certainement : il était resté un quart d'heure ; sans doute, en restant un quart d'heure, avait-il une intention.

» J'écoutais ce bavardage, les yeux fermés, et sans y mêler une parole ; moi seule eusse pu jeter la lumière sur la discussion, mais je n'avais garde.

» Le lendemain, j'eus à sortir. Ce ne fut qu'en tremblant que je mis le pied dehors. J'avais peur de rencontrer M. Gratien, et, en même temps, je mourais d'envie de le voir : il n'y avait qu'avec lui que je pusse parler de Henri, et mon pauvre cœur avait soif de cette joie.

» Au reste, à peine avais-je fait cent pas, que je rencontrai le jeune officier.

» Je restai clouée à ma place.

» Il s'approcha de moi.

» — Mademoiselle, me dit-il, veuillez recevoir mes excuses pour la frayeur que nous vous avons causée, mon camarade et moi. Je n'avais pas attendu à aujourd'hui pour vous les faire, et, quand j'ai appris dans quel magasin vous étiez, je me suis empressé de m'y présenter. Mais vous étiez absente, et, dans l'ignorance où j'étais de votre nom et la crainte de commettre une indiscrétion, je n'ai point osé m'informer de vous. Je remercie donc le hasard qui fait que je vous rencontre aujourd'hui, et qui, par conséquent, me permet de vous dire tous les regrets que j'ai éprouvés en voyant la fâcheuse impression que produisait sur vous ma présence.

» — Monsieur, lui répondis-je, vous vous êtes trompé; et cette impression, dont vous ignorez la cause réelle, a sa source dans un tout autre sentiment que la répulsion.

» — Comment! mademoiselle, interrompit Gratien, il se pourrait que je fusse assez heureux...?

» Je l'interrompis à mon tour.

» — Monsieur, lui dis-je, une explication était nécessaire entre nous. Je ne l'eusse point cherchée ; mais je ne l'éviterai pas. Vous êtes bien M. Gratien d'Elbène, n'est-ce pas?

» — Comment savez-vous mon nom?

» — Frère de M. Henri d'Elbène? continuai-je.

» — Sans doute.

» — Au moment du mariage de monsieur votre frère avec mademoiselle Adèle de Clermont, vous êtes venu à Paris, n'est-ce pas?

» — Oui.

» — Vous fûtes alors chargé par lui de remettre une lettre à une jeune fille qu'il avait aimée...

» — Qu'il aime encore et qu'il aimera toujours, répéta Gratien.

» — Oh! m'écriai-je en lui prenant les deux mains et en éclatant en sanglots, dites-vous la vérité?

» Mon Dieu ! fit Gratien, seriez-vous Thérèse?

» — Hélas ! monsieur...

» — La pauvre enfant qui a voulu se noyer ?

» — D'où savez-vous cela?

» — Par lui. — Il l'a appris ; il a été chez madame Dubois ; mais vous étiez partie, et l'on n'a pu lui dire où vous étiez allée, ni ce que vous étiez devenue. Oh ! qu'il va être heureux de savoir que vous vivez toujours et que vous ne le maudissez pas !

» — Je l'aimais trop pour le maudire jamais, murmurai-je.

» — Me permettez-vous de lui donner cette assurance ?

» — Henri connaît mon cœur, et j'espère qu'il n'en a pas besoin.

» —N'importe ! demain, il saura que vous êtes ici, et que j'ai eu le bonheur de vous voir.

» Je poussai un soupir en essuyant mes larmes.

» — Mais vous voir n'est point assez ; c'est vous revoir qu'il me faut. Vous l'aimiez?

» — Oh ! de toute mon âme.

» — Eh bien , nous parlerons de lui.

» — Il ne m'est pas plus permis maintenant de parler de lui qu'il ne m'est permis de l'aimer.

» — Il est toujours permis d'aimer un frère et de parler d'un frère; nous parlerons de lui comme d'un frère.

» — Oh ! ne me tentez pas, lui dis-je ; je n'y suis déjà que trop disposée, mon Dieu ! Laissez-moi, non pas oublier, c'est impossible, mais laissez-moi me taire.

» — La seule consolation qui reste d'un malheur irréparable, c'est de pleurer et de se plaindre. Plaignez-vous à moi, pleurez avec moi ; je vous dirai combien il vous aimait, combien il a combattu, lutté, souffert ; je vous dirai surtout combien il vous aime encore.

» — Oh ! taisez-vous, taisez-vous ! lui dis-je en appuyant mes mains sur mes oreilles pour ne pas entendre.

» — Oui, vous avez raison, dit-il, ce n'est point ici, au milieu de cette rue, que nous pouvons rappeler de pareils souvenirs ; j'aurai l'honneur de me présenter chez vous, et j'espère que vous me ferez la grâce de me recevoir.

» Et il me salua et s'éloigna avant que je pusse lui répondre.

» Je rentrai chez mademoiselle Francotte, toute préoccupée de cette entrevue ; j'étais effrayée moi-même du désir intérieur que j'éprouvais de revoir Gratien pour parler avec lui de Henri ; cependant, je comprenais la nécessité de fuir cette irrésistible tentation. Je demandai, en conséquence, à mademoiselle Francotte, si elle ne pouvait point me loger chez elle, offrant, dans ce cas, de faire une diminution sur mes appointements. Par malheur, toute la maison était occupée, et il fut impossible à mademoiselle Francotte de m'accorder ma demande.

» J'occupais, dans la rue du Grand-Cerf, une petite chambre au troisième étage, où je me retirais tous les soirs vers neuf heures, c'est-à-dire aussitôt le magasin fermé.

» Les dimanches, à partir de midi, j'étais libre.

» Comment Gratien était-il parvenu à connaître mon adresse, je n'en sais rien ; mais, le même soir, au moment où je rentrais chez moi, je le trouvai dans la rue, à la porte de la maison que j'habitais.

» Je vous dis tout, monsieur, c'est ma confession que vous recevez ; je vous dois donc compte de mes sentiments, de mes pensées même, aussi bien que de mes actions. Eh bien , ce fut moins avec une impression de crainte qu'avec une sorte de joie, que je reconnus Gratien.

» C'est si vrai, que je fis un mouvement pour m'élancer vers lui.

» Il le vit, et de ce moment comprit sans doute tout le pouvoir qu'il pouvait prendre sur moi.

» D'ailleurs, il débuta par quelques mots qui m'eussent ôté tout mon courage, au cas où j'aurais eu la force de le repousser.

» — En vous quittant aujourd'hui, me dit-il, j'ai écrit à Henri ; je lui ai dit que je vous avais vue, que vous l'aimiez toujours. J'aurai une réponse de lui après-demain.

» — Ah ! monsieur, lui dis-je sans force aucune contre ces paroles, que voulez-vous de moi en me rappelant de pareils souvenirs et en réveillant un semblable amour? Vous me perdez.

» Et, m'appuyant à l'angle de la porte, je me mis à pleurer.

» —Mademoiselle, dit-il, je n'insisterai pas aujourd'hui ; l'état dans lequel je vous trouve me fait un devoir d'être discret ; mais, après-demain dimanche, aussitôt le magasin de mademoiselle Francotte fermé, j'aurai l'honneur de me présenter chez vous.

» — Oh ! monsieur ! m'écriai-je , que dira-t-on en vous voyant venir chez moi ? Impossible ! impossible !

» — Rassurez-vous, mademoiselle, me dit-il, le hasard fait que notre chef d'escadron demeure dans la même maison que vous. Je suis appelé chez lui presque tous les jours par mon devoir, et, en dehors du devoir, par notre amitié ; il loge au second, vous logez au troisième ; je sors de chez lui, je monte chez vous, personne ne le sait ; on me voit sortir ; je vais chez M. Lingard, où je viens de faire mon service, personne ne peut trouver à redire à cela.

» Et, toujours sans attendre ma réponse, Gratien me salua respectueusement, et se retira.

» Ma nuit fut une longue insomnie, ma journée du lendemain une longue attente.

» J'attendis l'heure à laquelle je devais voir Gratien, avec autant d'impatience que j'attendais autrefois celle où je devais voir Henri. Il est vrai que c'était toujours Henri que j'attendais.

« A midi dix minutes, j'étais chez moi. A midi et demi, on frappait doucement à ma porte.

» — A-t-il répondu ? demandai-je à Gratien, en lui ouvrant.

» — Tenez, me dit-il en me présentant une lettre toute dépliée, lisez, et vous verrez si j'ai menti en vous disant qu'il vous aimait toujours.

» Je pris avidement la lettre, et courus à la fenêtre, moins pour y voir que pour m'isoler.

» Pendant que je lisais, j'entendais Black gronder sourdement ; deux ou trois fois je m'interrompis pour le faire taire ; mais, pour la première fois, il ne m'écouta point.

» Oui, la lettre, pour mon malheur, était bien telle que me l'avais promise Gratien. Henri m'aimait toujours, il n'aimait que moi, il était malheureux et regrettait de n'avoir pas eu la force de rompre le mariage qui faisait son malheur.

# BLACK

» Lorsque j'eus lu et relu la lettre de Henri, je voulus la rendre à Gratien.

» — Oh! dit-il, gardez-la, mademoiselle; cette lettre, en réalité, ne m'est point adressée; mais bien à vous. Qu'en ferais-je?

» Et il repoussait ma main avec un soupir.

» J'appuyai mes lèvres sur la lettre, et la cachai dans ma poitrine.

» Gratien restait debout.

» Je lui fis signe de s'asseoir.

» Il comprit alors qu'il n'avait qu'un moyen de prolonger sa visite : c'était de me parler de Henri.

» Une heure s'écoula comme une minute ; il y avait parade à deux heures. Gratien me quitta le premier.

» Je fus sur le point de lui demander : « Quand vous reverrai-je ? » Par bonheur, je me retins.

» Gratien parti, je fermai ma porte au verrou, comme si je craignais d'être dérangée, moi qui ne recevais aucune visite, si ce n'est de temps en temps celle d'une des jeunes filles de mademoiselle Francotte.

« Une fois seule, je m'assis sur un petit canapé, près de la fenêtre, et, la tête de Black allongée sur mes genoux et me regardant avec ses grands yeux humains, je me remis à lire cette lettre.

» Vous comprenez, n'est-ce pas ? que ce fut une occupation de toute la journée.

» Le lendemain, je ne vis Gratien ni dans la journée, ni le soir.

» J'entendis sonner dix heures, onze heures, minuit, sans me coucher.

» J'attendais.

» Je ne pouvais croire que je resterais toute cette soirée sans parler de Henri.

» Je me rejetai sur la lettre, que je lus et relus; je m'endormis, cette lettre sur mon cœur.

» Le lendemain, toute la journée se passa sans que j'entrevisse Gratien.

» J'espérais, en rentrant, le retrouver à ma porte; il n'y était pas.

» Je remontai chez moi et j'allumai ma bougie.

» Pour la centième fois, je relisais la lettre de Henri lorsque j'entendis gronder Black ; je compris, même avant d'avoir entendu le bruit de ses pas, que c'était Gratien qui montait.

» Un instant après, on frappait à la porte.

» Je criai : « Entrez! » avec une émotion à laquelle Gratien put se méprendre.

» — Ah! lui dis-je, emportée par mon premier mouvement, comment ne vous ai-je pas vu hier?

» Je n'achevai même point la phrase. Mais, par malheur, elle n'avait pas besoin d'être achevée.

» Je n'ai point osé, répondit Gratien ; vous m'aviez manifesté sur la fréquence de mes visites des craintes que j'ai parfaitement comprises, quoiqu'elles fussent exagérées. J'ai voulu vous prouver que je pouvais être dévoué, mais non indiscret.

» Je baissai les yeux, car je sentis qu'il fallait être moi-même pour bien comprendre le sentiment qui me faisait agir; mais, en baissant les yeux, je lui fis signe de s'asseoir près de moi.

» La soirée dura une seconde ; comme l'avant-veille, Gratien ne me parla que de Henri. Minuit sonna, que je croyais Gratien entré depuis quelques minutes seulement.

» Je descendis pour ouvrir moi-même la porte à Gratien. Il n'avait point l'habitude de sortir si tard de chez M. Lingard, et, le lendemain, une question faite aux domestiques pouvait tout révéler.

» Comme c'est l'habitude en province, où chaque locataire a sa clef, j'avais la mienne, et je pus mettre Gratien hors de la maison, sans qu'il fût ni vu ni entendu de personne.

» Maintenant, ce que je viens de vous raconter fut l'histoire de trois mois de ma vie. Le premier mois, je dois rendre justice à Gratien, il ne me parla absolument que de son frère. Le second mois, il hasarda quelques mots sur lui-même.

» A ces quelques mots, je le sais bien, j'eusse dû l'arrêter, et, s'il recommençait, lui fermer ma porte ; mais, songez-y bien, j'étais seule, sans personne au monde, à qui demander un appui ou un conseil. J'avais autour de moi l'exemple de toutes mes compagnes, sur lesquelles je n'avais aucune supériorité, ni de fortune, ni de position. Ce vague souvenir qui, dans ma jeunesse, brillait encore comme une aube lointaine d'une première enfance joyeuse et brillante, s'effaçait tous les jours un peu plus. Je savais ce que l'on souffre d'amour, et je plaignais Gratien de m'aimer. Vis-à-vis de lui, je me sentais parfaitement sûre de moi; d'ailleurs, j'avais en Black un gardien incorruptible. Je ne souffrais point, soit chez moi, soit à la promenade, qu'il nous quittât un instant, et je l'eus bientôt dressé à un petit manége qui dérouta tous les plans de Gratien ; mais, un soir, le chien me quitta...

Le chevalier de la Graverie frissonna ; car il entrevit du premier coup d'œil les conséquences que son rapt allait avoir pour la pauvre jeune fille. Sa main chercha la sienne, il la porta à ses lèvres et la baisa pieusement.

— Continuez, murmura-t-il ; car la jeune fille, étonnée et de son action et de l'expression de son visage, s'était arrêtée et le regardait.

— Eh bien, je vous dirai donc qu'un soir, mon chien me quitta. J'étais désolée de la perte de mon chien. Gratien parut partager ma douleur et courut de son côté, à ce qu'il me dit, du moins. Je courus du mien, de façon à mécontenter mademoiselle Francotte ; mais j'aimais mieux risquer de l'irriter et retrouver mon pauvre Black. Il me semblait que j'avais perdu mon gardien, et que, tant que je ne l'aurais pas retrouvé, j'étais sous le poids de quelque malheur inconnu mais imminent.

» Un soir, vers six heures, je reçus une lettre d'une écriture inconnue ; elle était signée : *Femme Constant.*

» Elle était conçue en ces termes :

» Mademoiselle Thérèse,

» On dit que vous avez perdu un chien auquel vous teniez
» beaucoup, que ce chien est un épagneul noir avec une seule
» tache blanche à la gorge. Mon mari en a trouvé, voilà tantôt
» huit jours, un dont le signalement est le même. Voulez-vous,
» ce soir, vous assurer si ce chien est bien le vôtre? Dans ce cas,
» quelque peine que cela nous fasse de le quitter, nous nous
» empresserions de le rendre à sa légitime propriétaire.

» J'ai l'honneur, etc.             » Fe Constant.

              » Rue Saint-Michel, 17, au second. »

» Je jetai un cri, et, sans donner d'explications à personne, je pris mon châle et mon chapeau, et sortis.

» En un instant, je fus rue Saint-Michel ; je montai au second du n° 17, et je sonnai.

» Une vieille femme vint ouvrir.

» — Madame Constant ? lui demandai-je.

» — Êtes-vous mademoiselle Thérèse ?

» — Oui.

» — Vous venez pour un chien?

» — Oui.

» — Eh bien, entrez dans cette chambre ; je vais prévenir madame.

» On me fit entrer dans une chambre.

» J'y étais depuis cinq minutes à peine, qu'une porte s'ouvrit ; le bruit me fit tourner la tête.

» Je poussai un cri, un seul :

» — Henri !

» Et je me jetai dans les bras de celui qui venait d'ouvrir la porte...

» Le lendemain matin, j'étais dans ses bras encore ; seulement, j'y étais pleurante et désespérée.

» Gratien, comprenant qu'il n'obtiendrait jamais rien de moi, et que son frère avait tout mon amour, Gratien, que j'avais constamment vu en officier, Gratien avait revêtu les habits de son frère, ceux-là mêmes qu'il portait la dernière fois que je l'avais vu, et m'était apparu sous ces habits.

» A sa vue, mes forces m'avaient abandonnée ; mon amour seul était resté en moi et avait disposé de moi.

» La ressemblance entre ces deux jumeaux était telle, que j'y avais été trompée. Ce ne fut que le lendemain que Gratien m'avoua tout...

— Oh ! le misérable ! s'écria le chevalier de la Graverie.

— Il n'avait point agi de son propre mouvement, mais d'après les conseils d'un de ses amis, nommé Louville.

— Je le connais ! s'écria le chevalier. Continuez, mon enfant, continuez.

## XXVI

*Où le chevalier de la Graverie prend une résolution.*

Thérèse continua son récit.

Le reste de l'histoire était aussi simple que triste, et, en quatre mots, nous la raconterons au lecteur.

Gratien, incapable, dans son libre arbitre, d'une supercherie si criminelle, y avait été poussé par Louville.

Le régiment avait reçu ordre de changer de garnison.

Louville avait fait comprendre à Gratien qu'il y allait de son honneur de ne pas quitter Chartres sans avoir été l'amant de Thérèse.

Les deux jeunes gens avaient alors combiné le piége où la pauvre enfant avait laissé son honneur.

Thérèse avait été pendant vingt-quatre heures atteinte d'une espèce de folie dans laquelle les événements de Paris se confondaient pour elle avec ceux de Chartres.

Lorsqu'elle reprit ses sens, la vieille femme qui lui avait ouvert la porte et qui l'avait fait passer dans la chambre fatale, était près de son lit.

La vieille lui dit qu'elle pouvait rester dans cet appartement, loué pour un an, et dont tous les meubles lui appartenaient.

Elle avait, en outre, à lui remettre une lettre de Gratien et une somme d'argent.

Thérèse ne comprit rien d'abord à ce qu'on lui disait; les sons arrivaient à son oreille, mais indistincts et sans suite.

Peu à peu, le jour se fit dans sa raison, et elle comprit.

Depuis la veille au soir, le régiment était parti; Gratien était parti avec son régiment. Elle était abandonnée! et, en échange de son honneur volé, on lui offrait une chambre, des meubles et de l'argent !

La pauvre enfant poussa des cris de honte et de douleur, se jeta à bas du lit, s'habilla à la hâte, repoussa la femme, la lettre et l'argent, et s'élança hors de la maison.

Mais, une fois hors de la maison, que faire?

Elle n'en savait rien elle-même.

Rentrer chez mademoiselle Francotte?

Impossible ! Que dire? Comment motiver son absence? Comment expliquer son retour ? Quel motif donner à sa douleur ?

Elle se fouilla.

Elle avait trente ou quarante francs sur elle ; c'était toute sa fortune.

Elle pensa bien à mourir; mais le courage, qui l'avait soutenue dans sa première tentative de suicide, l'abandonna complètement dans la seconde.

Elle s'en alla au hasard, se soutenant aux murs; si pâle, que beaucoup de passants lui demandèrent :

— Qu'avez-vous, mon enfant?

— Rien ! répondait Thérèse d'une voix brève.

Et elle continuait son chemin.

Et l'on sentait une telle douleur au fond de cette réponse, qu'on la laissait passer avec une sorte de respect. La véritable douleur a sa majesté.

Elle alla ainsi trébuchant, sans y voir et sans savoir où elle allait.

Elle arriva au faubourg de la Grappe.

Bientôt les larmes amassées dans sa poitrine éprouvèrent un tel besoin de se répandre au dehors, que Thérèse, comprenant qu'elle allait éclater en sanglots, chercha un endroit où pleurer en liberté.

Elle avait une porte au bout de la main, elle poussa cette porte.

Cette porte s'ouvrait sur une allée sombre, étroite et humide.

Thérèse s'engagea dans l'allée.

A peine y fut-elle, que les larmes se firent un passage, et que, du moins, elle pleura abondamment.

Il était temps : son cœur était près de se briser.

Combien d'heures resta-t-elle ainsi à pleurer dans cette allée ? C'est ce qu'il lui eût été impossible de dire.

Elle s'était sentie affaiblie, avait cherché un endroit où s'asseoir, avait trouvé un escalier, et s'était assise sur la première marche.

Elle sortit de sa torpeur en sentant qu'on lui touchait l'épaule.

C'était une vieille femme habitant la maison, et qui, en rentrant chez elle, avait vu dans la pénombre se dessiner quelque chose comme la forme d'un corps.

Thérèse leva la tête sans songer à essuyer les larmes qui coulaient sur son charmant visage.

Cette douleur si vraie, qu'il n'y avait point à s'y tromper, toucha la vieille femme.

Elle lui demanda avec intérêt ce qu'elle faisait, ce qu'elle désirait, et si elle pourrait lui rendre service.

Thérèse fit un demi-mensonge.

Elle dit qu'elle était lingère, qu'elle avait été renvoyée de chez sa maîtresse, et qu'elle cherchait un logement.

Rien de tout cela n'était invraisemblable, qu'un si grand chagrin pour un si petit malheur.

— Et savez-vous bien travailler ? demanda la vieille femme.

Thérèse, sans lui répondre, lui montra un col brodé par elle-même et qu'elle portait au cou.

C'était un chef-d'œuvre.

— Bon ! dit la vieille femme, quand on fait de ces choses-là avec son aiguille, il ne faut pas s'inquiéter : on ne meurt jamais de faim.

Thérèse ne répondit pas.

— Vous cherchez un logement ? dit la bonne femme.

Cette fois, Thérèse fit un signe de tête.

— Eh bien , justement, il y en a un dans la maison; il est tout garni et pas cher. Dame ! ce n'est pas beau; mais, pour dix-huit francs par mois, on ne peut pas demander un palais. Seulement, il faudra payer la première quinzaine d'avance: neuf francs.

Thérèse tira de sa poche deux pièces de cinq francs.

— Payez, dit-elle.

— Mais vous ne savez pas même s'il vous conviendra? demanda la bonne femme.

— Il me conviendra, répondit Thérèse.

— Eh bien , alors, venez avec moi.

La vieille monta la première ; Thérèse la suivit. La vieille s'arrêta au second ; c'était là que logeait la propriétaire.

Le marché vite fait ; celle-ci ne demandait à ses locataires d'autres renseignements que : « Pouvez-vous payer d'avance? » Quand ils répondaient : « Oui, » ils étaient les bienvenus.

Dix minutes après, Thérèse était installée dans le galetas où la trouva le chevalier de la Graverie.

Le même jour, avec le reste de l'argent qu'elle avait, sauf la nourriture d'une semaine, Thérèse se fit acheter, par la vieille femme, de la mousseline, des aiguilles et du coton à broder.

Quant à ses broderies, elle avait l'habitude de les dessiner elle-même.

Le surlendemain, la bonne femme sortit avec un col et des manchettes brodés par Thérèse, et rapporta dix francs.

Thérèse lui en donna deux pour sa peine.

La pauvre enfant avait calculé qu'elle pouvait vivre avec vingt-cinq sous par jour, et qu'elle pouvait gagner trois francs.

Il n'y avait donc pas d'inquiétudes à avoir à ce sujet, comme le lui avait dit la vieille femme.

Cela alla pendant un mois.

Pendant ce mois, Thérèse était parvenue à mettre cinquante francs de côté.

Seulement, depuis quelques jours, la vieille lui tenait des discours étranges : elle ne lui parlait que de la facilité qu'avaient les belles filles de devenir riches, de la bêtise qu'elle faisait en s'usant les yeux à travailler dans un grenier ; puis elle se plaignait de ne plus trouver à vendre comme dans le commencement ; le rapport de l'ouvrage avait diminué de moitié.

Tous ces propos laissaient Thérèse assez indifférente ; le rapport de l'ouvrage diminuât-il de moitié, elle aurait encore de quoi vivre.

Enfin, un soir, la vieille s'expliqua plus clairement : elle parla d'un jeune homme qui avait vu Thérèse, qui était amoureux d'elle, qui parlait de louer un appartement, qui faisait des offres...

Thérèse releva sa tête pâlissante, et, avec une expression incroyable de dégoût et de volonté mêlés ensemble :

— Je vous comprends, dit-elle. Sortez! et que je ne vous revoie jamais.

La vieille femme voulut insister, puis se défendre, s'excuser; mais Thérèse, aussi fière dans un galetas qu'une reine dans son palais, lui ordonna une seconde fois de sortir, et, cette fois, d'un ton si impérieux, que la vieille sortit la tête baissée en murmurant :

— Dame! on ne savait pas cela.

A partir de ce moment, Thérèse n'eut plus son intermédiaire, et fut forcée d'aller offrir son ouvrage elle-même aux lingères de Chartres.

Celles-ci la reconnurent pour la première demoiselle de magasin de mademoiselle Francotte, et lui firent toutes sortes d'offres pour prendre chez elles la place qu'elle avait occupée chez la lingère en renom ; mais Thérèse ne voulait pas se donner en spectacle dans un comptoir.

D'ailleurs, elle s'était aperçue qu'elle était enceinte, et, dans son état, ce qui lui convenait, c'était l'ombre et la solitude.

Elle vécut ainsi jusqu'au moment où le choléra fit invasion à Chartres. La pauvre Thérèse se fit sœur de charité dans son malheureux faubourg.

Puis, un matin, au moment où elle allait se lever pour porter secours à une voisine malade, ses forces lui manquèrent tout à coup à elle-même.

L'ange noir l'avait touché de l'aile en passant.

Nous avons vu dans quel état l'avait trouvée le chevalier.

Telle était l'histoire de Thérèse. Depuis cinq mois, elle n'avait pas vu Gratien et n'avait pas entendu parler de lui.

Quant à l'alliance qu'elle portait au doigt, elle n'avait d'autre souvenir à l'endroit de cette bague, sinon qu'elle lui avait été donnée avec recommandation de la conserver précieusement comme un signe qui pouvait servir un jour à lui faire reconnaître sa famille.

Le chevalier de la Graverie avait écouté avec une religieuse attention le récit que lui avait fait Thérèse. Lorsqu'elle avait parlé de la perte de Black, le chevalier avait senti le rouge lui monter au visage ; puis, quand il avait envisagé quelles conséquences terribles cette perte avait eues pour la jeune fille, que c'était en se servant de cette absence de Black et sous prétexte de lui faire retrouver son chien, qu'on l'avait attirée dans un guet-apens, où elle avait laissé son honneur et, selon toute probabilité, son bonheur, il fut saisi d'un véritable remords, et, pressant et baisant les mains de la jeune fille, il se laissa tomber à ses genoux en disant :

— Thérèse! Thérèse! le bon Dieu est bon; il nous éprouve parfois, mon enfant; mais, crois-moi, ce n'est point sans intention que sa miséricorde m'a envoyé sur ta route, et, à partir d'aujourd'hui, je jure de consacrer tous mes soins à ton bonheur.

— Hélas ! répondit Thérèse ne comprenant rien à cet élan du chevalier, mon bonheur! vous oubliez, monsieur, qu'il n'y a plus de bonheur pour moi... Mon bonheur eût été de vivre avec Henri, et je suis éternellement séparée de lui.

— Bon, bon, bon ! dit le chevalier avec cette expression confiante d'un homme joyeux et convaincu que la chance qu'il avait eue de retrouver d'une façon aussi inattendue la fille de Mathilde ne pouvait s'arrêter en si beau chemin, bon! nous arrangerons tout cela. Il n'y a pas que M. Henri au monde, que diable! Il y a son frère, M. Gratien.

— Ce ne serait pas le bonheur, dit Thérèse ; ce serait une réparation, voilà tout.

— Eh bien, mais, dit le chevalier, ce serait déjà quelque chose, il me semble.

Thérèse secoua la tête.

— Comment voulez-vous, dit-elle, qu'un jeune homme noble et riche comme lui consente jamais à épouser une pauvre ouvrière comme moi? Je lui ai servi de jouet, voilà tout. Croyez-vous qu'il eût jamais osé faire à la fille d'un comte ou d'un marquis, ayant un père ou des frères pour la venger, l'outrage qu'il n'a point hésité de faire à une pauvre orpheline?

Le chevalier sentit comme une aiguille lui traverser le cœur ; ses yeux lancèrent une flamme ; c'était la première fois qu'un désir de vengeance se présentait à lui.

Jamais contre M. de Pontfarcy il n'avait éprouvé rien de pareil à ce qu'il venait de ressentir contre Gratien.

Il se rappela avec une certaine joie, que, pendant son voyage au Mexique, il avait appris à loger une balle assez adroitement pour ne manquer qu'une fois sur trois, ces fameux perroquets verts que Dumesnil ne manquait jamais, lui.

Puis, instinctivement, il fit cette fameuse feinte qui constituait la botte secrète que le capitaine lui avait apprise et qui lui venait, à lui, d'un maître d'armes napolitain.

Pourquoi pensait-il à tout cela? pourquoi y pensait-il en serrant les dents? Le chevalier ne s'en rendait pas compte; mais enfin, il y pensait.

Quant à Thérèse, elle demeurait silencieuse et accablée; elle ne vit ni l'expression froncée qu'avait prise un instant la physionomie du chevalier, ni le mouvement de main qu'il avait fait en dessinant dans l'air sa botte secrète.

Cette conversation avait considérablement abattu ses forces, et, aux dernières paroles prononcées par elle et que nous venons de rapporter, elle fut reprise de cette toux sèche et profonde qui avait déjà si fort inquiété M. de la Graverie.

Le chevalier remit donc à un autre moment, de lui demander les derniers détails, s'il en restait encore à lui donner.

Il avait remarqué que pas une seule fois Thérèse n'avait prononcé le nom de famille ni de Henri ni de Gratien, et qu'elle les avait nommés seulement par leur nom de baptême.

Mais, pour retrouver Gratien, le jour où il aurait besoin d'avoir une explication avec lui, le chevalier n'avait pas besoin de savoir son nom de famille : il connaissait le régiment dans lequel servait le jeune homme; il lui serait facile, au ministère de la guerre, de savoir où ce régiment tenait garnison, et la figure de Gratien et celle de son interlocuteur Louville s'étaient assez profondément gravées dans son souvenir pour qu'il n'eût aucun doute de le reconnaître à la première vue.

Mais ce que le chevalier jugeait être le plus pressant à cette heure, c'était de s'assurer de la réalité des espérances qu'il avait fondées sur le mystère qui entourait la naissance de Thérèse; il trouvait, dans le sentiment inconnu que la jeune fille lui avait inspiré, des jouissances si pures, un charme si puissant, un attrait si profond, qu'il avait hâte de le légitimer ces jouissances afin d'emprunter à ce sentiment tout ce qu'il pouvait lui donner de bonheur.

Avant tout, cependant, Thérèse devait être assez bien pour que le chevalier, en la quittant afin de commencer ses recherches, n'emportât aucune inquiétude à l'endroit, nous ne dirons point de sa santé, mais de sa vie.

## XXVII

Où M. le chevalier de la Graverie est un instant ému par le scandale qu'il cause dans la vertueuse ville de Chartres.

Cependant, dans une ville comme Chartres, un événement aussi considérable que celui de l'introduction d'une jeune fille dans la demeure d'un vieux garçon — personnage d'ailleurs important par sa naissance et par sa fortune — ne pouvait passer inaperçu. Les commentaires de chacun lui donnèrent donc bientôt des proportions gigantesques, et, au bout de huit jours, ils en avaient complètement dénaturé la portée.

M. le chevalier de la Graverie, déjà suspect par les excentricités que lui avait fait commettre Black, devint en peu de jours, et par la pente naturelle des caquetages bourgeois, un homme affreux et immoral qui, non content d'avoir séduit une jeune fille, n'hésitait point à donner le scandale public d'une cohabitation illégitime ; — un homme, enfin, que ne pouvait honorablement connaître ni saluer aucune personne se respectant le moins du monde.

Depuis qu'il y avait quelque amélioration dans son état, Thérèse commençait à s'inquiéter de ce qui pouvait plaire à celui qu'elle considérait comme un bienfaiteur et qu'elle se sentait disposée à aimer comme un père.

Elle avait, en conséquence, exigé qu'il reprît le cours de ses promenades quotidiennes, qu'elle regardait comme nécessaires à sa santé. Le chevalier, de son côté, heureux de ce doux et affectueux servage, suivait ponctuellement les ordres de la jeune fille, et, comme un instrument bien réglé qui, dérangé un instant, reprend, au premier équilibre, son mouvement habituel, il consacrait comme autrefois deux heures entre son déjeuner et son dîner à une course sur les buttes.

Seulement, cette course se faisait maintenant en compagnie de Black, qui, partageant tous les sentiments de son maître, semblait être, sinon le plus heureux chien, du moins un des chiens les plus heureux de la création.

Nous avons dit que le chevalier s'était arrêté au plus pressé, c'est-à-dire qu'il avait résolu de pénétrer d'abord le mystère de la naissance de Thérèse.

Prendre un parti n'avait pas été une chose facile pour un homme qui, jusque-là, avait fait de sa vie une somnolence indifférente et insouciante; aussi le parti pris dans le fond, restait-il à décider la forme dans laquelle il serait poursuivi.

C'était à chercher cette forme que le chevalier employait ses promenades.

Que pouvait faire, que devait faire le chevalier pour arriver au but qu'il se proposait?

Sa préoccupation était donc fort grande; les gambades et les caresses de Black avaient seules le privilége de l'en distraire.

Aussi le chevalier fut-il longtemps à remarquer l'affectation grossière avec laquelle ceux-là mêmes qui avaient été le plus souvent ses hôtes, avaient l'air de ne pas le voir lorsqu'ils passaient près de lui, afin d'éviter d'avoir à le saluer.

Cependant, un jour que, moins distrait que d'habitude, il avait salué cérémonieusement une vieille douairière qui tenait le haut bout dans la société du cloître Notre-Dame, et qu'il avait remarqué qu'en lui rendant son salut, mais de la tête seulement, celle-ci avait allongé une moue dédaigneusement significative, M. de la Graverie rentra chez lui fort inquiet.

Comme tous les gens qui ont rétréci leur existence, il était fort soucieux du *qu'en dira-t-on*; et, à l'idée qu'il avait pu démériter de l'estime publique, il sentit tout son sang se glacer dans ses veines.

Aussi n'eut-il point assez de force, assez d'empire sur lui-même pour cacher sa préoccupation à Thérèse, et celle-ci sut-elle l'interroger assez adroitement pour pénétrer le secret de sa contrariété.

Le chevalier lui raconta, tout simplement et sans commentaires, l'impolitesse de la douairière.

— Vous le voyez, cher et bon monsieur, s'écria la jeune fille, ma triste destinée réagit sur tous ceux qui s'intéressent à moi ; mais je ne souffrirai pas que vous en soyez plus longtemps victime.

— Comment cela? s'écria le chevalier inquiet.

— Oui, répondit Thérèse, grâce à vos soins, je suis guérie et puis reprendre mes travaux. Je vais donc m'éloigner, mais en vous demandant la permission de revenir, de temps en temps, vous remercier de ce que vous avez fait pour moi, et vous prouver que je n'oublierai jamais que je vous dois la vie.

Le chevalier pâlit.

— Partir ! dit-il, me laisser seul ! Vous n'y avez pas songé, Thérèse ! Mon Dieu, que deviendrais-je seul ?

— Avant de me connaître, demanda Thérèse, ne viviez-vous donc pas seul ?

— Avant de vous connaître, oui, je crois que je vivais comme cela, répondit le chevalier ; mais, depuis que je vous connais, je me suis fait une douce habitude de votre présence. Oh ! fit le chevalier avec un douloureux retour sur le passé, j'ai aimé, moi aussi : d'abord, votre...

Il s'arrêta.

Thérèse le regarda avec étonnement.

— D'abord, une femme, continua le chevalier ; je l'ai tant aimée, que j'ai cru que j'en mourrais, quand elle...

— Quand elle est morte ? demanda Thérèse.

— Oui, reprit le chevalier, quand elle est morte... Car l'infidélité, la trahison; l'oubli, mon enfant, c'est la mort !

— Oh ! je le sais bien, s'écria Thérèse en éclatant en sanglots.

— Bon ! dit le chevalier en se frappant le front, voilà que je la fais pleurer, à présent ! mais, sac à papier ! je suis donc une double brute ?

— Non, non, non ! dit Thérèse, vous êtes le meilleur des hommes, et, si l'on vous a fait souffrir, vous, qui n'a le droit de demander à être exempté des douleurs humaines !

— Oui, dit le chevalier avec mélancolie, on m'a fait bien souffrir, ma pauvre enfant ! Par bonheur, j'avais un ami... Ah ! je l'avais bien aimé, et je l'aime bien encore, celui-là, n'est-ce pas, Black ?

Black, qui justement regardait le chevalier en ce moment, comme s'il eût deviné qu'il allait être question de lui, s'approcha à l'appel de son maître, qui lui prit la tête entre ses deux mains et l'embrassa tendrement.

Thérèse cherchait à deviner quelle liaison il pouvait y avoir entre Black et cet ami dont parlait le chevalier, et elle se demandait comment Black pouvait être appelé en témoignage de cette amitié.

Mais ceci était tout simplement un problème qu'il lui était impossible de résoudre, et que le chevalier lui-même eût eu bien de la peine à lui expliquer.

M. de la Graverie resta quelque temps absorbé dans la contemplation de Black.

Puis, tout à coup, redoublant de caresses pour l'animal et de doux yeux pour Thérèse :

— Non, mon pauvre Dumesnil, dit-il, non, sois tranquille, va ! je ne t'abandonnerai jamais... Quand toute la ville de Chartres devrait me tourner le dos, et quand toutes les douairières du monde devraient me faire la moue.

Thérèse regardait le chevalier avec une certaine crainte.

Cet homme si bon avait-il des tendances à la folie ? En tout cas, ce devait être une folie douce et bonne que celle du chevalier, et Thérèse se disait en elle-même qu'elle n'en aurait jamais peur.

Elle reprit la première la parole.

— Il le faut, cependant, monsieur le chevalier, dit-elle.

Le chevalier sortit de son rêve.

— Quoi ? que faut-il, mon enfant ? dit-il avec la plus grande douceur.

— Il faut que je m'en aille.

— Ah ! oui, c'est vrai, dit le chevalier, vous me disiez cela. Et, moi, je vous répondais : « Thérèse, mon enfant bien-aimée, est-ce que vous croyez qu'il me serait possible de vivre désormais dans l'isolement ? » Mais pensez donc, chère enfant, à la solitude dans laquelle me laisserait votre départ !

— Je pense à tout cela, monsieur le chevalier, et je pense surtout, en égoïste que je suis, à la peine que cela me fera à moi-même de vous quitter ; mais cette séparation est nécessaire. Lorsque je ne serai plus là, vous retrouverez les amis qui s'éloignent de vous aujourd'hui ; lorsque j'aurai cessé de troubler votre existence, vous reprendrez vos paisibles habitudes.

— La troubler ? troubler mon existence, ingrate enfant ! mais apprends donc une chose : c'est qu'à part l'époque où...

Le chevalier poussa un soupir ; puis, se reprenant :

— Je n'ai connu le bonheur que depuis que tu es entrée dans cette maison.

— Triste bonheur ! reprit Thérèse en souriant au milieu de ses larmes ; des secousses, des émotions continuelles, des tourments, des inquiétudes incessantes; car, au milieu de ma souffrance, de mon atonie, de mon délire même, je vous voyais assez bon pour vous soucier de ma vie comme si vous étiez vraiment mon père !

— Votre père ! s'écria le chevalier, comme si j'étais vraiment votre père ! et qui vous a dit que je ne l'étais pas ?

— Oh ! monsieur, dit Thérèse en soupirant, votre bonté pour moi vous inspire ce généreux mensonge ; mais il ne saurait m'abuser. Si vous aviez été mon père, si vous aviez tenu à moi par un lien de parenté quelconque, auriez-vous, vous qui étiez riche et heureux, laissé mon enfance dénuée et misérable ? Ma jeunesse eût-elle été privée de l'appui, des conseils, de l'amour de celui auquel j'aurais dû la vie ? Non, monsieur, non... Hélas ! je ne suis pour vous qu'une étrangère que votre charité a recueillie, qu'un sentiment de tendresse pour ce qui souffre vous inspire l'idée d'adopter ; mais certainement... mais par malheur..., ajouta-t-elle en secouant la tête, je ne suis pas votre fille.

Le chevalier baissa les yeux et courba le front ; ce que la jeune fille venait de lui dire le touchait comme un reproche ; il maudissait au fond de son cœur l'insouciance avec laquelle il avait laissé à son frère le soin de s'occuper de ce qui concernait l'avenir de madame de la Graverie ; il se méprisait d'avoir déserté, par un mauvais instinct de conservation personnelle, les soucis ordinaires de l'existence de chaque homme, et se demandait, enfin, comment il avait pu vivre de si longues années sans se préoccuper de ce qu'étaient devenus celle qui avait été sa femme et l'enfant qui, après tout, avait le droit de porter son nom.

Le résultat de cette conversation, et surtout de la rêverie qui en fut la suite, avait été de stimuler vigoureusement les hésitations paresseuses du chevalier ; il tremblait que, cédant aux suggestions d'une délicatesse susceptible, Thérèse ne vînt à exécuter la résolution dont elle lui avait parlé ; et le cœur du bonhomme, rajeuni par le calme dans lequel il avait si longtemps vécu, était devenu tellement ardent dans sa nouvelle affection, qu'il ne songea pas à se voir séparé de la jeune fille avec moins de terreur que s'il se fût agi pour lui d'une mort prochaine.

Il se décida donc, quoi qu'il lui en coûtât, à faire un voyage à Paris.

Ce voyage avait pour but de retrouver son frère, afin d'obtenir de lui des renseignements sur ce qu'étaient devenus madame de la Graverie et l'enfant dont il l'avait laissée enceinte.

Quitter sa maison, ses douces habitudes, son jardin alors frais et embaumé, c'était un effort dont, il y avait quelques mois, le chevalier eût été complétement incapable. Aujourd'hui qu'il avait à y laisser les deux affections qui remplissaient son cœur si longtemps vide, Thérèse et Black, le bonhomme s'y décidait, tant il s'était fait un immense changement en lui ; mais, en s'y décidant, il se trouvait lui-même très-héroïque, et, pour qu'il prît une si dure résolution, il ne fallait pas moins que l'espoir de s'assurer à jamais un bonheur qui lui semblait si doux.

Cette décision prise, restait la à la mettre à exécution.

Or, c'était là la difficulté.

Chaque jour, le chevalier disait :

— Ce sera pour demain.

Demain arrivait, et le chevalier, n'ayant pas retenu sa place à la malle-poste, disait :

— Ou je ne trouverai pas de place, ou je serai forcé d'*aller en arrière*.

Et aller en arrière, en voiture, était chose insupportable au chevalier.

Ce n'était pas sa valise qui le retenait ; il en avait acheté une toute neuve, dimension exigée par la loi pour les malles-postes ; il l'avait bourrée de linge et d'habits ; avec une pareille valise, il pouvait retourner à Papaéti.

Mais la valise restait toute bourrée dans un coin de la chambre.

Il n'y avait qu'à abaisser le couvercle et donner un tour de clef ; le chevalier n'abaissait pas le couvercle, le chevalier ne donnait pas le tour de clef ; le chevalier enfin ne partait pas.

Ce qui ne l'empêchait pas de dire, tous les jours, en embrassant Thérèse et en caressant Black :

— Mes pauvres amis, vous savez que c'est demain que je pars.

## XXVIII

*Où le chevalier part pour Paris.*

Un jour que Thérèse s'était trouvée plus souffrante que les jours précédents, et que le chevalier, ayant, cette fois, un pré-texte plausible de ne point parler de son voyage de Paris, l'avait soignée toute la journée, l'enfant se coucha vers sept heures du soir en exigeant du chevalier la promesse qu'il ferait, au clair de la lune, la promenade qu'il n'avait point faite à la clarté du soleil.

Le chevalier promit.

Et, comme cette promenade quotidienne était, en effet, nécessaire à sa santé, comme il faisait un temps magnifique, comme Black le sollicitait en même temps que Thérèse, en remuant la queue et en allant vers la porte, le chevalier prit ses gants, sa canne, son chapeau, et sortit.

Inutile de dire que, de jour comme de nuit, il n'y avait pour le chevalier de la Graverie qu'une promenade : c'était le tour de ville.

Il se dirigea, en conséquence, du côté des buttes.

Vers neuf heures et demie du soir, son tour de ville le ramena à la rue du Cheval-Blanc.

En tournant l'angle qui de la place de la Cathédrale, conduit à cette rue, il aperçut la malle-poste qui changeait de chevaux.

— Ah ! dit-il, si Thérèse n'avait pas été plus souffrante aujourd'hui qu'hier, j'eusse retenu ma place pour Paris ; c'était l'occasion.

Et il s'approcha machinalement de la malle-poste.

Pourquoi s'approchait-il de la malle-poste ?

Oh ! la belle demande !

Tous les provinciaux sont plus ou moins flâneurs : une diligence qui relaye, une voiture qui arrive, ont pour leur désœuvrement de si grands charmes, que la poste elle-même ou les cafés qui l'avoisinent sont, dans beaucoup de villes, les rendez-vous de tous les oisifs ; des visages inconnus à regarder, des conjectures à former, des médisances à échafauder, fût-ce sur les nuages, le roulement des roues sur le pavé, le bruit des grelots, les jurons des postillons, les aboîs des chiens, sont des distractions pour les cerveaux vides ou engorgés ; le départ et l'arrivée, ou plutôt l'arrivée et le départ des voyageurs constituent tous les chapitres de l'imprévu d'une existence de province, et M. de la Graverie était trop l'homme de la tradition pour manquer à la bonne fortune que le hasard lui envoyait.

Il s'approcha donc du véhicule gouvernemental, au moment où le garçon d'écurie venait d'attacher le dernier palonnier, où le postillon rassemblait les rênes et faisait claquer son fouet pour tenir ses chevaux attentifs au signal du départ, qu'il allait leur donner tout à l'heure.

Le conducteur, son portefeuille sous le bras, passa vivement entre M. de la Graverie et la voiture, grimpa dans son cabriolet et cria au postillon :

— En route !

Le postillon fouetta les chevaux, la voiture s'ébranla, et le mouvement fit jouer la portière mal fermée.

La portière s'ouvrit.

Depuis quelque temps, Black se tenait en face de la voiture, humant les émanations qui en sortaient de toute la largeur de ses narines, et la tenant, pour ainsi dire, en arrêt.

Cette attention que Black paraissait prêter à une cause inconnue, inquiéta le chevalier.

Mais son inquiétude se changea en étonnement, quand, par la portière ouverte, il vit Black sauter dans la voiture, et faire toutes sortes de caresses à un voyageur enveloppé d'un grand manteau, et qui se dessinait dans les profondeurs de la malle-poste, accoudé au coin le plus éloigné du chevalier.

Disons, pour suivre la progression, que l'étonnement du chevalier devint de la stupéfaction, quand une main sortit du manteau, tira la portière avec force et tourna le bouton en disant :

— Ah ! c'est donc toi, Black ?

La voiture s'éloigna.

Au bruit des roues, au claquement du fouet, à la fuite de la malle-poste, qui lui enlevait son ami, le chevalier de la Graverie revint à lui. La malle-poste était déjà à vingt pas.

— Mais on me prend Black ! cria-t-il ; mais on me vole Black ! Conducteur ! conducteur !

Le retentissement du lourd véhicule sur le pavé empêcha la voix du chevalier d'arriver jusqu'à celui qu'il appelait.

Désespéré de perdre son chien, jaloux de la prédilection qu'il venait de lui voir manifester pour un étranger, intrigué du mystère qui se cachait sous cette reconnaissance inattendue, et supposant que ce mystère pouvait intéresser Thérèse, le chevalier ne pensa ni à son âge, ni aux velléités goutteuses qui le mordaient quelquefois à l'orteil, et il se mit à courir bravement après la voiture.

Mais la malle-postC avait dans le personnel de ses quatre chevaux seize pieds, tous les seize sains et vigoureux, tandis qu'un des deux que possédait le pauvre chevalier, était légèrement avarié. Il ne l'eût donc jamais rejointe, ni même approchée, si une charrette qui, se trouva entrer sous la porte Chatelet au moment où la malle tentait d'en sortir, n'eût arrêté celle-ci quelques instants.

M. de la Graverie profita de l'obstacle, rejoignit la malle-poste, sauta sur le marchepied et se cramponna à la portière d'une main, et de l'autre à une courroie.

De parler, il n'en était pas question : la course avait essoufflé le pauvre homme au point qu'il lui était impossible d'articuler une parole : seulement, une fois juché là, il était tranquille; si vite qu'allât la voiture, il la suivrait ; d'ailleurs, il savait qu'à un quart de lieue de là, au moment où la malle-poste quitterait le faubourg de Lèves, elle trouverait la montagne, et ne pourrait monter qu'au pas, ou tout au plus au petit trot, sa pente escarpée. Là, il aurait évidemment repris haleine, et il lui serait loisible d'entamer le chapitre des réclamations.

Ce qu'avait prévu le chevalier arriva : pendant le kilomètre où il resta juché sur le marchepied, il reprit haleine, et, arrivé au pied de la montée, la malle-poste passa d'abord du galop au petit trot, puis du petit trot au pas.

Depuis quelque temps déjà, tandis que le chevalier regardait du dehors au dedans, Black regardait du dedans au dehors, et, les deux pattes sur le rebord de la portière, la tête à moitié passée hors de la malle-poste, humait l'air de la nuit avec le calme et la sérénité d'un voyageur dont le nom est couché sur la feuille du conducteur avec cette épigraphe : *Payé*.

M. de la Graverie, qui, au bout du compte, ne voulait que son chien et qui aimait autant l'avoir sans discussion, sauta en arrière, retomba sur la grande route et, espérant que l'animal allait en faire autant que lui, appela :

— Black !

Black, en effet, fit un mouvement pour s'élancer ; mais une main vigoureuse le retint par son collier, et, bon gré, mal gré, le réintégra dans la voiture.

— Black ! répéta le chevalier avec une énergie qui ne laissait à Black que le choix entre une obéissance immédiate ou une désobéissance absolue.

— Ah çà ! dit une voix, de l'intérieur de la voiture, n'avez-vous pas bientôt fini d'appeler mon chien, et voulez-vous lui faire briser les reins sur le pavé ?

— Comment ! votre chien ? s'écria le chevalier abasourdi.

— Sans doute, mon chien, reprit la voix.

— Ah ! voilà qui est fort ! s'écria le chevalier. Black n'appartient qu'à moi, entendez-vous, monsieur !

— Eh bien, s'il est à vous, c'est que vous l'avez volé à sa maîtresse.

— A sa maîtresse ? répéta le chevalier au comble de l'étonnement et trottinant toujours près de la voiture. Pourriez-vous me dire le nom de cette maîtresse ?

— Voyons, dit une autre voix, décide-toi à une chose ou à l'autre : rends son chien à ce vieil imbécile, ou envoie-le promener ; mais, mille millions de cigares ! que l'on dorme la nuit est faite pour dormir, surtout lorsqu'on est en malle-poste.

— Eh bien, dit l'autre voix, je garde Black.

Cette double provocation produisit sur le chevalier l'effet d'une commotion électrique.

Ses nerfs, déjà agacés par la course qu'il avait faite, se crispèrent, et, sans calculer le double danger qu'il pouvait courir à ramasser une querelle sur une grande route et à se cramponner à une malle-poste qui, d'un moment à l'autre, pouvait reprendre le galop, il saisit la clef, tenta d'ouvrir la portière, et, voyant qu'il n'y réussissait pas, il se hissa sur le marchepied et se retrouva à la hauteur de l'ouverture qui donnait de l'air à l'intérieur de la malle.

— Ah ! dit-il, je suis un vieil imbécile ! Ah ! vous gardez Black ! c'est ce que nous allons voir.

— Oh ! ce sera bientôt vu, dit celui des deux voyageurs qui paraissait être pour les partis extrêmes.

Et, prenant le chevalier au cou, il le poussa violemment en arrière.

Mais le désir de conserver un animal auquel il attachait un si grand prix et une superstition si étrange doubla les forces du chevalier, et, quelque violente qu'eut été la secousse; non-seulement elle ne lui fit pas lâcher prise, mais elle ne parut même pas l'ébranler.

— Prenez garde, monsieur, dit le chevalier avec une certaine dignité ; entre gentilshommes ou entre militaires...

— Ce qui est la même chose, monsieur, dit l'agresseur.

— Pas toujours, répondit le chevalier. Entre gentilshommes ou entre militaires, qui touche frappe !

— Oh ! comme vous voudrez, dit le jeune homme ; s'il ne faut que cela pour vous contenter, je reconnais que je vous ai touché... ou frappé, à votre choix.

Le chevalier allait répondre à la provocation en tirant une carte de sa poche; il la cherchait déjà, lorsque le jeune homme qui semblait placé là comme modérateur, s'écria :

— Louville ! Louville ! un vieillard !

— Eh ! que m'importe, à moi, celui qui me réveille quand je dors, mille cigares ! Celui-là n'est ni un jeune homme ni un vieillard, c'est mon ennemi.

— Ce vieillard, monsieur l'officier, dit le chevalier, est un officier comme vous, et, de plus, chevalier de Saint-Louis... Voici ma carte.

Mais ce fut le jeune homme à la voix conciliante qui la prit; et, repoussant son ami d'un coin à l'autre :

— Voyons, dit-il, prends ma place et donne-moi la tienne.

L'officier brutal obéit en grognant.

— Je vous demande pardon, monsieur, pour mon camarade : c'est un garçon bien élevé d'habitude ; — mais, pour jouir des bienfaits de l'éducation qu'il a reçue, il faut qu'il soit éveillé ; dans ce moment, par malheur, il est endormi.

— A la bonne heure, dit le chevalier, voilà qui est d'un peu meilleure compagnie. Mais vous, monsieur, vous avez dit de votre côté : « Je garde Black. »

— Sans doute, j'ai dit cela.

— Eh bien, je dis, moi : Rendez-moi Black ; je veux Black ; Black est à moi.

— Black n'est pas plus à vous qu'à moi.

Et, comme, pour prononcer ces mots, le voyageur s'était mis nez à nez avec le chevalier, celui-ci, que le nom de Thérèse avait déjà fort étonné, jeta un cri de stupéfaction en reconnaissant le jeune homme.

Le jeune homme, c'était Gratien, l'auteur du crime commis sur Thérèse ; l'autre officier, c'était l'instigateur.

L'émotion du chevalier fut si forte, qu'il demeura quelques instants sans prononcer une parole.

Il y avait quelque chose de providentiel dans ce qui lui arrivait.

Aussi son premier mouvement fut-il un mouvement de reconnaissance pour Black, et, le saisissant à deux bras en approchant le museau de ses lèvres et en le baisant :

— Oh ! cette fois, s'écria-t-il, il n'y a plus a ne douter, c'est toi, mon bon Dumesnil ! oui, c'est bien toi qui, après m'avoir fait retrouver mon enfant, veux m'aider à lui rendre l'honneur et à assurer son avenir.

— Par les cornes du diable ! s'écria l'autre officier, qui trouvait son juron ordinaire insuffisant pour une circonstance si insolite, cet homme est fou, et je vais appeler le conducteur pour le faire jeter à bas du marchepied. Conducteur ! conducteur !

— Louville ! Louville ! répéta son ami évidemment fâché de ces violences, et d'autant plus fâché qu'il savait maintenant, par les paroles mêmes du chevalier, qu'elles s'adressaient à un gentilhomme.

Mais le conducteur appelé avait entendu.

Il mit la tête hors du cabriolet, vit un homme cramponné a la portière de la malle-poste, et le prit pour un voleur qui mettait le pistolet à la gorge de ses voyageurs.

Il descendit donc sans faire arrêter la voiture, et repoussa rudement le chevalier.

— Oh ! oh ! dit celui-ci, ne soyez donc pas si brutal, Pinaud !

Or, Pinaud était un des courriers qui se chargeaient de fournir de provisions de bouche la cuisine du chevalier, au temps où le chevalier songeait à sa cuisine. Pinaud recula tout étonné.

— Eh! oui, continua le chevalier, nous sommes de vieilles connaissances, il me semble, sac à papier !

Pinaud avait commencé de reconnaître le chevalier ; mais, à son juron favori, il le reconnut tout à fait.

— Vous, à cette heure sur la route, monsieur le chevalier ? s'écria-t-il.

— Sans doute, moi.

— Je le vois bien, vous !... Mais qui diable aurait pu s'y attendre? Vous n'avez donc plus peur ni du chaud, ni des courants d'air, ni de l'humidité, ni des courbatures?

— Je n'ai plus peur de rien, Pinaud, dit le chevalier, qui, dans l'exaltation nerveuse où il était, eût, en effet, comme don Quichotte, cherché querelle à un moulin à vent.

— Mais à qui en avez-vous, sur la grande route?

— A vous, Pinaud.

— Comment ! à moi?

— Oui, oui, oui, à vous! Je vous demande, Pinaud, d'arrêter la malle-poste et de me laisser causer dix minutes avec ce monsieur.

— Impossible, monsieur le chevalier.

— Pour moi, Pinaud...

— Au bon Dieu, je dirais non!

— Comment! au bon Dieu, tu dirais non?

— Sans doute; est-ce qu'il ne faut pas que j'arrive à heure fixe?... Avec cela que ma malle est en retard. Mais faites mieux...

— Voyons.

— Ma malle est à quatre places ; il n'y en a que deux de prises ; montez dans l'intérieur, vous descendrez à Maintenon, d'où la malle du matin vous ramènera.

— Me relever à deux heures du matin? Non, Pinaud; c'est contre mes habitudes, mon ami. Cependant, il y a du bon dans ton idée; j'ai besoin d'aller à Paris; mais, de jour en jour, je remets le voyage. Eh bien, je vais monter dans ta voiture et je pousserai jusqu'à Paris.

— Vous avez besoin d'aller à Paris? vous poussez jusqu'à Paris? Et vous n'avez pas bravement, carrément, retenu votre place au bureau huit jours d'avance, pour être sûr d'avoir un coin et de ne pas aller en arrière? Ma foi, on a raison, monsieur le chevalier, vous n'êtes plus à reconnaître ! Allons, montez, continua Pinaud en faisant jouer le ressort et en ouvrant la portière qu'il n'avait pu ouvrir le chevalier; en vérité, si l'un de ces messieurs était une jolie fille comme celle que vous avez recueillie chez vous, je comprendrais ce qui arrive ; et il faut bien que j'aie à faire quatre lieues à l'heure, afin de contenter l'administration, pour que je ne vous demande pas la clef de ce secret-là.

M. de la Graverie se hissa dans la voiture et, tout essoufflé, se laissa tomber sur la banquette de devant, tandis que Black, que son ravisseur avait laissé libre, s'était dressé contre lui, et, bon gré mal gré, lui léchait le menton.

## XXIX

*Ce qui se passa dans la malle-poste et quel dialogue y fut tenu.*

Les deux officiers avaient laissé, sans opposition, le chevalier de la Graverie s'installer dans la malle-poste.

Louville, emmailloté dans son manteau et fortifié dans son coin, avait même affecté de dormir ou de faire semblant.

Gratien, au contraire, avait suivi, avec une attention mêlée de curiosité et d'inquiétude, tous les mouvements du chevalier.

Le jeune officier semblait deviner que, sous ces apparences pacifiques, s'avançait un ennemi plus à craindre qu'il n'en avait l'air.

Aussi, à peine le chevalier fut-il assis, qu'il voulut entamer la conversation.

Mais le chevalier, étendant la main :

— Souffrez, monsieur, dit-il, que je reprenne mon haleine et mes sens. Je suis peu habitué, je l'avoue, à ces courses et à ces émotions; tout à l'heure, nous causerons, comme vous paraissez le désirer, mais ce sera peut-être d'une façon plus grave que vous ne vous y attendez. Pardieu ! Pinaud m'a rendu un fier service en arrêtant son véhicule ; je sentais mes forces à bout; je voyais l'instant où j'allais lâcher le bouton et me laisser choir sur la grande route ; ce qui, à mon âge, n'eût point été sans quelque gravité.

— En effet, monsieur, pour vous livrer à de pareils exercices, vous n'êtes plus assez jeune.

— Je puis m'en apercevoir pour mon compte, monsieur; mais je ne permettrai pas que vous vous en aperceviez pour le vôtre, entendez-vous?

— Ah! par exemple ! si vous n'êtes pas fou, s'écria Gratien à cette boutade, vous êtes au moins un plaisant original.

— Il est fou, grogna Louville du fond de son manteau.

— Monsieur, dit le chevalier répondant à l'interpellation de Louville, je n'ai point affaire et ne désire point avoir affaire à vous; c'est à M. Gratien seul — ce moment, du moins, — que j'ai l'honneur et que je fais l'honneur d'adresser la parole.

— Oh! oh! dit Gratien, il paraît que vous me connaissez, monsieur?

— Parfaitement, et de longue date.

— Pas depuis le collège, cependant? demanda en riant le jeune homme.

— Monsieur, répondit le chevalier, je désirerais que, soit au collège, soit ailleurs, vous eussiez reçu la même éducation que moi ; vous n'auriez rien à y perdre, comme courtoisie et comme moralité.

— Bravo, chevalier ! fit Louville en riant; morigénez-moi ce drôle-là.

— Je le ferai avec d'autant plus de plaisir et de conscience, monsieur, que, chez votre ami, malgré l'éducation mauvaise, le cœur est resté bon et honnête; ce qui me donne quelque espoir de réussir...

— Tandis que, chez moi?...

— Je ne tenterai pas plus de réformer le cœur que la taille; je crois qu'il y a dans tous les deux un mauvais pli adopté, et que j'arriverais trop tard.

— Bravo, chevalier! fit à son tour Gratien, pendant que Louville, qui avait parfaitement compris l'allusion faite par le chevalier, avait l'air de chercher inutilement à comprendre; bravo !

— Toi, mets cela dans ta poche !

— Oui, s'il y a de la place, répondit le chevalier.

— Ah çà ! dit Louville en frisant sa moustache, seriez-vous, par hasard, monté dans la malle-poste pour goguenarder ?

— Non, monsieur ; j'y suis monté pour parler sérieusement ; voilà pourquoi je vous prierai d'avoir la bonté de ne point vous mêler de la conversation, attendu, je vous le répète, que c'est à M. Gratien, votre ami, que j'ai affaire, et non à vous.

— De sorte que, moi, je causerai avec Black ? dit Louville essayant de faire de l'esprit.

— Vous causerez avec Black si vous voulez, répliqua le chevalier ; mais je doute que Black vous réponde, pour peu qu'il se souvienne de vos bonnes intentions à son égard.

— Allons, bon ! fit Louville, voilà que j'ai eu de mauvaises intentions envers Black, à présent ! Pourquoi ne me traduisez-vous pas tout de suite en cour d'assises?

— Parce que, malheureusement, monsieur, répondit le chevalier, l'empoisonnement d'un chien n'est pas, en cour d'assises, regardé comme un crime, — quoique, à mon avis, il y ait certains chiens qui seraient plus à regretter que certains individus.

— En vérité, Gratien, dit Louville en s'efforçant de rire, je commence à moins t'en vouloir d'être la cause que monsieur nous fait l'honneur de sa compagnie ; et, si le voyage se prolongeait seulement pendant deux ou trois jours, au lieu d'être terminé dans cinq ou six heures, je crois qu'en arrivant nous serions les meilleurs amis du monde.

— Eh bien, répondit le chevalier avec sa bonhomie, moitié courtoise, moitié railleuse, c'est la différence qu'il y a entre vous et moi : plus le voyage serait long, moins je vous aimerais en arrivant ; et je me félicite sincèrement et tout haut que le nôtre n'ait pas une plus longue durée.

— Mille cigares ! dit le jeune officier en se redressant vivement dans son coin, en aurez-vous bientôt fini, monsieur, avec vos impertinences?

— Bah! dit le chevalier, voilà que vous vous fâchez parce que j'ai un peu plus d'esprit que vous. Considérez donc, monsieur, que j'ai le double de votre âge; à mon âge, vous en aurez probablement autant, et même plus que moi; seulement, il faut attendre. Patience, jeune homme! patience!

— C'est là, une vertu, monsieur, dont vous semblez véritablement chargé de nous faire faire l'apprentissage, et il faut que nous possédions déjà d'assez jolies dispositions à l'acquérir pour que nous ayons pu supporter les calembredaines que vous nous débitez depuis dix minutes.

— Si monsieur, moins essoufflé, dit Gratien, voulait enfin aborder la question grave qu'il avait tout à l'heure remise à plus tard, vu l'émotion de sa course, — émotion qui, je suis heureux de le voir, n'a eu d'autre résultat que de lui délier le filet et de lui émoustiller l'esprit, — je serais en excellentes dispositions pour l'écouter.

— Pardieu! messieurs, vous voudrez bien, je le présume, être indulgents envers un vieillard et lui pardonner l'intempérance de son langage. La langue est, à mon âge, la seule arme que, non-seulement on n'ait pas désappris à manier, mais encore dans laquelle on ait fait des progrès; il ne faut donc pas trop me reprocher de m'en servir avec complaisance.

— Eh bien, soit, expliquez-vous, dit Louville; nous voici tout à l'heure au relais, et, si intéressante que soit la chose que vous avez à nous raconter, je ne suis nullement d'humeur, pour ma part, à lui sacrifier le bon sommeil que l'on goûte lorsqu'on est si doucement bercé. La diligence est la seule machine qui me rappelle mon enfance; le ronron des roues m'engourdit comme faisait le chant de ma nourrice. Voyons, de quoi s'agit-il?

— D'une chose très grave et très futile à la fois, messieurs; d'une de ces affaires qui n'ont d'habitude, pour un coureur de garnison, qu'un dénoûment agréable, — quoique souvent le désespoir, la misère ou le suicide en soient les conséquences. Il s'agit d'une séduction, j'adoucis le mot, dont M. Gratien s'est rendu coupable.

Gratien tressaillit; peut-être allait-il répondre, lorsque Louville, sans lui en donner le temps, prit la parole.

— Et vous vous constituez d'office le redresseur des torts de mon ami? dit-il. C'est un beau rôle, et la récompense ne peut manquer d'en être honnête, si la victime est tant soit peu reconnaissante; depuis don Quichotte, il était un peu tombé en désuétude; vous le faites revivre, bravo!

— J'ai déjà eu l'honneur de vous dire, monsieur, que je n'avais et ne voulais avoir aucunement affaire à vous. Je parle à M. Gratien. Que diable! s'il a pu se passer de vous comme interprète lorsqu'il a commis la faute, je présume que vous ne lui êtes pas nécessaire lorsqu'il s'agit tout simplement de la réparer.

— Et qui vous dit, monsieur, que ce n'est pas moi qui, dans cette affaire, ai été son conseil.

— Cela ne m'étonnerait aucunement; mais je plaindrais d'autant plus votre ami, en ce cas.

— Et pourquoi?

— Parce qu'il serait la seconde victime de vos mauvais instincts.

— Voyons, finissons-en, monsieur! dit Gratien. Quelle est l'honnête personne que vous m'accusez d'avoir séduite?

— Il s'agit, monsieur, tout simplement de la jeune fille dont vous avez prononcé le nom tout à l'heure, de la maîtresse de Black, de Thérèse enfin!

Gratien demeura muet pendant quelques instants; puis il balbutia:

— Eh bien, que venez-vous me demander au nom de Thérèse? Voyons, monsieur.

— De l'épouser, pardieu! s'écria Louville. Monsieur, qui me paraît un homme sérieux, ne se serait pas dérangé à moins! Voyons, Gratien, es-tu prêt à conduire à l'autel mademoiselle Thérèse? Eh bien, écris au colonel, demande à ton père et au ministre la permission, et dormons! car, maintenant que nous savons ce que désire monsieur, c'est ce que nous avons de mieux à faire.

— Vous sentez bien, monsieur, reprit Gratien, auquel l'intervention de son ami venait de rendre quelque assurance, que

tout cela ne peut être qu'une plaisanterie. Certainement, je suis prêt à remplir près de mademoiselle Thérèse mes devoirs de galant homme; mais...

— Mais vous commencez par y manquer, dit le chevalier de la Graverie.

— Comment cela?

— Sans doute : le premier devoir de celui que vous appelez un galant homme et que j'appellerais, moi, un honnête homme, n'est-il pas de donner un nom à son enfant?

— Eh quoi! s'écria Gratien, Thérèse...?

— Hélas! monsieur, reprit le chevalier, c'est une des conséquences les moins tristes du gracieux dénoûment dont je vous parlais tout à l'heure.

— Et quand cela serait, que voulez-vous qu'il y fasse? interrompit de nouveau Louville. Vous semblerait-il convenable qu'un escadron de nourrices fût attaché à chaque régiment! Nous avons changé de garnison : que voulez-vous! c'est un malheur. Que la belle cherche un consolateur dans les lanciers qui nous ont succédé; elle est assez jolie pour n'avoir pas besoin de chercher longtemps.

— Vous partagez les sentiments que votre ami vient d'exprimer? demanda le chevalier à Gratien.

— Pas tout à fait, monsieur. Louville, dans son amitié pour moi, va beaucoup trop loin. Certes, j'ai eu des torts, de grands torts vis-à-vis de mademoiselle Thérèse, et je voudrais pour beaucoup qu'elle ne se fût pas trouvée sur mon chemin; je suis prêt, si vous le répétez, à faire tout ce qui dépendra de moi pour adoucir sa position; et cette assurance vous suffira : vous êtes un homme du monde, monsieur, et vous sentez trop combien une pareille union serait incompatible avec les obligations sociales d'un homme de ma condition, pour insister davantage.

— C'est ce qui vous trompe, monsieur Gratien : j'insisterai, et j'ai encore de vous une assez bonne opinion pour espérer que mes prières ne seront pas vaines.

— En ce cas, laissez-moi vous répondre, monsieur, que ce que vous demandez est impossible.

— Rien n'est impossible, monsieur Gratien, insista le chevalier, quand l'homme se trouve en face d'un devoir. J'en sais quelque chose, moi qui vous parle. Tenez, il y a quelques années, je ne pouvais supporter sans frémir la vue d'une épée nue; l'explosion d'une arme à feu me faisait tressaillir; tout ce qui devait déranger l'équilibre parfait de ma vie me donnait la fièvre. Eh bien, à l'heure qu'il est, me voilà courant les chemins, dans une mauvaise diligence, au lieu de dormir bien douillettement dans mon lit; allant à reculons, ce qui m'est particulièrement désagréable; prêt à faire davantage encore, tout cela parce que le devoir a parlé. Vous êtes jeune, monsieur, et de taille à envisager sans frémir bien d'autres impossibilités.

Gratien allait faire une réponse quelconque; mais Louville ne lui en laissa pas le temps.

— Allons donc, mon cher monsieur! dit au chevalier de la Graverie; mais vous êtes fou! à moins que... Mais oui, tenez, voici un moyen. Puisque le mariage de mademoiselle Thérèse vous paraît si urgent; puisqu'à votre avis, il est nécessaire que son enfant ait un nom, pourquoi n'épousez-vous pas la mère et ne reconnaissez-vous pas l'enfant?

— Si des obstacles matériels que j'ai le droit de ne pas vous faire connaître ne m'interdisaient cette pensée, sur le refus que vient de me faire M. Gratien, je ne penserais plus qu'à cela.

— Mille cigares! reprit Louville, vous êtes un homme antique!

— Pardon, monsieur, dit Gratien, tout à l'heure vous avez nié l'impossibilité, et voilà que vous l'invoquez maintenant. Pourquoi ce privilège en votre faveur, ce monopole à votre profit?

— Admettez deux motifs : ou que je sois marié, ou qu'un degré de parenté trop proche m'unisse à Thérèse; dans l'un ou l'autre cas, je ne puis être son mari?

— J'en conviens.

— Tandis que vous, vous êtes garçon et étranger, par les liens du sang du moins, à la jeune fille dont nous nous occupons.

Gratien se tut.

— Voyons, continua le chevalier, examinons froidement, monsieur Gratien, ce qui vous empêcherait de rester honnête homme à vos propres yeux, si ce n'est à ceux de vos amis. Pourquoi vous refuseriez-vous à donner votre main à une jeune fille que vous avez assez aimée pour commettre vis-à-vis d'elle une action qui ressemble fort à un crime, et à reconnaître ainsi l'enfant dont elle va vous rendre père? Certes, vous n'avez rien à dire contre l'extérieur de celle que je m'obstine à considérer comme votre future épouse.

— C'est vrai, répondit Gratien.

— Bah! un minois chiffonné, fit Louville.

— Comme caractère, il est impossible de rencontrer une femme plus douce, et je vous jure qu'elle sera si reconnaissante de ce que vous ferez pour elle, que ce sentiment lui tiendra lieu de l'amour qu'elle n'éprouve pas précisément pour vous.

— Mais c'est une grisette!

— Une ouvrière, monsieur, ce qui n'est pas toujours la même chose; une simple ouvrière, c'est vrai; moi qui m'y connais, je trouve que bien des grandes dames d'aujourd'hui ne possèdent pas la distinction naturelle que j'ai remarquée dans cette ouvrière. Lorsque, pendant quelques mois, elle se sera frottée au monde, Thérèse sera certainement une femme fort remarquable et fort remarquée.

— C'est convenu, s'écria Louville : elle a vingt-cinq mille livres de rente en qualités.

— Mais ma famille, monsieur, dit Gratien, ma famille, qui est noble et riche, croyez-vous que, dans le cas où je consentirais à ce que vous me proposez, elle voudrait jamais autoriser une pareille union?

— Qui vous dit que la famille de Thérèse ne vaut pas la vôtre?

— Laissez faire monsieur, Gratien, dit Louville, et nous allons voir tout à l'heure Thérèse devenir une archiduchesse qui faisait de la lingerie pour son agrément.

— Il y a plus, monsieur, poursuivit le chevalier : qui vous dit que Thérèse n'a pas à attendre une fortune au moins égale à la vôtre?

— Dame! fit Gratien embarrassé, si cela était...

— Allons donc! s'écria impétueusement Louville, la contagion vous gagne, il me semble : vous devenez fou, Gratien; us fou, sur ma parole, que le bonhomme qui vous parle! Mais je suis là, moi, par bonheur, et je ne vous laisserai pas vous enferrer davantage. Répondez-lui donc, une fois pour toutes, par un non bien sec et bien carré, afin qu'il nous laisse dormir en repos et aille au diable, lui, son infante et leur chien!

Et, en manière de péroraison, Louville lança un coup de pied à Black, pour lequel, on se le rappelle, il n'avait jamais eu une grande affection.

Black poussa un hurlement douloureux.

M. de la Graverie reçut en plein cœur le contre-coup de ce coup de pied.

— Monsieur, dit-il à Louville, votre langage a été, jusqu'ici, celui d'un sot; votre action est celle d'un homme brutal et sans éducation. Qui bat le chien, frappe le maître.

— J'ai battu votre chien, parce qu'il me gêne en se roulant entre mes jambes. Et tenez, au fait, je vais appeler le conducteur et lui dire d'exécuter le règlement. Les chiens n'ont pas le droit d'entrer dans les malles-poste.

— Dumesnil... c'est-à-dire mon chien, est cent fois plus à sa place ici que vous, monsieur, et vous venez de donner à mon pauvre ami un coup de pied que vous payeriez cher, si je n'avais point affaire particulièrement à M. Gratien, et si je ne m'étais point juré à moi-même de ne pas me laisser détourner de mon but.

Puis, s'adressant à Gratien :

— Voyons, finissons-en, monsieur, dit-il ; car la discussion, je vous p ie de le croire, pour être plus posée de ma pa ..., ne que je suis un gentilhomme, ne me plaît pas plus qu'à vous. Voulez-vous, oui ou non, rendre à cette jeune fille l'honneur que vous lui avez enlevé?

— Posée ainsi, monsieur, la question ne peut obtenir de moi qu'une réponse : non.

— Vous avez attaqué à une enfant pauvre, isolée, sans appui, sans défense! Vous avez employé un indigne subterfuge pour triompher d'elle! J'ai encore assez bonne opinion de vous, monsieur; je veux ne pas croire, sur votre premier refus, que vous êtes décidé à abandonner comme un lâche à mère à son désespoir, et à jeter votre enfant sur le pavé, à la merci de la charité officielle et de la pitié publique.

— Monsieur, s'écria Gratien, vous vous vantiez tout à l'heure d'être gentilhomme; moi aussi, je le suis : en cette qualité, j'ai été habitué au respect des cheveux blancs; mais ce respect ne peut aller jusqu'à me laisser insulter. Il y a un mot de trop dans ce que vous venez de dire ; rétractez-le à l'instant, je vous en prie!

Et, en effet, Gratien prononça ces derniers mots en vrai gentilhomme.

— Oui, monsieur, dit le chevalier, qui comprenait qu'il avait été trop loin, et que le mot lâche est un de ceux que ne peut supporter un militaire; oui, je rétracterai tout ce que vous voudrez ; mais, à votre tour, faites ce que je vous demande, je vous en conjure! Si vous saviez combien elle a souffert, la pauvre Thérèse ! si vous saviez combien elle était peu faite pour souffrir! elle est si bonne, si douce, si tendre! Oh vous ne vous repentirez jamais de ce qui aura été une bonne action. S'il lui faut un nom, je lui en trouverai un, monsieur, un nom honorable, — le mien. Si vous avez besoin de fortune pour jouir de la vie, je vous abandonnerai ma fortune et ne me réserverai qu'une petite rente viagère; vous-même fixerez cette rente; je me contenterai de ce que vous voudrez bien me laisser. Je vivrai heureux de votre bonheur; vous me permettrez de la voir de temps en temps, et cela nous suffira... N'est-ce pas, Black? n'est-ce pas, mon vieil ami ? Tenez, monsieur Gratien, c'est ici, à genoux, que le pauvre vieillard vous conjure... c'est avec des larmes qu'il vous implore !

Le chevalier fit effectivement le geste de tomber à genoux; Gratien l'arrêta.

— Au fait, dit Louville, c'est une assez jolie spéculation que celle que monsieur te propose, et, à ta place, Gratien, j'y réfléchirais.

Le chevalier sentit où tendait l'insinuation que lançait si perfidement le lieutenant, et, se tournant de son côté :

— Ah! monsieur, lui dit-il, n'est-ce donc point assez que d'avoir, par vos conseils, causé le malheur de la pauvre Thérèse, sans vous opposer au mouvement de repentir qui pourrait naître dans le cœur de votre ami? Que vous a donc fait l'innocente enfant, pour que vous cherchiez encore à empêcher M. G... n de réparer une faute qui, en bonne justice, est plus la vôtre que la sienne ?

Par malheur, l'effet était produit.

— Vous avez peut-être raison dans ce que vous venez de dire, monsieur, repartit Gratien, et je ne vous cacherai point que vos paroles m'avaient touché ; mais la raison doit passer par-dessus toutes les autres considérations, et, tout bien réfléchi, je n'épouserai pas mademoiselle Thérèse.

— C'est votre dernier mot?

— C'est mon dernier mot, monsieur. Je n'épouserai pas une fille pauvre et d'obscure naissance, je ne ferai pas une spéculation; votre protégée ne peut être que dans l'une ou dans l'autre de ces deux alternatives, et je les repousse également.

Le chevalier cacha son visage entre ses mains.

Sa douleur le suffoquait, et il n'était pas assez maître de lui pour la dissimuler.

— Votre douleur me fait mal, monsieur, continua Gratien; mais, comme cependant elle ne peut rien sur mon irrévocable détermination, je crois que je ferai bien de vous céder la place. Nous voici au relais ; je vais prier le courrier de me remettre avec lui.

En effet, presque au même instant, la voiture s'arrêta et le jeune homme descendit sans que le chevalier dît un seul mot, fît un seul geste pour le retenir.

— Et maintenant, monsieur, dit Louville en ramenant son manteau sur son visage, je crois qu'il est temps de nous souhaiter mutuellement une bonne nuit; et je vais, de mon côté, je vous le promets, tâcher de rattraper le temps que vous m'avez fait perdre.

— J'abuserai cependant une fois de plus de cette complaisance dont vous m'avez donné tant de preuves, monsieur, repartit le chevalier avec ironie, et je vous prierai de me donner l'adresse de votre ami.

— Pourquoi faire ? demanda Louville.

— Pour essayer une fois encore de toucher son cœur.

— Inutile! il vous a dit que sa résolution était irrévocable.

— Je reviendrai à la charge, monsieur ; un père ne se fatigue jamais d'intercéder pour son enfant, et Thérèse est presque mon enfant.

— Mais puisque je vous dis, moi, que c'est inutile.
— Eh bien, alors, monsieur, je vous demanderai la vôtre.
— La mienne ? Vous n'avez personne à me faire épouser, il me semble.
— Monsieur, remarquez que j'insiste pour avoir votre carte.
— Mille cigares ! vous me dites cela d'un air presque provocateur ; seriez-vous feu M. de Saint-Georges, par hasard ?
— Non, monsieur, je ne suis qu'un pauvre diable de bonhomme qui hait les querelles et a le sang en horreur, et ce sera, je vous le jure, bien malgré moi si jamais je suis forcé de répandre celui de mon prochain.
— Alors, dormez tranquille, mon cher monsieur, et ne me tourmentez pas davantage pour avoir un morceau de carton qui vous serait parfaitement inutile dans les dispositions pacifiques où vous êtes.

En achevant ces paroles, Louville appuya sa tête contre l'angle de la voiture, et, quelque temps après, les ronflements sonores du jeune officier se mariaient au fracas des roues sur le pavé.

M. de la Graverie ne dormit pas, lui : il passa ce qui restait de la nuit à penser à ce qu'il dirait à son frère, en face duquel il devait se trouver dans quelques heures ; à chercher où et comment il pourrait retrouver des traces de la naissance de Thérèse ; et sa préoccupation fut si grande, que, malgré toute son horreur pour la marche à reculons, il ne songea pas même à s'emparer de la place que le départ de Gratien avait laissée vide.

Le lendemain, à cinq heures, la voiture entrait dans la cour de l'hôtel des Postes.

Là, le chevalier et ses deux compagnons se retrouvèrent à côté les uns des autres.

Le chevalier de la Graverie eût volontiers essayé encore une fois de remettre la conversation sur Thérèse, avant de laisser s'éloigner son séducteur ; mais Louville ne lui en donna pas le temps ; il prit Gratien par le bras, et tous deux sortirent, suivis d'un commissionnaire chargé de leurs bagages.

— Une voiture ! demanda le chevalier.

On lui amena un fiacre.

Le commissionnaire, voyant une malle aux pieds du chevalier, chargea la malle auprès du cocher, et reçut du chevalier, distrait, une pièce de vingt sous pour la peine qu'il n'avait prise.

Le chevalier fit monter Black le premier dans le fiacre et s'assit près de lui en grelottant ; car le pauvre chevalier était parti sans manteau, et la fraîcheur du matin se faisait vivement sentir.

— Où faut-il vous conduire, bourgeois ? demanda le cocher.

— Rue Saint-Guillaume, faubourg Saint-Germain, répondit le chevalier.

## XXX

Comment M. le baron de la Graverie entendait et pratiquait les préceptes de l'Évangile.

Bien qu'il ne fût que cinq heures et demie du matin, le chevalier de la Graverie ne songea point un instant à remettre à plus tard la visite qu'il voulait faire à son frère.

Comme tous les gens lents à prendre un parti, le chevalier, une fois sorti de sa voluptueuse tranquillité, ne savait plus ni temporiser ni attendre.

D'ailleurs, les questions qu'il allait poser au baron lui semblaient si importantes, qu'il ne doutait point que toutes les portes de l'hôtel de la Graverie ne s'ouvrissent immédiatement devant lui.

Le baron habitait, rue Saint-Guillaume, une de ces immenses demeures dont les proportions furent assez ordinairement avec le luxe étriqué et les habitudes parcimonieuses de ceux qui les habitent aujourd'hui.

Le fiacre du chevalier s'arrêta devant une grande porte cintrée aux épais battants de chêne, sur l'un desquels le cocher fit, à plusieurs reprises, retentir un lourd marteau.

Rien ne bougea dans l'intérieur de l'hôtel.

Le cocher réitéra ses appels, en ayant soin de les rendre de plus en plus bruyants, et, enfin, une voix glapissante, partie d'une loge construite à droite de la porte cochère, suivant les anciennes traditions, parlementa longtemps avant de se décider à tirer le cordon.

Le chevalier profita de l'entre-bâillement de la porte pour pénétrer dans la cour ; il paya son cocher, siffla Black, qui commençait d'explorer les lieux, et s'adressa à une tête coiffée d'un bonnet de coton et bizarrement éclairée par la lueur fantastique d'une mauvaise chandelle qu'une main décharnée sortait du vasistas pour reconnaître le visiteur matinal.

— M. le baron de la Graverie est-il visible ? demanda le chevalier.

— Plaît-il ? fit le ou la concierge.

Le chevalier réitéra sa question.

— Ah çà ! mais vous êtes fou, mon cher monsieur ! s'écria la tête. Permettez-moi d'abord de vous demander quelle heure il est.

Le chevalier tira naïvement sa montre et concentra tout ce qu'il avait de puissance dans les yeux pour y voir au milieu du crépuscule.

— Six heures, mon cher monsieur... ou ma brave dame, dit le chevalier ; car votre chandelle éclaire si mal, que je ne saurais bien précisément dire à quel sexe vous appartenez, et si c'est au concierge ou à la concierge de mon frère que j'ai l'honneur d'adresser la parole.

— Comment ! vous êtes le frère de M. le baron ? s'écria la tête avec un accent d'étonnement que la main accompagna d'un geste analogue. Mais entrez donc, alors, entrez dans la loge, monsieur, je vous en prie, entrez ! car, vraiment, vous grelottez en plein air, et, moi, je sens à mon nez que je m'enrhume.

— Ne serait-il pas beaucoup plus simple, dites-moi, que vous m'introduisiez tout de suite chez mon frère ?

— Chez votre frère ? s'écria la tête en continuant de manifester, par son accent et par son geste, un étonnement croissant. Mais impossible, monsieur, impossible ! le cocher ne se lève qu'à sept heures ; il ne fait jour chez le valet de chambre de monsieur qu'à huit ; enfin, il pourra être dix heures lorsque ce dernier entrera chez M. le baron, et, avant que la toilette de monsieur votre frère soit faite, avant que notre maître ait été rasé, poudré, habillé, il s'écoulera encore une heure au moins ! c'est comme cela. Dame ! il faut en prendre votre parti et vous résigner à la patience. Entrez donc, monsieur, entrez donc !

A ces mots, qu'elle regardait comme concluants et qui l'étaient en effet, la tête se retira du vasistas, qui se referma.

Mais presque aussitôt la porte s'ouvrit et offrit au chevalier l'hospitalité tiède et nauséabonde de la loge.

— Cependant, insista le chevalier ne pouvant se décider à franchir le seuil de la baraque, j'ai à entretenir mon frère de choses très-pressées et de la plus haute importance.

— Faire ce que désire monsieur serait risquer de perdre ma place. M. le baron est bien trop sévère pour toutes les choses d'étiquette. Oh ! il n'y a pas de danger que l'on désobéisse à ses ordres, à celui-là.

— Voyons, ma brave femme, puisque décidément vous êtes une telle ma, je prends tout sous ma responsabilité... Et, tenez, voilà d'abord un louis pour vous dédommager de l'ennui que votre complaisance pourra vous occasionner.

La concierge tendait la main pour saisir le jaunet, lorsqu'on entendit un grand bruit de planches renversées qui venait de la cour ; à ce bruit se mêlaient des abois frénétiques et des cris de volaille en détresse.

La concierge ne fit qu'un bond de sa loge dans la cour en s'écriant :

— Oh ! on Dieu ! qu'arrive-t-il aux cochinchinois de M. le baron ?

Quant au chevalier, n'apercevant pas Black près de lui, il frissonna se doutant instinctivement de ce qui était

En effet, la concierge avait à peine fait trois pas dans la cour, que l'épargneul revenait à son maître, tenant à sa gueule un énorme coq, dont la tête pendante, et allant de droite à gauche comme le balancier d'une pendule, indiquait suffisamment qu'il avait passé de vie à trépas.

C'était bien, comme l'avait dit la concierge, un coq de l'espèce dite cochinchinoise, alors dans toute sa nouveauté.

Le chevalier prit le coq par ses pattes, longues comme des échasses, et l'admira avec curiosité, tandis que Black regardait amoureusement sa victime et paraissait enchanté du chef-d'œuvre qu'il venait de faire.

Mais la concierge ne semblait nullement disposée à partager l'admiration de l'un et la satisfaction de l'autre ; car elle se mit à pousser des cris déchirants avec des invocations à la manière antique.

A ses cris, toutes les fenêtres s'illuminèrent, et à chacune de ces fenêtres apparurent des têtes capricieusement coiffées, qui de madras, qui de bonnet de coton, qui de serre-tête d'indienne; toutes, au reste, précieuses par le cachet d'ancien régime qui caractérisait chacune d'elles.

C'était la domesticité de M. le baron.

Chacune de ces têtes donnait passage à une voix dans un diapason différent, et chacune de ces voix s'enquérait à la fois de ce qui pouvait causer ce tumulte et troubler tant de braves gens au milieu de leur repos.

Il en résulta un brouhaha que domina bientôt le bruit d'une sonnette que l'on faisait vibrer à tour de bras.

A l'instant même, on entendit cette phrase sortir de toutes les bouches, avec un ensemble qui eût fait honneur aux comparses d'un théâtre du boulevard :

— Ah ! voilà monsieur le baron réveillé.

Et le tumulte s'apaisa comme par enchantement ; ce qui donna au chevalier une haute idée de la fermeté avec laquelle son frère gouvernait son intérieur.

— Allons, madame Wilhem, dit le valet de chambre en arrachant son bonnet de coton et en découvrant son crâne nu et poli comme l'ivoire, allons, venez raconter à M. le baron ce qui s'est passé, et lui expliquer comment des étrangers peuvent se trouver dans l'hôtel à cette heure de nuit.

— Je n'oserai jamais, répondit la pauvre concierge.

— Eh bien, j'irai, moi, dit le chevalier.

— Qui êtes-vous ? demanda le valet de chambre.

— Qui je suis ? Je suis le chevalier de la Graverie, et je viens voir mon frère.

— Ah ! monsieur le chevalier, s'écria le valet de chambre, mille pardons de vous avoir parlé dans une tenue si peu convenable ! Souffrez que je passe quelque vêtement, et j'aurai l'honneur de vous introduire auprès de votre frère.

Quelques instants après, le vieux domestique apparaissait à la porte du vestibule, où, après force salutations respectueuses, il introduisit le chevalier.

Il lui fit d'abord monter un large escalier de pierres de taille à la rampe de fer ouvragé, lui fit traverser plusieurs pièces meublées de ces meubles jadis dorés, mais aujourd'hui peints en blanc par économie, frappa discrètement à une dernière porte, l'ouvrit, et annonça majestueusement, comme il eût pu le faire en introduisant un ambassadeur étranger chez un ministre :

— M. le chevalier de la Graverie !

Le baron de la Graverie reposait dans un lit d'assez mince apparence et complètement veuf de rideaux. Comme tous les gentilshommes qui avaient passé par les rudes épreuves de l'émigration, le baron avait pris l'habitude de mépriser les superfluités de la vie, c'est-à-dire ce que l'on appelle aujourd'hui le confortable.

Une commode, un secrétaire en acajou, une table de nuit qui s'ouvrait par une coulisse, tels étaient, avec le lit, les seuls meubles de la chambre.

Sur la cheminée se dressait un cartel en cuivre, flanqué de deux chandeliers argentés et de deux cornets de porcelaine française ; autour de la glace étaient pendus différents médaillons représentant le roi Louis XVIII, Charles X et monseigneur le dauphin.

Là se bornaient tous les ornements de cette pièce froide et nue, qui ne répondait nullement à la position réelle de son propriétaire et au luxe de domestiques qui l'entouraient.

Au moment où le valet de chambre annonça le chevalier, le baron se dressa sur son coude, souleva de la main gauche un madras qui lui tombait sur les yeux, et, sans faire d'autre démonstration amicale :

— Et d'où diable sortez-vous, chevalier ? s'écria-t-il.

Puis, après une pause, et comme obéissant à un sentiment de convenance :

— Jasmin, fit-il, avancez un tabouret à mon frère.

Le pauvre chevalier fut glacé par cet accueil. Il y avait une quinzaine d'années qu'il n'avait revu son frère, et, quels qu'eussent été les procédés de son aîné envers lui, ce n'était pas sans une profonde émotion qu'il se trouvait en présence de cet homme qui avait puisé la vie aux mêmes flancs que lui ; et tout son sang reflua vers son cœur lorsqu'il put se rendre compte du peu d'importance que le baron de la Graverie attachait à la vie ou à la mort de son cadet.

Aussi lui laissa-t-il faire tous les frais de la conversation.

Le baron en profita.

— Par la sambleu ! comme vous êtes changé, mon pauvre chevalier ! dit le baron en inspectant son frère de la tête aux pieds, avec cette curiosité froide complètement dénuée d'intérêt.

— Je ne vous ferai pas le même compliment, mon frère, dit Dieudonné ; car je vous trouve le même air, la même mine, la même voix, que le jour où je vous ai quitté.

En effet, le baron de la Graverie, toujours sec et osseux, ridé de bonne heure, avait vu impunément, en revanche, les années s'accumuler sur sa tête. Vivant sans souci, comme les gens profondément égoïstes, il n'avait pas ajouté une ride à ses rides précoces, pas un cheveu blanc à ses cheveux gris avant l'âge.

— Et qui vous amène, monsieur mon frère ? reprit le baron ; car je présume qu'il n'a pas fallu moins qu'un motif bien grave pour que vous vous décidiez à forcer ma porte à une heure aussi indue. D'où venez-vous ? Mon notaire, auquel je m'informe quelquefois de l'état de vos affaires et en même temps de celui de votre santé, m'a dit que vous viviez, je crois, à Chartres en Beauce, ou à Meaux en Brie... je ne sais plus... Non, je crois que c'est à Chartres, n'est-ce pas ?

— Effectivement, mon frère, c'est à Chartres.

— Eh bien, que fait-on là ? Les gens qui pensent bien y sont-ils nombreux ? Philippe d'Orléans y compte-t-il beaucoup d'amis ? A Paris, mon pauvre Dieudonné, la société se gangrène ; *la Gazette de France* bat la breloque ; Chateaubriand et Fitz-James se font libéraux, et nombre de gens bien nés se rallient. Pouah ! c'est un temps bien déplorable que celui dans lequel nous vivons ! Croiriez-vous que, pas plus tard qu'hier, *la Quotidienne* nous citait les noms de grands seigneurs, de vrais grands seigneurs, des gens dont les pères et les grands-pères montaient dans les carrosses du roi, qui ne rougissent pas de se faire industriels ! des ducs, des marquis qui deviennent marchands de fer et de charbons... que sais-je, moi !

— Mon frère, dit le chevalier, si cela vous était agréable, nous parlerions tout à l'heure de la chose publique, mais nous nous en tiendrions, pour le moment, aux intérêts privés qui m'amènent.

— Soit, soit, dit le baron légèrement piqué. Parlons de ce qu'il vous plaira. Mais qu'est-ce donc qui grouille à vos côtés, dans l'ombre ?

— C'est mon chien, mon frère ; n'y faites aucune attention.

— Et depuis quand, mon cher, fait-on des visites à un frère aîné avec une semblable escorte ? Un chien, cela se met au chenil, et, quand on veut s'en servir ou le montrer à des connaisseurs, s'il est de race, on le fait amener par son piqueur. Il va souiller mon tapis.

Le tapis du marquis de la Graverie, notez bien cela, montrait la corde sur toutes les faces et semblait avoir été, jusqu'alors, fort indifférent aux taches de toute espèce.

— Ne craignez rien, mon frère, répondit humblement le chevalier, qui comprenait toute l'importance qu'il y avait pour lui à ne pas indisposer son frère aîné ; ne faites pas attention à Black : il est très-propre, et, si je l'ai amené avec moi, c'est qu'il ne me quitte rarement. Ce chien, c'est... c'est mon ami !

— Singulier goût que vous avez de placer vos amitiés dans cette espèce !

Le chevalier avait grande envie de répondre qu'à la façon dont la fraternité était pratiquée chez les hommes, on ne perdait rien à chercher un bon sentiment chez les bêtes; mais il résista à la tentation et se tint coi.

Malheureusement, tout n'était pas fini entre Black et le baron de la Graverie.

— Mais, chevalier, dit ce dernier, regardez donc ce que votre diable de chien tient entre ses pattes.

Le chevalier se retourna si brusquement du côté de Black, que celui-ci crut que son maître lui adressait une invitation d'aller à lui, et, ramassant le coq, que tout le monde avait oublié au coup de sonnette furibond du baron, il entra dans le cercle de lumière tracé autour du lit, tenant à la gueule le malheureux volatile qu'il avait étranglé dans la cour.

C'était l'état du pauvre Black d'étrangler et de rapporter; étant dans l'exercice de ses fonctions, il croyait bien faire.

À la vue de l'oiseau mort, le baron se dressa convulsivement sur son séant.

— Par la mort-diable! s'écria-t-il, votre sot animal a fait là un beau chef-d'œuvre : un coq de Cochinchine que j'avais fait venir de Londres et qui m'avait bel et bien coûté douze pistoles! Vous aviez bien besoin, monsieur, de venir ici. et d'y venir en pareille compagnie! Je ne sais à quoi tient que je ne sonne mes gens et que je ne leur ordonne à l'instant de pendre cette maudite bête.

— Pendre Dumesnil! s'écria le chevalier mis tout hors de lui par cette menace; songez-y bien, mon frère, avant de donner un pareil ordre! Je vous ai dit que ce chien était mon ami, et je le défendrai jusqu'à la mort!

Le pauvre chevalier s'était levé d'un bond en entendant la menace de son frère; et, tout en prononçant, de son côté, la menace par laquelle il y répondait, il brandissait son tabouret, comme s'il se fût déjà trouvé en présence de l'ennemi.

Son attitude belliqueuse étonna singulièrement le baron, qui l'avait toujours connu fort *poule mouillée*, comme il disait.

— Holà! mais quelle mouche vous pique donc, mon frère? s'écria ce dernier. Je ne vous connaissais pas ces transports héroïques. Savez-vous que vous êtes un hôte aussi dangereux que votre chien? Voyons, continua-t-il en jetant un coup d'œil sur le malheureux coq, que Black avait déposé à terre comme pour être prêt à soutenir son maître si besoin était; voyons, dites-moi vite de quoi il s'agit, et finissons-en.

Le chevalier déposa son tabouret, fit signe à Black de se tenir tranquille; puis, après s'être recueilli un instant :

— Mon frère, dit-il, je désirerais avoir des nouvelles de madame de la Graverie.

Le tonnerre tombant dans la ruelle de M. le baron ne l'eût pas plus étonné que cette demande inattendue, sortant de la bouche de son frère.

— Des nouvelles de madame de la Graverie? s'écria-t-il. Mais il me semble, mon cher Dieudonné, que, si vous avez attendu jusqu'à jour pour vous informer d'elle, c'est, en vérité, vous y prendre un peu tard.

— Oui, mon frère, répondit humblement le chevalier, oui, j'avoue qu'il eût été plus convenable à moi de chercher à savoir, dès mon arrivée en France, ce que Mathilde était devenue; mais, que voulez-vous! d'autres soins...

— Les soins de votre personne, sans doute; car, d'après ce qui m'a été raconté et, si j'en juge par votre mine fleurie et la graisse qui vous boursoufle de tous côtés et fait craquer vos vêtements, si facile de voir que, si vous êtes resté indifférent au sort de votre frère et de votre femme, vous n'avez pas négligé les soins de votre estomac.

— Enfin, mon frère, toute récrimination à part, aujourd'hui je désire savoir ce qui est arrivé de Mathilde après mon départ pour l'Amérique.

— Mon Dieu, que vous dirai-je? je ne la revis qu'une fois, lorsqu'il s'agit de régler les affaires dont vous m'aviez laissé la direction, et je dois avouer que je la trouvai beaucoup plus accommodante que je ne m'y attendais. Elle ne manquait point de bon sens, cette créature; elle comprit tout de suite la position exceptionnelle que lui faisait sa faute et se prêta de bonne grâce à ce que ma situation de chef de famille voulait que j'exigeasse d'elle.

— Mais, enfin, quelles furent ces conditions que vous vous crûtes contraint de lui imposer? s'écria le chevalier, qui voyait avec satisfaction son frère aller au-devant de l'interrogatoire qu'il comptait lui faire subir.

Par malheur, le baron était meilleur diplomate que le chevalier; il s'aperçut, à la mine embarrassée de son cadet, que sa question cachait une arrière-pensée, et, à tout événement, il résolut de ne rien révéler de ce qui s'était passé entre sa belle-sœur et lui.

— Mon Dieu, dit-il d'un air naïf, il ne m'en souvient guère à cette heure : c'était, autant que je puis me le rappeler, la promesse de ne plus porter votre nom, et, enfin, l'acquiescement de votre femme à l'acte qui me substituait à votre fortune, au cas où vous viendriez à décéder sans enfants.

— Mais, demanda le chevalier, comment Mathilde, qui était enceinte, put-elle se décider à signer cet acte qui livrait son enfant à la misère?

— La facilité même avec laquelle elle y donna son consentement vous prouverait, si vous en doutiez encore, combien les accusations portées contre elle étaient justes et fondées, puisqu'elle n'osait défendre ce qu'elle devait regarder comme le patrimoine de son enfant.

— Et cet enfant, qu'est-il devenu? demanda le chevalier abordant résolûment la question.

— Cet enfant? sais-je seulement s'il y a eu un enfant, moi? Croyez-vous que j'avais du temps à perdre pour suivre, dans ses campagnes amoureuses, une drôlesse de ce genre? Elle accoucha, je ne sais où; deux ans après, elle mourut. J'ai là, dans mon bureau, son acte de décès. Peut-être sa grossesse s'est-elle bornée à une fausse couche; car il me semble hors de doute que, si ce fruit de l'adultère eût vécu, on n'eût pas manqué de s'adresser à ma charité bien connue, pour venir en aide à ce petit malheureux ou à cette petite malheureuse.

— Eh bien, mon frère, vous vous trompez, dit le chevalier piqué du sans façon avec lequel son frère traitait la femme qu'il avait tant aimée. Il y a eu une belle et bonne couche; l'enfant existe; c'est une grande et belle fille, qui est, je vous jure, le vivant portrait de sa mère.

Comprenant instinctivement qu'il portait à son frère le coup le plus douloureux qu'il pût lui porter, le chevalier donnait comme la vérité absolue la chose dont il doutait encore.

Malgré sa finesse et son assurance, le baron ne put s'empêcher de pâlir.

— Quelque jeune coquine qui cherche à abuser de votre crédulité, mon frère! car ce que vous me dites-là, n'est pas possible.

Le chevalier raconta alors tout au long son histoire avec Thérèse.

C'était une faute!

Le baron le laissa aller jusqu'au bout; puis, quand il eut fini, il leva les épaules.

— Je vois, dit-il, que les années, si elles ont modifié votre intérieur et ballonné votre extérieur, n'ont rien changé à votre cervelle, mon pauvre Dieudonné. Vous êtes fou! Mathilde n'a point laissé d'enfant, je vous en donne l'assurance.

Quel que fût le doute du chevalier lui-même à ce sujet, il ne voulut pas se démentir.

— Pardon, mon frère, dit-il, mais, malgré tout le respect que je vous dois, comme mon aîné, vous me permettrez de croire que votre affirmation ne prévaut pas contre mes...

Il allait dire *contre mes certitudes*; mais son honnête nature se refusa à ce mensonge; il se contenta donc de dire, après avoir hésité une seconde :

— Contre mes présomptions... Je pense, moi, au contraire, que Mathilde a laissé un enfant, et j'ai la presque certitude que cet enfant, c'est la fille dont je viens de vous parler tout à l'heure.

— Vous n'avez pas, monsieur, je le présume du moins, la prétention d'introduire cette intruse dans notre famille?

— J'ai la prétention, monsieur, dit le chevalier, que l'égoïsme de son frère révoltait, de rendre mon nom à mon enfant aussitôt qu'il me sera possible de prouver au monde, comme il m'est déjà prouvé à moi-même, que Thérèse est ma fille.

— Votre fille! vous voulez rire, sans doute : la fille du lieutenant Pontfarcy!

— Ma fille ou la fille de ma femme, comme vous l'entendrez, mon frère. Tenez, moi, je n'y mets pas le moindre amour-propre ni le moindre respect humain; qu'elle m'appartienne ou qu'elle ne m'appartienne pas, peu m'importe! — N'est-ce pas, Black? — Pour le monde, pour le droit, elle sera ma fille. Pé-

*ter is est quem nuptiæ demonstrant.* Je n'ai retenu que cela de mon latin, mais je le sais bien. Pour le cœur, elle me reviendra encore. J'ai assez aimé Mathilde, elle m'a rendu assez heureux pour que je paye, pour que j'achète même bien cher le portrait vivant qu'elle aura laissé après elle. Voyons, mon frère, voulez-vous, oui ou non, me dire ce que vous savez là-dessus?

— Encore une fois, monsieur, dit le baron, je ne sais rien, absolument rien! mais je saurais quelque chose, que je ne parlerais pas davantage; c'est à moi, comme l'aîné, comme le chef de la famille, qu'il appartient de sauvegarder l'honneur du nom que je porte, et je ne veux pas qu'il soit compromis par vos folies.

— Le nom n'est pas tout ici-bas, mon frère, et souvent nous n'obéissons aux préjugés et aux convenances de la société qu'aux dépens des préceptes de l'Évangile et des commandements du Sauveur des hommes.

— Ainsi, s'écria le baron en se dressant une seconde fois sur son séant, en croisant les bras, et en hochant la tête à chaque syllabe qu'il prononçait; ainsi, vous n'attendez qu'une preuve de la naissance de cette fille pour oublier que la mère a déshonoré votre nom et brisé votre vie; qu'elle vous a torturé, banni de votre pays? Eh bien, tenez, je vais vous donner une nouvelle preuve de l'indignité de cette femme. Vous avez cru, jusqu'ici, que M. de Pontfarcy avait été son seul amant: point! elle en avait deux. Le second, devinez qui c'était? Ce capitaine Dumesnil, cet Oreste dont vous étiez le Pylade!

— Je le savais, dit simplement le chevalier.

Le baron recula d'épouvante, étouffant dans ce mouvement son oreiller contre le dossier de son lit.

— Vous le saviez? s'écria-t-il.

Le chevalier fit de la tête un signe affirmatif.

— Eh bien, cherchez, démêlez votre paternité au milieu de ce conflit d'adultères, si vous le pouvez; pardonnez, si vous l'osez.

— Je pardonnerai, parce que c'est plus que mon droit, mon frère: parce que c'est mon devoir.

— A votre aise! moi, je vous dirai ceci, monsieur: il faut être sans pitié pour ceux qui commettent les fautes qui, en démoralisant la société, nous ont conduits dans l'abîme où nous sommes.

Vous oubliez, mon frère, vous qui, cependant, avez la prétention d'être un homme religieux, vous oubliez que le Christ a dit : « Que celui de vous qui est sans péché lui jette la première pierre. » Or, de qui était-il question, je vous le demande, si ce n'est d'une femme adultère, d'une Mathilde juive?

— Ah! vous allez prendre l'Évangile à la lettre, vous? s'écria le baron.

— Au surplus, mon frère, reprit doucement le chevalier, pour ne pas mettre l'Évangile en jeu, tout cela, j'aimerais mieux que mademoiselle Thérèse — en supposant qu'elle ne fût que mademoiselle Thérèse — devînt mademoiselle de la Graverie que de penser que mademoiselle de la Graverie pût rester mademoiselle Thérèse.

— Faites-en une religieuse, monsieur; payez sa dot sur votre revenu, puisque vous vous intéressez tant à une fille de la borne!

— Il importe au bonheur de Thérèse qu'elle ait un nom, et c'est un nom que je cherche pour elle.

— Mais, mort-diable! songez-y, monsieur, le jour où elle aura votre nom, elle aura aussi votre fortune.

— Je le sais.

— Et vous oseriez dépouiller votre famille, frustrer mes fils, qui sont les héritiers légitimes, pour jeter votre fortune à un enfant dont vous n'êtes pas, dont vous ne pouvez pas être le père?

— Qui le prouve?

— Cette lettre même que je voulais vous remettre, le jour où je me décidai à vous faire connaître l'inconduite de votre femme; lettre que Dumesnil osa déchirer malgré mes prières.

— Cette lettre, je ne l'ai point lue, vous devez vous en souvenir, mon frère.

— Oui; mais je l'ai lue, moi, et je puis vous affirmer que, dans cette lettre, Mathilde félicitait M. de Pontfarcy d'une paternité dont elle lui attribuait tout l'honneur.

— En feriez-vous vraiment le serment sur votre foi de gentilhomme? demanda le chevalier, qui, depuis quelques instants, paraissait rêveur.

— Sur ma foi de gentilhomme, je le jure, dit le baron.

— Eh bien, grand merci, mon frère! dit en respirant le chevalier.

— Et pourquoi cela, grand merci?

— Parce que vous mettez ma conscience à l'aise; car, puisqu'il m'est impossible de reconnaître la pauvre Thérèse pour ma fille, je vais me décider à une chose à laquelle j'avais songé déjà: c'est à en faire ma femme, et, par ma foi de gentilhomme aussi, mon frère, dans quelques mois d'ici, je vous aurai donné, je vous le jure à mon tour, ou un bon gros neveu, ou une gentille petite nièce.

Le baron fit un bond furieux dans son lit.

— Sortez d'ici, monsieur! dit il, sortez à l'instant même, et ne vous avisez jamais d'y remettre les pieds! et si vous tenez à exécuter l'infâme projet dont vous venez d'avoir l'audace de me parler, je vous donne ma parole d'honneur que j'use de tout mon crédit pour vous faire interdire.

Le chevalier, qui s'émancipait de plus en plus, ne prêta qu'une médiocre attention aux menaces de son frère. Il prit son chapeau, siffla Black aussi familièrement qu'il eût pu le faire dans une écurie, et ferma la porte en laissant le baron en tête-à-tête avec son coq cochinchinois étranglé, et dans une exaspération difficile à décrire.

## XXXI

Comment les pirates du boulevard des Italiens coupent les amarres et enlèvent les convois.

L'idée que le chevalier de la Graverie venait de communiquer à son frère aîné, et qui avait si fort agacé le système nerveux de celui-ci, semblait tout à fait praticable à notre héros; aussi, malgré l'insuccès des démarches qu'il avait accomplies en moins de douze heures, paraissait-il tout joyeux en quittant l'hôtel de la rue Saint-Guillaume.

— L'un refuse d'épouser ce cher petit ange, disait-il; l'autre veut m'empêcher de lui donner le nom qui lui revient; eh bien, je vais joliment les attraper tous les deux! J'étais, ma foi, bien bon de quitter Chartres, de m'aventurer dans cette maudite malle-poste, — où j'ai ramassé une courbature que je devrais peut-être, si j'étais raisonnable, combattre au plus vite par des frictions; — j'étais bien simple de venir me morfondre à la porte de ce vieux fou égoïste, de me risquer à battre le pavé de Paris comme je le fais à cette heure, sans linge, sans vêtement et sans abri, lorsqu'il m'était si facile de donner à la fois une fortune à la pauvre Thérèse et une paternité à son enfant!... Je le ferai, oui, de par Dieu! je le ferai, et monsieur mon frère, qui compte sur ma succession, en aura un pied de nez! Bien entendu que, si, pour le monde, je donne à la pauvre enfant le titre d'épouse, je ne serai jamais pour elle qu'un père...

Le chevalier en était là de son monologue lorsqu'il s'entendit appeler.

Il se retourna et aperçut le valet de chambre de son frère qui courait après lui, une petite malle sur l'épaule.

— Monsieur le chevalier! monsieur le chevalier! criait ce dernier en se rapprochant de lui, vous oubliez votre valise.

— Ma valise? fit le chevalier s'arrêtant; mais, sac à papier! je n'avais avec moi aucune valise, que je sache du moins.

— Cependant, monsieur le chevalier, dit le valet de chambre tout essoufflé en rejoignant M. de la Graverie, c'est bien le cocher qui vous a amené qui a déposé cette petite malle au coin de la loge. Madame Wilhem, la concierge en est certaine.

Le chevalier prit la valise des mains du valet de chambre, la tourna et la retourna dans tous les sens, puis enfin aperçut sur la partie supérieure une carte coupée en deux, où il lut le nom et l'adresse suivants:

« M. Gratien d'Elbène, officier de cavalerie, rue du faubourg Saint-Honoré, n° 42. »

— Parbleu ! s'écria le chevalier, voilà une erreur dont je ne me plaindrai pas, et je suis sûr, maintenant, de retrouver mon homme quand bon lui semblera.

Dieudonné remercia le valet de chambre, joignit un louis au remercîment, fit signe à un commissionnaire, lui mit la malle sur l'épaule, et continua son chemin en quête d'un hôtel où il pût se reposer de ses fatigues.

Il trouva cet hôtel rue de Rivoli.

Après avoir pris une chambre au premier étage pour n'avoir pas trop haut à monter, après y avoir fait allumer un grand feu auquel il exposa ses reins et ses épaules de manière à les faire presque cuire ; après avoir installé Black sur des coussins que, sans pudeur aucune, il prit au canapé de velours d'Utrecht qui ornait la chambre qu'on lui avait donnée, le chevalier se mit au lit ; mais, contre son attente et malgré sa fatigue, il lui fut impossible de s'endormir.

Tant que son esprit s'était trouvé échauffé par la discussion qu'il avait eue avec son frère, il avait, comme nous le lui avons entendu dire à lui-même, trouvé qu'épouser Thérèse serait la chose la plus simple, la plus naturelle et la plus logique du monde ; mais, depuis que le hasard lui avait remis sous les yeux le nom du séducteur de la jeune fille, il s'était pris à réfléchir plus froidement, et, à chaque réflexion nouvelle, il rencontrait des objections qui révoltaient sa délicatesse et dont la plus grave était celle-ci :

Lui demeurait-il bien prouvé que Thérèse ne fût point son enfant, et, dans le cas où elle le serait, quelle que fût la réserve de ses relations avec la jeune femme, n'y aurait-il pas quelque chose de profondément immoral dans cette union ?

Puis, qui lui disait que le baron n'avait pas quelque preuve de cette naissance, preuve que son aîné lui cacherait tant qu'il aurait intérêt à le faire, mais qu'il rendrait publique, pour se venger, le jour où cette preuve pourrait produire un incestueux scandale.

A ces deux objections, qui se dressaient menaçantes au fond de son esprit, et peut-être bien même au fond de sa conscience, le chevalier retomba rapidement dans toutes ses indécisions et dans toutes ses angoisses. Il résolut de ne pas renoncer entièrement à cette idée qui lui semblait une épée de Damoclès bonne à suspendre au-dessus de la tête de monsieur son aîné ; mais il résolut en même temps, quoi qu'il en coûtât à sa paresse et à son amour du repos, de tout faire, de tout tenter pour donner un autre dénoûment aux amours de la pauvre Thérèse.

Agité comme il l'était, Dieudonné se tourna et se retourna tant dans son lit, qu'il craignit de se donner une seconde courbature, et qu'il prit le parti de se lever.

Il s'habilla, cacha tant bien que mal, sous son gilet boutonné le plus haut possible, la fraîcheur douteuse de sa chemise, et sortit en se disant que le grand air lui donnerait peut-être les idées qui lui faisaient défaut en restant enfermé dans une chambre d'hôtel garni.

Nous l'avons dit, M. de la Graverie était essentiellement flâneur, et, malgré les sérieuses préoccupations auxquelles il était en proie, il trouva dans les rues de Paris, qu'il n'avait point parcourues depuis dix-sept ou dix-huit ans, trop de prétextes à flânerie pour ne pas être promptement distrait de ses pensées.

C'étaient d'abord les omnibus, invention nouvelle pour M. de la Graverie, qui les considérait avec curiosité.

Puis c'étaient les marchands de toute espèce, les magasins de tout genre ; les cafés, dont le luxe avait pris, depuis quelque temps, des proportions qui stupéfiaient le pauvre Dieudonné et qui, à chaque pas, le clouaient sur le trottoir.

Black ne semblait pas moins étonné que M. de la Graverie au milieu de cette cohue ; il allait, venait, courait d'un air effaré, bousculé par l'un, arrêté par l'autre, perdant son maître toutes les cinq minutes, traversant alors la tête haute et le nez au vent, entrant dans toutes les portes qu'il trouvait ouvertes, flairant chaque passant, disparaissant, reparaissant et redisparaissant, tant et si bien, qu'il commença à donner les plus vives inquiétudes au chevalier.

— Par le sambleu ! dit celui-ci, pour peu que cela dure, je ne puis manquer de perdre mon chien. C'est singulier comme, du jour où il est soumis à la métempsycose, l'homme prend les habitudes du corps que Dieu lui a donné à habiter. Je vous demande un peu qui diable reconnaîtrait le grave capitaine de grenadiers Dumesnil dans ce chien qui court comme un fou, au lieu de se tenir prudemment à mes côtés.

Ces réflexions inspirèrent au chevalier l'idée ingénieuse d'acheter une laisse ; il en passa le porte-mousqueton dans l'anneau du collier de l'épagneul, et, traînant l'animal à la remorque, il continua ses pérégrinations à travers les rues de Paris, où, comme un autre Christophe Colomb, il semblait marcher de découvertes en découvertes.

Black, déchargé de tout souci, semblait enchanté de cette nouvelle manière de voyager et suivait son maître sans opposer la moindre résistance.

Cependant, la soirée approchant sans que M. de la Graverie se fût encore arrêté à aucune résolution, il songea qu'il était temps de satisfaire les besoins de son estomac.

Sa première idée avait été de se rendre dans ce but, soit chez Véry, soit aux Frères-Provençaux, soit au Rocher-de-Cancale, qui étaient, comme souvenirs gastronomiques, restés dans son esprit ; mais il aperçut un restaurant couvert de tant de dorure et de sculpture, qu'il pensa que la cuisine de l'établissement devait être en harmonie avec l'élégance extérieure de la maison ; il y entra donc et se fit servir, pour lui et Black, un dîner qu'il trouva détestable, mais que Black, moins difficile que son maître, mangea, lui, sans sourciller.

Le chevalier paya la carte et sortit.

Pendant son absence, la carte avait changé de nom : elle s'appelait l'*addition*.

M. de la Graverie fit une légère grimace en vérifiant la susdite addition ; il avait mangé ou plutôt on lui avait servi un dîner de 39 francs 60 centimes qui, dans son appréciation culinaire, ne valait pas, à part le vin, un petit écu.

Nous devons avouer, avec notre franchise bien connue, que, pendant le dîner, M. de la Graverie, qui avait jugé à propos de faire au garçon des observations, d'abord, sur la façon dont il fermait la porte de son cabinet, sans pouvoir obtenir de lui qu'il la fermât plus doucement ; puis des commentaires sur chaque plat que ce même garçon lui servait, le chargeant d'expliquer au chef comme quoi la sauce tomate doit, dans sa préparation, absorber un tiers d'oignons et deux tiers de pommes d'amour ; comme quoi le fricandeau doit être braisé dessus et dessous ; comme quoi les écrevisses doivent être cuites au vin de Bordeaux, qui ne s'aigrit pas sur le feu comme le vin de Chablis, et servies chaudes dans leur sauce au lieu d'être servies froides et sèches sur un lit de persil ; nous devons avouer, disons-nous, qu'en exposant ces théories gastronomiques pour le plus grand avantage de ceux qui viendraient après lui se réconforter dans le même restaurant, M. de la Graverie avait vidé une bouteille de chambertin grand cru et une demi-bouteille de château-laffitte, retour des Indes.

Cet excès n'était point dans ses habitudes.

Il sortit donc fort échauffé et reprit sa promenade sur le boulevard, en tenant la corde au bout de laquelle marchait Black, corde que, pour plus de sûreté, il avait roulée autour de son poignet.

Le chevalier était de fort méchante humeur. Il avait supporté tant bien que mal les inconvénients d'une nuit sans sommeil, assaisonnée d'un dialogue plein d'émotions diverses, le mauvais lit dans lequel il avait essayé de prendre du repos avait ajouté à sa fatigue, au lieu de lui enlever ; cependant il avait vite oublié le mauvais lit ; les vents coulis de la chambre l'avaient trouvé à peu près indifférent ; — mais le dîner qu'il venait de faire l'avait exaspéré, et il se demandait s'il ne serait pas prudent à lui de retourner au plus vite dans sa bonne ville de Chartres, où, si grands que fussent ses ennuis, il avait au moins la ressource d'un dîner passable et la société, si douce à son cœur, de Thérèse.

Puisque le baron, puisque Gratien refusaient tous les deux de faire ce qu'il était venu leur demander, dans quel but prolongerait-il désormais son voyage à Paris ?

Le chevalier traversait la foule qui, entre sept et huit heures, encombre le boulevard des Italiens, en s'adressant à lui-même ces réflexions, et il les accompagnait de gestes qui lui attiraient plus d'une imprécation de la part des gens que, dans sa distraction, il heurtait en passant, imprécations auxquelles le digne chevalier ne prenait pas même la peine de répondre.

Enfin, l'affluence devenant de plus en plus considérable, M. de la Graverie fut pris d'une de ces colères assez habituelles aux provinciaux lorsqu'ils ont à fendre les flots pressés de la badauderie parisienne, et, tournant les talons à toute cette cohue, il prit son parti, décida qu'il regagnerait Chartres, et chercha à regagner d'abord son hôtel, qui lui semblait une étape indispensable de son voyage.

— Oui, grommelait-il entre ses dents, je te quitte à jamais, ville maudite et gangrenée ! je vais m'enfermer dans ma maison, près de ma pauvre Thérèse, qui sera ma fille adoptive, puisque je ne puis arriver ni à en faire ma femme, ni à en faire ma fille véritable, et je jure que, dussé-je manger la moitié de mon bien en procès, je lui laisserai, malgré mon frère, assez de fortune pour vivre à l'aise lorsque je n'y serai plus. Sois tranquille, va, Dumesnil !

Jusque-là, le chevalier avait gesticulé de la main gauche ; la droite, qui tenait la laisse de Black, était restée plongée dans la poche de son pantalon ; mais, cette fois, emporté par la chaleur de son mouvement oratoire, ce fut la main droite qu'il éleva en l'air, comme pour prendre le ciel à témoin du serment qu'il faisait en même temps à lui-même et à son ami.

A sa grande surprise, il s'aperçut alors qu'il n'avait plus rien au bout de la tresse de cuir qui s'agitait à son poignet.

Le chevalier se retourna.

Black n'était ni à ses côtés, ni derrière lui !

Il s'approcha d'un bec de gaz, regarda la laisse avec attention. Elle avait été fort proprement coupée d'un instrument tranchant.

On lui avait volé son chien.

Le premier mouvement du chevalier fut de courir et d'appeler Black.

Mais où courir ? de quel côté appeler ?

Puis, en appelant, comment faire dominer à sa voix le bruit assourdissant des voitures et le sourd murmure de cette multitude ?

M. de la Graverie se mit à interroger les passants.

Les uns répondirent à ses questions, faites d'une voix émue et tout entrecoupée, en haussant les épaules ; d'autres lui répondirent qu'ils ne le savaient pas. Un homme en blouse lui assura avoir vu un individu conduisant un chien à l'aide d'un mouchoir passé dans le collier ; l'individu entraînait le chien du côté de la rue Vivienne ; le chien se défendait et ce n'était qu'à grand'peine que ce personnage s'en faisait suivre en le tirant après lui.

Le chien, au reste, ressemblait trait pour trait au signalement que le chevalier donnait de son épagneul.

— Vite à la rue Vivienne ! dit le chevalier en se dirigeant du côté indiqué.

— Oh ! il a de l'avance sur vous, et je doute que vous le rattrapiez, mon brave monsieur ; si, comme je n'en doute pas, votre animal a été dérobé par un de ces gaillards qui font commerce et de les voler et de les revendre, l'objet est déjà en lieu de sûreté.

— Mais où le rejoindre ? comment le retrouver ?

— Il faut d'abord faire votre déclaration au commissaire.

— Bien ; après ?

— Le faire afficher, promettre une récompense.

— Tout ce que l'on voudra, pourvu que je retrouve mon chien.

— Allons, voyons, fit l'homme, qui s'attendrissait à la douleur du chevalier, il ne faut pas vous désoler comme cela ; vous la retrouverez, votre bête, et, si ce n'est pas la même, c'en sera une autre. Moi, je vous promets une chose, c'est que, pour peu que la récompense soit gentille, demain matin, avant votre déjeuner, deux chiens semblables au vôtre auront déjà sonné à votre porte.

— Mais c'est mon chien, c'est mon chien qu'il me faut, et pas un autre ! s'écria le chevalier. Vous ne savez pas, mon brave homme, combien je tiens à mon chien... Ah ! si je le perdais une seconde fois, mon pauvre Dumesnil, je crois que j'en mourrais !

— Dumesnil ! votre chien s'appelle Dumesnil ? En voilà un drôle de nom de chien ; on dirait un nom d'homme. Voyons, rassurez-vous : Paris est grand ; mais j'en connais les malices. Avez-vous confiance en moi ?

— Oui, mon ami, oui, s'écria le chevalier.

— Eh bien, je m'en charge, moi, de votre caniche. C'est aujourd'hui vendredi ; eh bien, dimanche, avant midi, je me charge de l'avoir réintégré au bout de votre ficelle, M. Dumesnil ; seulement, quand vous vous promènerez encore avec lui dans Paris, mettez-lui une chaîne : c'est plus lourd, mais c'est plus sûr.

— Si vous faites cela, si par vous je retrouve Black...

— Qu'est-ce que c'est que cela, Black ?

— Mais c'est mon chien.

— Voyons, faudrait s'entendre : comment s'appelle-t-il, votre chien ? est-ce Dumesnil ? est-ce Black ?

— C'est Black, mon ami, c'est Black ; seulement, pour moi, mais pour moi seul, il est tantôt Dumesnil et tantôt Black.

— Bon ! je comprends : il a un nom de famille et un nom de baptême.

— Eh bien, reprit le chevalier, tenant à compléter son offre, si vous me le retrouvez, je vous donnerai tout ce que vous me demanderez, mon brave homme. Cinq cents francs, trouvez-vous que ce soit assez ?

— Allons, allons, je ne suis pas un flibustier du genre de ceux qui vous ont volé votre chien, mon cher monsieur. Vous me payerez mon temps et mes peines ; car, tandis que je courrai après votre chien et que mes jambes travailleront, mes bras resteront à rien faire, et ce sont mes bras qui me font vivre. Le prix de mon temps, c'est tout ce que je veux : je vous oblige pour vous obliger. Ça m'a fait du mal, à moi, de vous voir tant de chagrin pour un chien perdu : cela prouve un bon cœur, et j'aime les bons cœurs, moi. Ainsi ne parlons plus de récompense ; nous compterons quand l'animal sera retrouvé.

— Mais vous allez avoir besoin, mon ami, de prendre des voitures, de payer l'afficheur, l'imprimeur, le marchand de papier ; attendez que je vous fasse au moins une avance.

— L'afficheur ! l'imprimeur ! le marchand de papier ! Ah bien, oui ! je vous disais cela tout à l'heure parce que nous n'étions pas encore des connaissances ; mais tout cela, c'est des attrape-nigauds et nous nous en passerons.

— Mais cependant, mon ami...

— Laissez faire Pierre Marteau, mon vieux brave, laissez-le faire ! c'est lui qui vous le dis. Ne donnons l'éveil à personne ; soyons muets comme le barbillon sous la pierre, et je vous réitère que, dimanche, pas plus tard que dimanche, vous aurez votre épagneul.

— Oh ! mon Dieu, soupira le chevalier, dimanche, c'est bien tard ! pourvu qu'on lui donne à manger d'ici-là !

— Ah ! dame, je ne vous dis pas qu'il aura où il est une cuisine aussi grasse que dans votre hôtel ; mais un chien, c'est un chien, au bout du compte, et il y a tant de gens qui mangent des croûtes, qu'il ne faut pas trop plaindre un quadrupède qui a des pommes de terre.

— Quand nous reverrons-nous, mon brave homme ?

— Demain ; car, cette nuit, je vais battre tous les cabarets où se rassemblent les écumeurs de boulevard ; peut-être, par ce moyen, aurai-je des nouvelles de votre bête avant dimanche. Vous, mon cher monsieur, vous m'avez l'air fatigué ; vous allez vous coucher et vous tenir bien tranquille. Où demeurez-vous ?

— A l'hôtel de Londres, rue de Rivoli.

— Rue de Rivoli, on connaît l'endroit, quoiqu'on ne le hante guère. Voulez-vous que je vous reconduise ; car vous m'avez l'air de chercher votre chemin comme une bécasse au milieu du brouillard. Voyons, venez par ici.

Le chevalier, obéissant comme un enfant, suivit Pierre Marteau, et, chemin faisant, lui renouvela dix fois ses recommandations à l'endroit de Black.

Arrivé à la porte de l'hôtel, il réussit à lui faire accepter une pièce de vingt francs pour faciliter les recherches ; enfin, il lui donna rendez-vous pour le lendemain et rentra tout triste dans sa chambre.

Il s'assit sur les coussins où Black avait dormi la nuit précédente, et, bien qu'il n'y eût pas de feu dans la cheminée, il resta là pendant plus d'une heure abîmé dans ses réflexions.

Ces réflexions étaient du genre sombre, et plus le chevalier s'y enfonçait, plus elles devenaient lugubres.

Depuis que Dieudonné s'était attaché à quelque chose, il avait marché de chagrins en chagrins, de déception en déception, il n'osait récapituler toutes les méchantes aventures que lui avait déjà values Black, et, lorsqu'il songeait à la jeune maitresse du pauvre chien, l'addition de ses douleurs présentait un total bie̶n autrement formidable ! Et cependant, chose étrange ! ces ango̶ sse̶s̶, il les aimait ; ces afflictions, elles lui étaient douces ; ces peines qu'il endurait pour les deux êtres qu'il aimait, elles lui étaient si chères, que, tout en les maudissant, il ne lui vint pas à l'idée de regretter le temps où, libre de soucis et d'appréhensions d'aucune sorte, il vivait tout entier absorbé par le travail de la digestion ou par l'étude de la science de Carême.

Il se coucha enfin, soupira en regardant cette chambre qui lui semblait dix fois plus vide et plus triste que la veille, et s'endormit en rêvant qu'il apercevait, comme il l'avait vue, quelques heures auparavant, la silhouette noire de son épagneul se détachant devant les lueurs embrasées du foyer.

Hélas ! c'était un rêve ! il n'y avait plus dans la chambre ni foyer ni épagneul.

Son esprit était si ébranlé, son corps si fatigué par les secousses qu'il avait subies depuis vingt-quatre heures, qu'il finit par s'endormir profondément.

Il pouvait être dix heures du matin lorsqu'un bruit de souliers ferrés le réveilla.

Il ouvrit les yeux et aperçut, debout au pied de son lit, l'homme qui, la veille au soir, lui avait promis de lui faire retrouver Black.

Par malheur, Pierre Marteau ne lui apportait encore que des espérances, et des espérances bien creuses.

Il avait inutilement exploré tout le quartier Saint-Marceau, qu'habitent ordinairement les gens qui font le commerce des chiens de hasard.

Il n'avait rien découvert.

Cependant, il était loin de se rebuter, et, sans vouloir s'expliquer, il continuait de promettre au chevalier que, le lendemain dimanche, il le remettrait en possession de son épagneul.

Le chevalier le congédia.

Puis il se demanda avec un soupir comment il allait employer sa journée.

Il lui était impossible de songer à retourner à Chartres avant d'avoir retrouvé son chien.

Il écrivit à Thérèse, qui devait être fort inquiète de lui, de prendre, le lendemain dimanche, la diligence ou la malle-poste et de le venir rejoindre hôtel de Londres, rue de Rivoli ; — puis à son notaire, de lui envoyer de l'argent.

Enfin, comme il ne pouvait raisonnablement passer sa journée entière dans sa chambre, il s'habilla et se décida à sortir pour tuer le temps en flânerie semblable à celle de la veille.

Au moment où il prenait son chapeau, qu'il avait déposé sur une chaise, il aperçut dans un coin la petite valise qu'il avait emportée par mégarde en quittant l'hôtel des Postes.

— Tiens, se dit-il, voici l'emploi de ma journée tout trouvé ; je vais rendre cette malle à son propriétaire, et, qui sait ?... son ami Louville n'étant plus auprès de lui, peut-être me sera-t-il donné de lui faire comprendre l'indignité de sa conduite.

Sur ce, M. de la Graverie fit approcher un fiacre, y monta avec la valise et dit au cocher :

— Rue du faubourg Saint-Honoré, n° 42.

## XXXII

La différence qu'il y a entre une tête qui a des favoris et une tête qui a des moustaches.

C'était un hôtel très-somptueux que l'hôtel d'Elbène ; un hôtel bâti tout récemment par un architecte à la mode, et décoré à l'intérieur d'une profusion de statues et de sculptures qui n'étaient peut-être pas du meilleur goût, mais qui donnaient une haute idée de l'opulence de son propriétaire.

Deux colonnes d'ordre corinthien encadraient une porte cochère de bois de chêne, toute fouillée d'arabesques et de cannelures ; cette porte s'ouvrait sur un passage vitré et pavé en bois afin d'étouffer le bruit des voitures.

Au fond du passage était la cour, dans laquelle on apercevait les écuries et les remises ; plus loin encore, un jardin donnant sur les Champs-Élysées.

Au premier plan du passage, à droite, était la loge du concierge ; à gauche, et fermé par un vitrage en verres de couleurs, la cage d'un escalier somptueux par lequel on montait aux appartements : un moelleux tapis couvrait les marches.

Le chevalier de la Graverie descendit de son fiacre, et, s'arrêtant devant la loge du concierge :

— M. d'Elbène ? demanda-t-il.

— Est-ce au père ou au fils que monsieur désirerait parler ? répondit le serviteur.

— Au fils, mon ami.

Le concierge frappa trois coups sur un timbre ; un valet de pied descendit l'escalier et se présenta à la porte vitrée.

— Quelqu'un pour M. le baron, fit le concierge.

Le valet de pied montra le chemin à M. de la Graverie, et l'introduisit, à l'entre-sol, dans un élégant appartement dont il lui ouvrit le salon.

Là, il le pria d'attendre quelques instants, tandis qu'il irait prévenir son maître.

Le chevalier, en homme qui sait mettre le temps à profit, commença par se chauffer les pieds, que sa course en fiacre avait singulièrement refroidis ; puis, lorsqu'il fut installé au coin du feu, les talons sur les chenets, il jeta un coup d'œil autour de lui.

M. de la Graverie, élevé dans le monde, ne pouvait être surpris du luxe de l'appartement dans lequel il se trouvait, bien que les raffinements de ce luxe tendant surtout au confortable fussent tout à fait nouveaux pour un homme de cette époque, mais ce qui le frappa, ce qui arrêta ses regards, ce qui lui parut étrange, ce fut le choix des brochures qui encombraient une table placée à sa portée ; brochures qui lui semblèrent médiocrement du caractère de Gratien, dont il avait pu, dans une courte mais sérieuse conversation, apprécier l'insouciance et la légèreté.

Ces brochures traitaient toutes, soit d'économie politique, soit de philosophie supérieure, soit de science sociale.

Elles n'étaient point là pour la parade.

Toutes étaient coupées ; plusieurs d'entre elles étaient froissées par un usage quotidien ; enfin, sur la marge de quelques-unes, M. de la Graverie aperçut des notes qu'il lut et qui lui parurent bien profondes pour être sorties de la tête et avoir été tracées par le crayon d'un jeune officier de cavalerie.

— Ce diable de domestique se sera trompé, murmura M. de la Graverie, et, au lieu de m'introduire dans les appartements du fils, il m'aura introduit dans ceux du père. Faut-il profiter du hasard et prendre ce valet-ci à la situation ? C'est dangereux ; car, enfin, je ne puis rien trouver à l'endroit de Thérèse. Thérèse n'a pas de nom, et, si mon frère tient bon, peut-être me sera-t-il malaisé de donner la fortune à la pauvre enfant ; donc, tout dire au papa serait peut-être ajouter encore des difficultés à celles devant lesquelles je suis déjà si embarrassé.

M. de la Graverie en était là de ses réflexions, lorsqu'une portière se souleva et donna passage à un jeune homme qui s'avança vers lui, sans qu'il fût entendu par le chevalier, l'épaisseur du tapis amortissant le bruit des pas.

— Vous désiriez me parler, monsieur ? dit le jeune homme.

M. de la Graverie se dressa dans le fauteuil où il se prélassait, beaucoup plus par l'effet de la surprise qu'il éprouvait que par politesse.

En effet, c'était bien Gratien d'Elbène qu'il avait devant les yeux ; c'était bien son visage, sa taille, sa tournure, sa physionomie, le son de sa voix ; cependant, il y avait dans la figure du nouveau venu quelque chose que le chevalier se rappelait parfaitement n'avoir pas vu sur celle de l'officier et qui le frappa tout de suite.

Ce quelque chose, c'était une paire de favoris noirs encadrant parfaitement le visage du jeune homme qui, sur tout le reste du visage, portait la barbe complètement rasée.

Depuis la veille, les moustaches et la royale pouvaient avoir disparu ; mais les favoris ne pouvaient pas avoir poussé.

— C'est *cependant* bien à M. Gratien d'Elbène que j'ai l'honneur de parler, demanda le chevalier intimidé par cet incident imprévu.

Le chevalier, comme on sait, s'inquiétait facilement.

Le jeune homme sourit ; le mot *cependant* lui expliquait tout.

— Non, monsieur, répondit-il, je suis Henri d'Elbène ; mon frère Gratien est sorti : il est allé déjeuner avec quelques camarades de garnison. Mais, si je puis être votre interprète auprès de lui, disposez de moi, monsieur.

— Henri! ah! vous êtes Henri d'Elbène! s'écria le chevalier en proie à une émotion visible ; car il avait devant les yeux l'homme que Thérèse avait tant aimé, le seul qu'elle eût jamais aimé, et il comprenait combien facilement la jeune fille avait pu être la dupe de cette extraordinaire ressemblance.

— Oui, monsieur, répondit le jeune homme en souriant, Gratien vous aura sans doute parlé de moi, et, malgré ce qu'il vous aura dit, vous êtes étonné de notre ressemblance. On se ressemblerait de plus loin : nous sommes jumeaux.

— Je comprends, dit le chevalier ; mais pardonnez à mon émotion... Cette ressemblance que j'avais oubliée, quoi qu'on m'en eût dit, a éveillé chez moi le souvenir d'une aventure qui a si cruellement pesé sur ma vie, que je n'y puis songer sans me trouver à l'instant même fortement impressionné.

— En effet, monsieur, vous êtes tout tremblant. Remettez-vous, je vous en prie, et demeurez assis.

Henri prit lui-même un siège et se plaça de l'autre côté de la cheminée.

— Dans quelques instants, reprit-il, vous me direz ce qui vous amène.

— Il n'est pas besoin d'attendre quelques instants pour cela ; et, tenez, monsieur, puisque je ne trouve pas votre frère, dit résolûment le chevalier, qui se sentait enhardi par l'air de douceur et de bonté répandu sur le visage du jeune homme, eh bien, j'ai envie de vous raconter mon histoire. Je suis un pauvre vieillard isolé, sans parents, sans amis ; vous avez l'air grave et réfléchi, plus qu'on ne l'est ordinairement à votre âge..

— J'ai souffert, monsieur, interrompit Henri avec une expression de physionomie qui avait l'intention d'être un sourire ; j'ai donc acquis, à mes dépens, l'expérience du cœur, celle qui vieillit le plus vite ses privilégiés, celle aussi dont on profite le moins.

— Eh bien, continua le chevalier, tout jeune que vous êtes d'âge, du moins, monsieur, peut-être pourriez-vous me donner un conseil. A mon âge, à moi, l'esprit est paresseux et la volonté lente à prendre un parti ; d'ailleurs, je vous avouerai franchement que j'ai toujours été un caractère fort irrésolu.

— Parlez donc, monsieur, dit le jeune homme, et, quoique je ne puisse penser que mon avis doive vous être de quelque utilité, croyez que ma sympathie vous est tout acquise et que ce ne sera pas ma faute si elle reste stérile.

Le chevalier se recueillit un instant ; puis, regardant fixement son interlocuteur :

— Que penseriez-vous, monsieur, lui dit-il, de l'homme qui, abusant d'une ressemblance aussi singulière que celle qui existe entre vous et monsieur votre frère, et, à l'aide d'un déguisement, de l'obscurité ou de tout autre moyen tromperait une malheureuse jeune fille, et, se faisant passer pour celui qu'elle aime, profiterait de la méprise pour la déshonorer et l'abandonner ensuite à son désespoir ?

— A mon avis, monsieur, cet homme, s'il pouvait exister, serait un misérable, digne de la réprobation de tous les honnêtes gens.

— Et si cette jeune fille, à la suite de ce crime, était devenue mère ?

— Monsieur, ce sont là, par malheur, de ces crimes qui ne tombent sous le coup d'aucune loi ; mais je vous déclare ici, sur ma foi de gentilhomme, que j'aimerais cent fois mieux presser la main du bandit qui, le poignard à la ceinture, le pistolet au poing, escalade une maison, vole en hasardant sa liberté, tue en risquant sa vie, que de me trouver en contact avec l'homme sans cœur, sans foi, sans honneur, qui a pu commettre une action semblable à celle dont vous parlez.

— Eh bien, monsieur, dit le chevalier, cette histoire est la mienne ; l'enfant séduite, une enfant si tendre, si douce et si bonne, qu'on ne peut la voir sans l'aimer, c'est ma fille, monsieur.

— Votre fille?

— Ma fille adoptive, du moins.

— Et vous n'avez pas exercé de justes représailles ? vous n'avez pas tué l'homme qui a porté le déshonneur dans votre maison ?

— Je vous l'ai dit, monsieur, je suis presque un vieillard ; j'ai plus de cinquante ans, je suis faible ; ma main débile a à peine la force de supporter le poids d'une épée ou d'un pistolet...

— Dieu vous eût donné la force, monsieur ; car Dieu eût été pour vous ! s'écria Henri avec une exaltation communicative. Dieu est le père qui venge l'honneur de son enfant ; il donne le courage au passereau qui défend ses petits contre l'oiseau de proie ; pourrait-il manquer à l'homme qui accomplit sa mission dans ce qu'elle a de plus saint et de plus sacré ?

— Mais le duel est réprouvé par toutes les lois divines et humaines.

— Le duel, monsieur, — et c'est un malheur, mais ce malheur, il faut l'accepter, — le duel restera la loi de Dieu tant que la société ne sera point assise sur d'autres bases, tant que la justice humaine n'ira pas chercher dans le cœur de chacun le mal pour l'extirper, le bien pour le récompenser ; le duel, enfin, sera nécessaire tant que le monde social trouvera juste et quelquefois plaisant que l'homme attente à la vertu de la jeune fille et à l'honneur de l'épouse.

— Ainsi, monsieur, si le coupable s'obstine à refuser à la jeune fille la réparation qui lui est due, vous me conseillez de me battre avec lui ?

— Sur mon âme et ma conscience, monsieur, répondit Henri, je vous le conseille.

— Alors, monsieur, je dois vous l'avouer, reprit M. de la Graverie, quoique, comme je vous l'ai dit tout à l'heure, mes habitudes soient pacifiques, quoique j'aie passé la meilleure partie de ma vie dans la seule préoccupation de mon bien-être, c'était aussi ce que je pensais, et je m'y fusse décidé, si je n'avais été retenu par une crainte.

— Cette crainte, quelle est-elle ?

— Je suis le seul appui de la pauvre enfant ; quoi que vous en disiez, le ciel n'est pas toujours du côté du droit ; le sort peut me trahir. Que deviendrait la pauvre jeune fille, si je lui manquais ?

— S'il en était ainsi, monsieur, répondit Henri avec simplicité, je tâcherais de vous remplacer près d'elle.

— Vous me le promettez, monsieur ?

— Je vous le jure.

— Tenez, monsieur, dit le chevalier avec une exaltation qui était bien loin de ses habitudes, il y a tant de franchise, tant de noblesse, tant de loyauté dans votre regard, que je veux vous croire, et je me décide... Eh bien, oui, je le jure à mon tour, le coupable sera puni. Mais je serai forcé de réclamer de votre obligeance un service de plus.

— Lequel, monsieur ? Parlez.

— Je ne connais personne à Paris, et ne saurais à qui m'adresser, si vous me refusiez ma demande. Je vous prierai de me servir de témoin.

— Volontiers, monsieur.

— Vous me jurez encore que, quel que soit mon adversaire et le mode de combat adopté, vous ne m'abandonnerez pas dans la mission providentielle que je vais remplir ; car, vous devez vous en apercevoir, monsieur, je suis fort inexpérimenté dans ces sortes de choses, et, puisque vous avez été assez bon pour m'éclairer de vos conseils, je veux espérer que votre présence ne me fera pas défaut au moment décisif.

— Vous avez ma parole sur ce point comme sur les autres, monsieur. Mais pardon, j'ai un détail assez important à vous demander. Vous êtes ami de mon frère, à ce qu'il paraît ; mais moi, je n'ai pas l'honneur de vous connaître. Serez-vous assez bon pour me donner votre nom et me laisser votre adresse ?

— Je m'appelle M. de la Graverie ; je suis chevalier de Saint-Louis, comme vous voyez ; je demeure habituellement à Chartres, mais, pour le moment, rue de Rivoli, hôtel de Londres.

— Cela suffit, monsieur ; lorsque vous aurez besoin de moi, dites un mot, et je suis tout à vous.

— Je vous remercie, et vous prie de me garder le secret sur tout ceci.

— Je vous en donne ma parole. Mais, à propos, vous ne m'avez point encore parlé, monsieur, de ce qui vous amenait chez mon frère. Ne voulez-vous point me charger de le lui dire ?

— Cela n'a aucune importance, monsieur. Je venais simplement lui remettre cette valise, qu'il a oubliée hier dans la malle-poste, et que mon cocher a emportée par mégarde.

Le chevalier se leva.

— Je vous remercie pour Gratien, dit le jeune homme. Adieu, monsieur, et croyez que mes vœux vous suivront dans la mission que vous allez remplir.

Henri insista pour reconduire le chevalier jusqu'à la porte cochère, et lui donna une dernière poignée de main lorsqu'il l'eut installé dans son fiacre.

Le cœur de M. de la Graverie battait très-fort ; son émotion était vive et profonde ; il sentait de temps en temps un frisson courir sous sa peau, un nuage passer sur ses yeux, et ses cheveux se dresser sur sa tête.

Un premier duel à cinquante ans ne pouvait pas produire, on en conviendra, un moindre effet.

— Ah! si Dumesnil était là ! murmura le chevalier en soupirant ; lui qui allait se battre comme moi je vais déjeuner, qui maniait l'épée et le pistolet comme je manie ma fourchette. Mais, par malheur, il n'est plus là, et ce n'est pas Black qui pourrait se mesurer avec Gratien : depuis le chien de Montargis, cela ne s'est pas revu ; d'ailleurs, Black lui-même court les champs.

— Où va monsieur ? demanda le cocher.

— Ah! oui, où je vais... C'est vrai... Je ne sais pas.

— Comment ! monsieur ne sait pas où il va ?

— Non... Priez le concierge de venir me parler.

Le concierge, prévenu par le cocher, s'approcha respectueusement. Il avait vu M. Henri reconduire le visiteur jusqu'au fiacre.

— Mon ami, demanda le chevalier, savez-vous où je trouverai à cette heure M. Gratien d'Elbène?

— Vous le trouverez, monsieur, à l'estaminet Hollandais, dont il ne quitte jamais les divans tant qu'il est en congé.

— Alors, cocher, à l'estaminet Hollandais, cria le chevalier d'un ton que n'eût pas trop désavoué feu Dumesnil, et rondement ! Il y aura pourboire.

## XXXIII

Où l'on voit que les pékins ont quelquefois la bavaroise querelleuse.

L'estaminet Hollandais était, à cette époque, le rendez-vous général des officiers en congé.

Tout ce qui portait une épaulette, depuis celle de sous-lieutenant jusqu'à celle de colonel inclusivement, se rencontrait sous les lambris dorés de l'établissement bachique.

Tous les rendez-vous militaires se donnaient là, comme les rendez-vous des comédiens se donnaient dans le jardin du Palais-Royal.

Un officier, quittant son camp pour passer en Algérie, disait à ceux de ses camarades qu'il laissait en France :

— A mon prochain semestre, dans deux ans, nous nous retrouverons à l'estaminet Hollandais.

Et, à moins que les balles des Kabyles ou la dyssenterie n'en eussent décidé autrement, il était rare qu'il manquât au rendez-vous pris.

Et, cependant, malgré sa destination toute militaire, l'estaminet Hollandais avait un caractère tout à fait bourgeois.

A l'exception de ceux des élèves des écoles Polytechnique et de Saint-Cyr, qui vont à l'estaminet Hollandais par genre, on n'y apercevait ni shako, ni pantalon garance, ni uniforme.

Le militaire, quoiqu'il affecte un grand mépris pour le pékin, aime singulièrement l'habit bourgeois ; — probablement par la seule raison que c'est chez lui une passion malheureuse.

En effet, tel charmant officier qui mérite toutes les épithètes de distinction et d'élégance lorsqu'il est orné de son dolman ou de sa tunique, ne paraît plus qu'un homme ordinaire, souvent plus qu'ordinaire, quand il a revêtu la classique redingote, et échangé son coquet colback ou son casque étincelant contre le vulgaire gibus.

Rappelez-vous ce qu'étaient autrefois les Turcs, et ce qu'ils sont depuis que, suivant la loi du progrès, Mahmoud leur a imposé la redingote bleue et la calotte rouge.

Puis — et ceci est la circonstance atténuante — l'officier, qui a peu d'occasions d'user ses habits de ville, les conserve avec ce soin religieux que le militaire accorde à *son bazar* ; de sorte qu'il leur fait dépasser les bornes de l'usage ordinaire des paletots et des redingotes, et il en résulte que, lorsqu'il les exhume, il a tout l'air d'une vieille gravure de mode qui se promène.

Si l'on rencontrait peu d'uniformes à l'estaminet Hollandais, en revanche on y voyait, à chaque table, force redingotes d'une coupe tout à fait originale, pas mal de cols-cravates impossibles, et pas mal de ces pantalons à la cosaque que la mode avait, dès cette époque, sagement répudiés. Il était, en un mot, facile pour tout le monde de reconnaître que cet établissement était entièrement garni d'officiers plus ou moins déguisés en bourgeois.

Une épaisse fumée de tabac remplissait l'atmosphère, surchargée encore par les vapeurs qui s'exhalaient de quantité de bols de punch, consommation ordinaire des habitués.

Cinq ou six de ces derniers, qu'aux éperons qu'ils avaient conservés à leurs bottes, on reconnaissait pour des officiers de cavalerie, se tenaient dans l'angle de droite, du côté du jardin.

Ils avaient déjeuné au café et copieusement déjeuné, si l'on en jugeait par l'animation que leur conversation avait prise.

Comme toujours, ces messieurs ressassaient, sans l'épuiser jamais, le texte de leurs entretiens favoris : le mérite des diverses garnisons et la comparaison de ces garnisons entre elles.

— Ah ! messieurs, disait notre ancienne connaissance le lieutenant Louville, que nous retrouvons au milieu de ce groupe, vive Tours en Touraine ! jardin de la France d'abord, comme disent ces idiots de poëtes, mais, à tout prendre, jolie ville ! des pruneaux excellents, un spectacle passable, des grisettes charmantes. Tours est la perle des garnisons !

— Ma foi, mon cher, répliqua un officier ventru, à la figure enluminée, aux moustaches grises et taillées en brosse, j'ai *fait* Tours ; j'y suis resté deux ans, et je vous jure que Tours ne vaut pas mieux que les autres garnisons.

— Bon ! et pourquoi prétendez-vous cela, capitaine ?

— Parce que j'affirme que, les deux premiers mois écoulés, on s'ennuie dans les unes comme dans les autres.

— J'aimais assez le Nord, reprit un troisième interlocuteur ; nous avions du tabac de contrebande excellent à fumer et, ma foi, pas cher.

— Et Pontivy donc, messieurs ! s'écria un quatrième ; une pension parfaite, à quarante-cinq francs par mois.

— Et toi, Gratien, ton avis ? dit Louville.

— Mon avis, répondit Gratien, c'est que plus je vais, plus je reconnais que, de toutes les garnisons par lesquelles nous avons passé, il n'en est pas une seule qui soit supportable ; ce qui m'encourage énormément à me tenir la promesse que je me suis faite à moi-même, de donner ma démission, afin de ne plus sortir de la seule bonne et de la seule charmante ville de garnison qui existe, c'est-à-dire de Paris.

— Oui, dit Louville, cette prédilection se comprend, en effet, lorsqu'on possède un père qui, comme le tien, est plusieurs fois millionnaire ; et encore, je doute que, malgré tous ses millions, malgré tous les plaisirs de Paris, tu oublies les heures heureuses que tu as eues au régiment.

— Où, et lesquelles ? demanda Gratien.

— Ingrat ! partout et toujours ! Tiens, sans aller plus loin, dans cette épouvantable ville de Chartres (*Autricum, Carnutum*), n'as-tu pas eu, en la personne de cette petite Thérèse, la plus délicieuse des aventures, une véritable aventure de Lovelace, coquin ?

— Voyons, Louville, dit Gratien visiblement affecté, ne me parle pas de cela... Je t'assure que ce souvenir m'est, au contraire, parfaitement désagréable.

— Pourquoi ? A cause de ce vieux fou qui, sous prétexte que tu avais eu les prémices du cœur de la jeune fille, voulait te forcer, toi, le baron Gratien d'Elbène, à épouser une grisette sans le sou. Ah! il était vraiment amusant, le bonhomme! je l'ai bien roulé pour mon compte, surtout après que tu eus quitté l'intérieur pour le cabriolet. — Mais, mille cigares! s'écria Louville bondissant sur son tabouret, c'est lui... c'est lui-même qui entre... Ah! nous allons nous amuser! Regardez donc, messieurs, l'adorable tournure! voyez donc avec quel air belliqueux notre voltigeur de Louis XV brandit son parapluie.
— Eh! monsieur!
— Pas de folie, Louville, dit l'officier ventru. Ce brave homme, ne l'oubliez pas, a deux titres à votre respect : son âge, qui est double du vôtre, et le ruban rouge qu'il porte à sa boutonnière.
— Bah! la croix de Saint-Louis.
— C'est toujours le prix du sang, Louville, et ce n'est pas à nous autres soldats à rire de qui la porte.
— Laissez-moi donc tranquille, capitaine! Quelque émigré, quelque échappé de Royal-Cravate, qui aura gagné son ruban à faire le pied de grue dans les antichambres. Ma foi, je trouve trop bon d'en rire pour laisser échapper une si précieuse occasion.
Puis, s'adressant au chevalier de la Graverie, qui, les ayant reconnus, s'approchait de leur côté, et se levant pour faire un pas au-devant de lui :
— Enchanté, monsieur, de vous revoir, continua Louville. J'espère que la nuit d'avant-hier n'aura pas altéré votre santé et terni votre joyeuse humeur?
— Non, monsieur, dit le chevalier, le sourire sur les lèvres, comme vous voyez... A part un petit reste de courbature, je me porte parfaitement.
— Ah! tant mieux! Vous ne refuserez donc pas de vous asseoir au milieu de nous, et de porter la santé de la charmante Thérèse, dont nous parlions justement à l'instant même où vous êtes entré.
— Comment donc, monsieur, répondit le chevalier avec un imperturbable sourire; c'est beaucoup d'honneur que vous me faites, et je n'aurai garde de refuser.
— Vous plairait-il un verre de ce punch? Il est excellent et tout à fait propre à chasser les vapeurs noires de l'esprit et le brouillard de l'estomac.
— Mille grâces, mon cher monsieur; mais, en homme pacifique et paisible, je crains essentiellement les alcools.
— Ils vous rendent féroce, peut-être?
— Justement.
— Allons, Gratien, soyez donc plus aimable avec M. le chevalier; car à votre ruban, monsieur, je ne crains pas de vous donner de titre.
— En effet, monsieur Louville, il m'appartient deux fois : je suis chevalier de noblesse et chevalier... d'occasion.
— Eh bien, chevalier, il faut vous dire que votre ami Gratien est rêveur depuis deux jours. Je crois, moi, si vous voulez que je vous le dise, qu'il pense à la proposition de mariage que vous lui avez faite.
— M. Gratien ferait à merveille d'y penser, répondit le chevalier avec une parfaite bonhomie.
— Oui, reprit Louville; mais il n'y a rien de pis qu'une pareille pensée pour alourdir l'esprit d'un brave garçon. Voyons, que désirez-vous prendre, chevalier? Un verre de limonade, une topette d'orgeat, une groseille? Ah! une bavaroise, peut-être?
— Précisément, monsieur, une bavaroise.
— Garçon! cria Louville, une bavaroise à monsieur... très-chaude et très-sucrée.
Puis, revenant au chevalier :
— Maintenant, monsieur, si toutefois ce n'est point indiscret de vous adresser une pareille demande, nous ferez-vous l'honneur de nous apprendre ce qui vous amène dans ce repaire que l'on nomme l'estaminet Hollandais. Ce ne sont point cependant vos galeries, je présume.
— Vous avez toujours raison, monsieur, et j'admire, en vérité, la justesse de votre esprit.
— J'aime à voir que vous me rendiez justice.
— Je venais, monsieur, dans l'unique espoir de rencontrer M. Gratien, que je n'ai point trouvé chez lui.

— Ah! vous avez pris la peine de passer chez moi ? demanda Gratien étonné.
— Oui, monsieur le baron, et c'est de votre concierge que j'ai appris que, si l'estaminet Hollandais n'était point mes galeries, il était les vôtres.
— Vraiment, interrompit Louville, vous veniez pour rencontrer Gratien? Cela prouve que vous n'ayez pas renoncé à votre idée. Eh bien, tant mieux! j'aime les gens entêtés, moi, et, ma foi, je passerai à votre bord, tant est vive la sympathie que vous m'inspirez. Voyons, au point où nous en sommes, il ne peut plus être question que du contrat de mariage; soit, discutons-en les conditions. — Gratien, à vous de parler le premier, mon ami. Que mettez-vous en avant? combien en terres? combien en rentes sur l'État? combien en obligations de chemins de fer? combien en papier Garat?
— Louville, répondit Gratien, je vous prierai très-sérieusement de ne point prolonger cette plaisanterie, qui n'a déjà que trop duré. J'ai fait connaître à monsieur ma résolution; insister est un manque de goût qui m'étonne chez un homme de l'âge et du monde dont est le chevalier; d'un autre côté, railler comme vous le faites le sort d'une jeune fille que, après tout, je dois plaindre, serait de ma part un manque de délicatesse et de cœur. Réfléchissez à ce que je viens de dire, monsieur; réfléchissez-y, Louville, et j'espère que vous serez tous les deux de mon avis.
— Point, répliqua le chevalier de la Graverie. Je trouve, au contraire, moi, que M. Louville dit des choses fort sensées et tout à fait convenables; de sorte qu'au lieu de lui en vouloir, je lui en sais un gré infini.
— La, tu vois, Gratien! Allons donc, parle et quitte cet air tragique, puisque monsieur — monsieur, qui est le champion de mademoiselle Thérèse — est le premier à t'y convier... Tu te tais?... Tenez, monsieur le chevalier, si vous parliez d'abord, peut-être cela le mettrait-il en train. Commencez donc, mon cher monsieur; exposez-nous les richesses de votre protégée, et faites grandement les choses; car je vous préviens que notre ami Gratien, tout sous-lieutenant que vous le savez, est riche, fort riche. Mais pardon, voici le garçon qui vous apporte la bavaroise demandée. Buvez, monsieur, buvez d'abord; cela donnera de la douceur à vos propositions.
Le chevalier écoutait en souriant ce flux de paroles. Il remua lentement avec sa cuiller le breuvage qu'on lui présentait, le porta à ses lèvres, l'avala gravement, reposa le verre sur la table, s'essuya soigneusement la bouche avec un mouchoir de batiste, et, se tournant du côté de Gratien :
— Monsieur, dit-il, j'ai réfléchi à la proposition que j'avais cru devoir vous faire avant-hier, et j'ai pensé qu'il serait ridicule à moi de mettre un prix à l'action juste, loyale et toute naturelle en face de laquelle je plaçais votre conscience.
— Rien de si simple, pardieu ! interrompit Gratien.
— Doter Thérèse — et remarquez que je le puis, continua le chevalier, ce serait faire injure à votre délicatesse, et je ne serais pas étonné que la proposition que je vous ai faite eût été la seule cause du refus par lequel vous avez répondu à mes avances. Aujourd'hui, monsieur, je viens vous dire, au contraire : Thérèse n'a pas de nom, Thérèse est sans fortune; mais vous l'avez déshonorée... Vous l'avez déshonorée, non pas en suivant la pente d'un mutuel entraînement, mais en appelant à votre aide le plus odieux, le plus lâche des subterfuges! vous ne pouvez donc hésiter à obéir à la voix impérieuse du devoir.
— Bravo! voilà des arguments irrésistibles. Allons, à toi la parole, Gratien; plaide ta cause : elle n'est pas bonne, je t'en préviens. Figure-toi donc que tu es devant le jury et que je suis ton président.
— Ma réponse sera courte, cher ami, dit Gratien avec une certaine dignité. Je dirai à M. le chevalier...
Le jeune homme s'inclina légèrement.
— Je lui dirai que ses injures trouveront ma détermination aussi inébranlable que ses promesses. Que mademoiselle Thérèse soit riche, qu'elle soit pauvre, peu m'importe, et j'ajouterai qu'il est fort heureux pour lui que sa tête soit blanche; car sans cela, je me croirais obligé de répondre autrement à certaine partie de son discours.
— Mon Dieu, ne vous gênez pas, mon cher monsieur, dit

tranquillement le chevalier. Que ma tête soit blanche ou grise, peu vous importe, pourvu qu'elle consente à se placer au bout de votre pistolet ou à la pointe de votre épée.

— Ah çà! mais sais-tu, Gratien, qu'il devient provocateur, le bonhomme?

— Cela vous étonne, mon cher monsieur Louville? dit le chevalier avec son air placide. Supposeriez-vous, par hasard, que le courage n'est que de l'étourderie?

— Alors, c'est autre chose, dit Gratien.

Le chevalier se retourna de son côté, le sourire toujours sur les lèvres.

— C'est, continua le jeune homme, avec l'intention bien positive de m'offenser que vous avez prononcé les paroles de tout à l'heure?

— Je ne me suis pas inquiété si elles pouvaient ou non vous offenser, monsieur, dit le chevalier; je les ai dites parce qu'elles caractérisaient parfaitement votre conduite, voilà tout.

— En un mot, monsieur, vous êtes venu ici, à l'estaminet Hollandais, aujourd'hui samedi, avec l'intention de me dire, en présence de mes camarades : « Épousez mademoiselle Thérèse, ou vous aurez affaire à moi ! »

— Précisément, monsieur le baron.

Puis, frappant sur son verre avec la cuiller :

— Garçon, dit-il, une seconde bavaroise.

— Mais non ! s'écria Gratien.

— Quoi, non?

— Un duel avec vous, ce serait trop ridicule.

— Ah ! vous trouvez ?

— Oui.

— Vous trouvez qu'il serait ridicule de tuer un bonhomme qui, en somme, peut très-bien vous fourrer un coup d'épée dans la poitrine ou vous loger une balle dans la tête; et il ne vous semble pas, comme à moi, lâche et infâme d'employer un dégoûtant subterfuge pour ravir plus que la vie, — la seule chose que je risque en me battant avec vous, — pour ravir l'honneur à une jeune fille sans défense? En vérité, vous manquez de logique, monsieur Gratien. — Merci, garçon.

Ces dernières paroles étaient adressées, en effet, au garçon, qui déposait devant le chevalier sa seconde bavaroise.

— Eh bien, soit, dit Gratien après avoir réfléchi un instant, et plus exaspéré peut-être de la tranquillité du chevalier que des injures que celui-ci lui avait dites; soit, puisque vous le voulez absolument...

— Vous épouserez Thérèse?

— Non pas, monsieur; mais je vous tuerai.

— Oh! ceci, monsieur, dit le chevalier en versant sa bavaroise de la carafe dans son verre, sans que sa main dénonçât la moindre agitation fébrile, ceci, c'est une question. Attendons à demain pour la résoudre. jeune homme, et ne parlez pas au futur : qui parle au futur risque de se tromper. Ainsi, voilà qui est bien décidé, nous nous battrons.

— Oui, certes, nous nous battrons, répondit Gratien, les dents serrées par la colère, à moins que vous ne rétractiez les paroles que vous venez de prononcer.

Et, en effet, Gratien laissait cette dernière porte ouverte au chevalier, ne se doutant pas qu'à regret à ce duel, dont il comprenait le caractère odieux et ridicule.

— Rétracter? fit le chevalier en portant son verre à sa bouche et en humant lentement sa seconde bavaroise. Oh! que vous ne me connaissez guère, mon cher monsieur Gratien ! Je suis long, très-long à me décider; mais, une fois mon parti pris, j'ai l'habitude d'imiter Guillaume le Conquérant et de brûler mes vaisseaux.

Et, en prononçant ces paroles, le chevalier lança au visage de Gratien ce qui restait de bavaroise dans son verre.

Le jeune officier voulut se précipiter sur le vieillard ; mais ses amis, Louville tout le premier, se cramponnèrent à lui et le retinrent.

— Vos témoins? vos témoins, monsieur? hurlait Gratien.

— Demain matin, ils iront s'entendre avec les vôtres, monsieur.

— Où cela ?

— Voulez-vous prendre rendez-vous aux Tuileries, terrasse des Feuillants, en face de l'hôtel de Londres, où je loge... de midi à une heure, par exemple?

— Vos armes ?

— Ah! monsieur, pour un militaire, vous ne connaissez pas les premières règles du duel. Mes armes, cela ne nous regarde ni vous ni moi : cela regarde nos témoins. Vous êtes insulté, faites vos conditions aux vôtres.

— Soit ! Et vous, messieurs, je vous prends à témoin, s'écria Gratien, que, si un malheur arrive à ce vieillard, c'est qu'il l'aura voulu, c'est qu'il l'aura cherché. Que son sang, si son sang coule, retombe donc sur sa tête.

Et, en achevant ces paroles, le jeune officier, suivi de ses amis, sortit de l'estaminet.

Le chevalier, resté seul, chercha au fond de son verre une dernière goutte de bavaroise.

Puis il dit à demi-voix, en reprenant son parapluie dans l'angle de la fenêtre où il l'avait déposé en entrant :

— Mon Dieu, que je suis donc contrarié que cet imbécile de Black se soit laissé voler... Si Dumesnil eût pu me voir, il eût été content de moi !

## XXXIV

Où le chevalier rencontre à la fois ce qu'il cherchait
et ce qu'il ne cherchait pas.

Le chevalier de la Graverie sortit de l'estaminet Hollandais tout autre qu'il n'y était entré.

Son chapeau, ordinairement placé perpendiculairement à l'axe de son visage et légèrement incliné sur les yeux, avait pris une posture diagonale qui lui donnait des allures tout à fait crânes et même un peu tapageuses.

Une de ses mains placée dans la poche de son pantalon y jouait, de la façon la plus cavalière, avec quelques louis dont on entendait le froissement, tandis que l'autre brandissait son parapluie et faisait décrire à l'extrémité du pacifique ustensile les figures les plus capricieuses de l'escrime.

Lui qui, d'ordinaire, cheminait la tête basse, descendant sur le pavé pour un enfant qui tenait le trottoir, à cette heure il portait le front haut, le buste droit, en homme qui a vaillamment conquis sa place au soleil, attendant imperturbablement que les passants se dérangeassent pour lui ; — ce qu'ils ne manquaient pas de faire, les uns par respect pour son âge, les autres par déférence pour sa croix, les autres, enfin, parce que l'air cassant du chevalier leur imposait en réalité.

Il fut un instant tenté d'entrer chez un marchand de tabac et d'y acheter un cigare, objet pour lequel il avait toujours professé la plus indomptable aversion : il lui semblait qu'un cigare était le complément obligé de sa nouvelle attitude et il se voyait avec complaisance lançant, comme un autre Cacus, d'énormes bouffées de fumée vers le ciel, et acquérant ainsi un nouveau point de ressemblance avec son ami Dumesnil, que momentanément il se donnait pour modèle.

Mais, par bonheur, il se souvint qu'un certain soir, à Papaôti, ayant pris une cigarette aux lèvres de Mahaouni et ayant aspiré quelques gorgées de l'odorante vapeur dont la jeune Taïtienne aimait à s'entourer comme d'un nuage, il s'en était suivi d'abominables nausées et un malaise dont il lui fallut près de trois jours pour se remettre.

Il pensa qu'un pareil spectacle, donné à ses ennemis, pourrait compromettre la réputation qu'il venait d'acquérir, et il renonça judicieusement à cette velléité.

Le chevalier s'en tint donc à ce que la conscience de sa valeur personnelle, qui venait de se révéler en lui, donnait d'airs imposants à sa physionomie, et rentra modestement à l'hôtel de Londres.

Maintenant, en historien véridique que nous sommes, nous devons avouer que, malgré l'assurance et l'aplomb avec lesquels le chevalier avait provoqué Gratien d'Elbène, malgré la satisfaction de lui-même que lui avait causée sa vaillante conduite, M. de la Graverie dormit fort mal. Ce n'était point la peur de la mort ou de la douleur qui causait son insomnie : non ; deux choses l'inquiétaient bien autrement : la première, le sort réservé à Thérèse, dans le cas où il lui arriverait malheur, à lui ; la seconde, la crainte qu'une fois arrivé sur le terrain, son attitude ne vînt à se démentir et ne répondît pas suffisamment au prospectus qu'il avait lancé.

Pour Thérèse, il se rassurait un peu en songeant à la promesse que lui avait faite Henri, promesse qui deviendrait encore plus sacrée pour ce dernier, lorsqu'il en arriverait à connaître celle sur laquelle il avait promis de veiller ; M. de la Graverie espérait d'ailleurs, quoi qu'en eût dit son frère, pouvoir assurer l'avenir de la jeune fille par un testament olographe bien en règle.

Restait le duel.

Quelques heures de solitude et de réflexion avaient refroidi le sang du chevalier, et, quoique sa détermination demeurât toujours la même, il avait besoin de faire appel à toute sa raison pour se rassurer.

Malheureusement, la tâche était difficile, et plus le chevalier s'évertuait à se prouver à lui-même qu'il avait toutes sortes de raisons pour être tranquille, plus une foule d'idées noires se faisaient jour dans son cerveau.

Tout ce qui, quelques heures auparavant, lui semblait ne pas mériter un regret, lui paraissait en ce moment si doux, si bon, si séduisant, qu'il ne pouvait prendre le parti de s'en séparer.

Toutes les joies, tous les plaisirs, toutes les jouissances de sa vie passée, se représentaient à sa mémoire et, se tenant par la main, dansaient un pas séducteur et provoquant, dans sa mémoire, en ayant l'air de lui dire avec un accent plein de mélancolie : « Adieu, chevalier !... tu vas nous perdre, toi qui pouvais si bien nous conserver, si tu n'avais pas fait le jeune homme, le querelleur, le duelliste, le redresseur de torts, le don Quichotte, enfin ! »

Le chevalier trouvait cette évocation chorégraphique extrêmement désagréable.

En même temps, et tout à la fois, un chaos de sinistres perspectives grouillait dans les lointains de son imagination, comme pour se mettre en harmonie avec les premiers plans.

Il sentait le froid de la mort glacer sa chair et, de là, passer dans ses os.

Il lui semblait que les esprits de l'autre monde venaient s'emparer de son cadavre ; il sentait sur son visage le souffle de grandes ailes de chauves-souris agitant l'air.

Le moindre bruit qu'il entendait dans le voisinage était, pour lui, celui d'un marteau assemblant les planches de la bière qui devait être la sienne.

Tout éveillé qu'il était, il rêvait qu'on le mettait en terre, et il entendait l'argile et les pierres tomber lourdement sur son cercueil.

Il sentait les mille reptiles du tombeau se glisser entre les plis de son suaire, et sa chair tressaillait d'avance à leur contact visqueux et glacé.

Aussi, la nuit, mère de toutes les funèbres apparitions, lui sembla-t-elle bien longue, et, dès qu'il vit poindre le jour, se hâta-t-il, contrairement à ses habitudes, de se jeter à bas de son lit.

— Décidément, se disait le chevalier tout en grelottant, moitié de froid, moitié à cause des dispositions dans lesquelles il se trouvait, décidément, je n'étais pas fait pour devenir un héros ! Enfin, je n'en aurai à mes propres yeux que plus de mérite à me être conduire ; mais c'est singulier, hier, je n'avais pas peur le moins du monde, alors qu'au contraire j'eusse dû hésiter, tandis que c'est maintenant que le frisson me gagne. Je ne puis cependant pas provoquer un homme à chaque instant de la journée, afin de maintenir mon courage à une température convenable !

Le chevalier, pour ne pas laisser à ces pensées démoralisantes, le loisir de le tourmenter de nouveau, se décida à écrire à Henri d'Elbène sans lui nommer son adversaire, lui annonçant que la rencontre serait, selon toute probabilité, fixée au lendemain, huit heures du matin, et le priant, en conséquence, de venir le prendre à sept heures pour aller au rendez-vous.

Il ne voulait point le mettre en contact avec les officiers, qui lui eussent tout dit ; et, de là au lendemain, ou plutôt à l'heure fixée pour que les témoins se rencontrassent, il espérait trouver un deuxième parrain qui réglerait les conditions du combat avec les seconds de Gration.

La lettre finie et cachetée, M. de la Graverie sortit pour la jeter lui-même à la poste. Dans les occasions importantes, le chevalier aimait assez à s'en rapporter à lui-même.

Comme il franchissait la porte cochère de son hôtel, il se trouva nez à nez avec l'homme qui lui avait promis de lui faire retrouver Black.

— Oh ! oh ! déjà levé, monsieur ! lui dit Pierre Marteau en l'abordant. Eh bien, l'on peut dire que voilà un chien plus heureux que bien des gens. Ainsi, moi, je puis m'égarer, personne n'en perdra le sommeil, Dieu merci ! Mais, au reste, ce sera bientôt l'heure.

— Quelle heure ? demanda le chevalier, dont la tête n'était pas encore bien raffermie.

— L'heure à laquelle j'espère vous remettre en possession de votre animal.

— Vous l'avez revu ? Oh ! conduisez-moi vers lui, mon brave homme. Si j'avais près de moi mon cher Dumesnil, il me semble que je n'aurais plus peur de personne.

— Patience ! patience ! nous allons nous acheminer tout doucement du côté où il est, et vous verrez que je ne vous ai pas menti.

— Mais où allez-vous donc ?... ou plutôt, où allons-nous donc ?

— Au marché aux chiens, pardieu ! Ne croyez-vous pas que le filou qui vous a enlevé votre animal l'a pris pour en faire des reliques ? Allons donc !

— Mais, enfin ? demanda le chevalier.

— Voici la chose : le chien n'a pas été réclamé ; on n'a vu ni affiche, ni annonce, ni récompense grosse ou petite ; on est donc tranquille ; si bien que je vous jure qu'à l'heure qu'il est, votre caniche chemine comme nous dans la direction de la barrière de Fontainebleau.

C'est, en effet, à la barrière de Fontainebleau que, les dimanches, mardis et vendredis de chaque semaine se tient le marché aux chevaux, auxquels le commerce des chiens sert, pour ainsi dire, de complément et d'appendice.

Deux peintres, dont l'un nous a été enlevé dans la force de l'âge, Alphonse Giroux, et Rosa Bonheur, la femme au doux nom et au talent vigoureux, ont fait de ce spectacle deux tableaux qui, avec des qualités différentes, en ont parfaitement reproduit la physionomie pittoresque.

Seulement, disons la chose en passant, pour l'édification de ceux qui prennent les dénominations à la lettre, ce n'est point au marché aux chevaux qu'il faut aller chercher les magnifiques animaux qui promènent l'élégance et le luxe dans les rues de Paris ou sur les allées sablées du bois de Boulogne.

Le marché aux chevaux est essentiellement utilitaire ; la beauté, la finesse des formes, la distinction de race, n'y sont pas cotés le moins du monde ; ce que l'on y vient chercher, ce sont des machines à travail, et encore les y veut-on dans les conditions d'économie les plus grandes possibles.

C'est dire assez qu'à part quelques percherons, quelques boulonnais, propres au charriage, on n'y rencontre que ce qui a été usé, abîmé, éreinté sur le pavé de Paris, cet enfer des chevaux ; on n'y voit que de pauvres débris fourbus, auxquels la spéculation s'obstine à faire entendre tout ce que Dieu avait mis de force dans leurs muscles, de vigueur dans leurs reins, avant de les renvoyer au néant, en passant par le charnier de Montfaucon.

Ce dont il faut surtout se défier au marché aux chevaux, c'est des animaux qui semblent sains et bien portants.

On peut gagner à coup sûr que ceux-là sont rétifs ou ont le vertige.

Malgré l'aspect misérable de chacune des individualités chevalines qui peuplent ce bazar, son ensemble ne manque pas d'animation ; on y fait trotter, galoper, piaffer un cheval à trente francs, avec accompagnement de coups de fouet et de bruit de sabots, absolument comme on le fait chez Crénieux ou chez Drake pour un demi-sang de mille écus : ce sont les mêmes ruses, les mêmes phrases, les mêmes serments que chez nos marchands les plus en vogue, et il y a infiniment plus de couleur ici que là-bas, c'est-à-dire à la barrière Fontainebleau qu'aux Champs-Élysées.

Comme nous le disions tout à l'heure, le commerce des chiens sert d'appendice à celui des chevaux.

Réduit à des proportions honnêtes, le commerce des chiens serait une pauvre industrie; aussi, comme il est entendu que chacun doit vivre de son état, les marchands de chiens se sont-ils arrangés de façon à rendre le leur le plus lucratif possible.

Au lieu d'élever des chiens, — ce qui, à raison de six francs au minimum de frais, donne, au bout de l'an, un total de soixante et douze francs comme valeur de l'animal avant de réaliser un centime de bénéfice, — ils ont jugé infiniment plus simple et plus profitable de ramasser la voie publique des chiens tout élevés et de les mettre en vente.

Puis, comme les chiens errants devenaient de plus rares, on leur a facilité le vagabondage, en faisant pour eux ce que nous avons vu faire pour l'épagneul de M. de la Graverie.

Le marché aux chiens, qui nous a entraîné à cette savante dissertation, se tient dans les contre-allées du boulevard de l'Hôpital, avoisinant la barrière de Fontainebleau ou d'Italie.

Quelques-uns de ces intéressants quadrupèdes sont attachés à des piquets.

Les petits sont en cage.

Les gros se promènent avec leur maître, ou plutôt avec ceux qui le sont devenus par des circonstances si fortuites, que, vu la variété des circonstances, nous n'aborderons pas même ce chapitre.

On trouve là des chiens de toute grandeur, de toute grosseur, de tout poil, de toute race et de toute physionomie.

Il y a des chiens des Pyrénées au poil fauve et à l'air paterne; défiez-vous-en, s'appelassent-ils Mouton, comme celui qui, un jour, me croqua la main.

Il y a des bouledogues, au nez écrasé, à l'œil saillant, aux dents en défenses de sanglier.

Il y a des terriers, des mâtins, des chiens couchants, des braques, des pointers plus ou moins authentiques.

Le chien de berger et le king's-charles y sont représentés.

Le chien courant, depuis le basset jusqu'au chien d'ordre, y ont leur place.

Les chiens-loups, blancs et noirs, qui semblent des conducteurs de diligence enveloppés de leurs fourrures; les chiens turcs, qui semblent sortis de la leur et qui grelottent toujours; les chiens de la Havane, que l'on trouve avec tant de peine sous leurs longues soies, s'y rencontrent également.

Le carlin lui-même, — ce chien célèbre, sinon illustre, que l'on prétendait disparu comme le mammouth, et dont Henry Monnier se vantait d'avoir sauvé la mémoire de l'oubli, — le carlin lui-même y envoie de loin en loin quelques spécimens.

Puis vient la cohue des roquets, cohue si nombreuse, si variée, si pleine de fantaisie dans ses ramifications, que Buffon, en la voyant, eût, bien certainement, déchiré sa nomenclature de l'espèce canine, et la généalogie qu'il dressait pour chaque race, généalogie aujourd'hui indéchiffrable.

Depuis près de deux heures, le chevalier de la Graverie et son compagnon battaient en tous sens le boulevard de l'Hôpital, allées et contre-allées, et ils n'avaient point encore découvert ce qu'ils étaient venus y chercher.

Plus de dix fois déjà, l'honnête Pierre Marteau, désireux de gagner son argent, avait dit au pauvre chevalier, en lui montrant un chien dont le signalement se rapprochait de celui de Black :

— Voyez, monsieur, n'est-ce pas là votre Dumesnil ?

Et, plus de dix fois déjà, le chevalier de la Graverie avait répondu avec un gros soupir :

— Hélas! non, ce n'est pas lui.

Tout à coup, notre héros poussa un cri de joie.

A l'angle de la rue d'Ivry, qui lui faisait face, il venait d'apercevoir un homme conduisant en laisse deux chiens, et l'un des deux chiens, c'était Black.

L'homme était en conférence avec un monsieur qui semblait examiner l'épagneul avec la plus vive curiosité.

— Le voilà! le voilà! s'écria M. de la Graverie. Tenez, il me reconnaît, il tourne la tête de mon côté. — Black! Black! Ah! mon pauvre Dumesnil, dans les circonstances où je me trouve, que je suis donc aise de te revoir!

M. de la Graverie voulut traverser la chaussée; mais, en ce moment, les maquignons faisaient trotter non pas un, mais dix chevaux : il était impossible de franchir le boulevard sans courir le risque d'être écrasé, et l'honnête Pierre Marteau, qui, n'ayant pas les mêmes motifs d'enthousiasme que le chevalier, avait, par bonheur, conservé tout son sang-froid, le retint fort à propos.

Pendant ce temps, le monsieur avait tiré sa bourse de sa poche, avait payé le marchand, et, ayant reçu de lui la corde qui attachait Black, se disposait à s'éloigner.

— Le chevalier de la Graverie, empêché, comme nous l'avons dit, voyait tout cela et criait :

— Arrêtez! arrêtez! ce chien est à moi!

Mais le bruit de sa voix se perdait au milieu des hurlements des maquignons, du claquement des fouets et du retentissement des fers sur le pavé.

Enfin, la chaussée devint libre ; Pierre Marteau lâcha le pan de l'habit du chevalier, qui s'élança à la poursuite de l'acheteur.

— Monsieur! monsieur! s'écria-t-il en trottinant derrière lui, c'est mon chien que vous venez d'acheter là!

Le monsieur, qui n'avait d'abord fait aucune attention aux cris du chevalier, comprit que c'était à lui que s'adressait l'allocution, et, si pressé qu'il parût d'emmener Black, il se retourna.

— Hein? fit-il ; s'il vous plaît, vous dites?

— Je dis, monsieur, répéta le chevalier tout haletant, que c'est mon chien que vous emmenez.

— Vous vous trompez, monsieur, répondit l'acquéreur; l'animal que je tiens en laisse m'appartient à deux titres, dont un suffit pour valider sa possession : c'est moi qui l'ai élevé ; je ne l'ai jamais vendu, et cependant je viens de le racheter tout à l'heure.

— Pardon, excuse, notre bourgeois, dit Pierre Marteau avec politesse et en même temps avec fermeté, mais je dois dire que la bête est à monsieur; je suis témoin qu'on la lui a volée vendredi, à preuve qu'il y a deux jours que je la cherche.

— Regardez, monsieur, regardez, il me reconnaît! s'écria le chevalier en prenant la tête de Black entre ses mains et en le baisant au front.

— Malheureusement, monsieur, répondit froidement mais résolument l'acheteur, cela ne prouve qu'une chose: c'est que vous avez possédé ce chien après qu'il m'a été volé à moi-même ; je doute que vous puissiez affirmer, sur votre parole d'honneur, qu'il y a plus de deux ans que ce chien est à vous, et cependant ce chien a aujourd'hui huit ans bien sonnés.

— Monsieur, dit le chevalier, qui, se rappelant le récit de Thérèse, sentait un certain trouble dans sa conscience, monsieur, mettez-le à prix, et je le payerai ce qu'il vous plaira de me demander.

— Nul prix ne peut me tenter, monsieur; je suis Dieu merci, assez riche pour ne pas avoir besoin de vendre mes chiens; en outre, celui-ci a pour moi un prix inestimable : il me rappelle des souvenirs chers et précieux; aussi, je vous affirme que, depuis un an ou quinze mois que je l'ai perdu au bois de Boulogne, il s'est passé peu de jours sans que je songeasse à lui. Je l'ai retrouvé, je le garde.

— Garder Black, monsieur? Mais c'est impossible! s'écria le chevalier, dont la tête s'échauffait singulièrement. Monsieur, ce chien est à moi. Je me ferai tuer, s'il le faut, pour qu'il rentre en ma possession.

— Monsieur, répondit l'acheteur en fronçant le sourcil, quoique j'aie quelque pitié de ce que je crois devoir regarder de votre part comme un accès de folie, je suis obligé de vous dire que vous m'ennuyez.

— Oh! que je vous ennuie ou non, monsieur, repartit le chevalier, qui rentrait peu à peu dans ses allures guerrières de la veille, j'ai un duel pour demain, et, ma foi, pendant que j'y suis, je ne me laisserai pas arrêter par la perspective d'une seconde affaire. Je veux mon chien.

Et, en disant ces mots, le chevalier haussait résolument la voix.

— Oh! ne crions pas, monsieur, reprit avec beaucoup de calme l'adversaire du chevalier. Voyez, le public s'amasse déjà autour de nous, et, pour un homme de votre âge, il n'est guère convenable de vous donner ainsi en spectacle. Voici ma carte; dans une heure, je serai chez moi. J'espère que vous aurez repris un peu de sang-froid, et je vous attendrai pour régler cette affaire de quelque façon que vous le jugiez convenable.

— Soit, monsieur, dans une heure !

L'inconnu salua froidement M. de la Graverie, et s'éloigna en emmenant Black, qui, en fait de possession, n'admettait sans doute pas le droit de priorité, et qui ne suivit qu'en se faisant traîner et en adressant au chevalier de la Graverie des regards à lui fendre le cœur.

Enfin, lorsque le chevalier eut perdu de vue Black et celui qui l'entraînait, il jeta les yeux sur la carte qu'il tenait à la main, et y lut ce nom et cette adresse :

« J.-B. Chalier, négociant, rue des Trois-Frères, n° 22. »

— Où diable ai-je vu ce nom-là ? se dit le chevalier en s'acheminant vers la station de voitures de place. Ma pauvre tête est si embrouillée par tout ce qui m'arrive, que je crois vraiment que j'en perdrai la mémoire. C'est égal, ce mâtin de chien m'a causé bien des ennuis ; mais aucun d'eux n'égalerait le chagrin que me donnerait sa perte... Ah ! tout cela est d'un bien fâcheux augure pour demain.

Et, comme une voiture justement passait à vide, il fit signe au cocher, qui s'arrêta.

Pierre Marteau lui ouvrit galamment la portière.

— Ah ! mon ami, dit le chevalier, c'est vrai, je t'avais oublié. L'homme est vraiment un animal bien ingrat !

Et, prenant trois ou quatre louis dans sa poche, il voulut les donner au brave homme.

Mais celui-ci secoua la tête.

— Ce n'est pas assez ? dit le chevalier. Viens à l'hôtel, mon ami, et je te donnerai davantage.

— Oh ! je ne dis pas cela, monsieur.

— Et que dis-tu, alors ?

— Je dis que je puis encore vous être utile, ne fût-ce que pour affirmer, devant qui de droit, que le chien est bien à vous, et que vous le teniez en laisse lorsqu'on vous l'a volé, boulevard des Italiens.

— Eh bien, oui, viens ! un brave homme est toujours utile, et, si tu ne me sers pas à cela, tu me serviras à autre chose. Mais où vas-tu monter ?

— Avec le cocher, pardieu !

— Monte donc avec le cocher, mon ami.

Puis, à lui même :

— Oui, oui, oui, se dit le chevalier comme pour se fouetter le sang, quand je devrais me battre avec ce Chalier, au pistolet à bout portant, au mouchoir, j'aurai Black !... Et tu ne m'abandonneras pas, n'est-ce pas, mon pauvre Dumesnil, dans cette circonstance où je risquerai ma vie pour toi ?...

Pierre Marteau avait refermé la portière et était monté près du cocher.

— Où allons-nous, notre bourgeois ? demanda celui-ci.

— Rue des Trois-Frères, n° 22, répondit le chevalier.

Le fiacre partit.

## XXXV

Où, après avoir reconnu son chien, le chevalier reconnaît un ami.

Ce fut en proie aux plus sombres pensées que le chevalier arriva à la rue des Trois-Frères.

M. Chalier venait de rentrer, il n'y avait que quelques minutes.

Le chevalier s'informa de Black au concierge ; le concierge n'avait jamais ouï parler de Black ; mais M. Chalier était rentré avec un chien qu'on ne lui connaissait pas. Le chien était un épagneul du plus beau noir. C'était tout ce que voulait savoir le chevalier.

M. Chalier occupaient le second étage d'une fort belle maison.

M. de la Graverie monta précipitamment l'escalier, espérant qu'il allait revoir Black, et cherchant par quelle phrase il pourrait toucher le cœur de l'ancien propriétaire de son chien, cœur qui, au reste, lui paraissait, d'après ce qu'il en avait vu, assez peu malléable.

Et, tout en montant, il se demandait s'il ne ferait pas sagement d'avouer au susdit J.-B. Chalier ses soupçons relativement à l'ancienne condition humaine qu'occupait Black, lorsqu'il portait l'épée au côté et les épaulettes de capitaine.

Il sonna à la porte du second étage sans plan arrêté, et en répétant pour la dixième fois, cette phrase, qu'il s'adressait à lui-même, en forme d'interrogation :

— Mais où diable ai-je donc vu ce nom de Chalier ?

M. Chalier venait effectivement de rentrer ; mais, comme il était dix heures et qu'en sa qualité de négociant, il maintenait un grand ordre dans la maison, il s'était mis immédiatement à table, son déjeuner étant invariablement servi à dix heures.

Mais, en se mettant à table, M. Chalier avait expressément recommandé que, s'il venait, pour lui, un homme d'une cinquantaine d'années, petit, court, grassouillet et portant un ruban rouge à la boutonnière, on le fît entrer au salon.

Ce signalement s'appliquait si bien au chevalier, que le domestique en lui ouvrant la porte s'écria :

— Ah ! c'est monsieur que monsieur attend.

— Je le crois, hasarda le chevalier.

— Je dois introduire monsieur, et aller prévenir immédiatement monsieur, qui déjeune.

Le chevalier n'avait pas encore déjeuné, et, disons plus, il était si préoccupé, qu'à peine avait-il songé à ce repas, auquel autrefois il accordait cependant une certaine importance.

Aussi, tout imprégné de cette morale gastronomique de Berchoux, laquelle professe que rien ne doit déranger l'honnête homme qui prend sa nourritue, M. de la Graverie répondit avec une courtoisie tout instinctive :

— C'est bien, c'est bien ; ne dérangez pas M. Chalier ; j'attendrai au salon.

Le domestique introduisit le chevalier dans la pièce indiquée, et alla prévenir son maître de l'arrivée de la personne qu'il attendait, tout en lui rapportant ses paroles, que Black, couché aux pieds de son nouveau propriétaire, sembla écouter avec la plus intelligente attention.

Pendant ce temps, le chevalier, introduit au salon, s'en allait droit à la cheminée, garnie d'un bon feu, et, y appuyant ses reins, commençait à se chauffer les mollets en se demandant pour la onzième fois :

— Mais où diable ai-je donc vu ce nom de Chalier ?

En ce moment, l'attention du chevalier fut attirée par un grand tableau à l'huile, qui parut lui rappeler un souvenir plus distinct que celui du nouveau maître de Black.

— Tiens ! s'écria le chevalier, la rade de Papaéti !

Et il courut au tableau.

Ce tableau fut pour lui toute une révélation.

Enfin, Dieudonné se rappelait où il avait vu ce nom de Chalier qui l'intriguait si fort.

A peine ce souvenir plein de lucidité venait-il de traverser sa mémoire, qu'il entendit derrière lui le grincement d'une porte qui s'ouvrait.

Il se retourna et aperçut M. Chalier.

Alors, non-seulement il se rappela le nom, mais encore il reconnut le visage.

Il jeta son chapeau sur le tapis, courut à M. Chalier, et, lui prenant les deux mains :

— Oh ! monsieur, monsieur, lui dit-il, vous avez été à Taïti, n'est-ce pas ?

— Mais oui, dit M. Chalier tout étonné de ce revirement d'humeur, chez un homme qu'il regardait déjà comme son adversaire.

— Vous y étiez en 1831, à bord de la corvette *le Dauphin* ?

— Oui.

— La fièvre jaune était à bord du bâtiment ?

— Oui.

— Le 8 août, un homme de cinquante ans, grand, brun, sec, avec des moustaches noires et des cheveux grisonnants, se fit conduire de Papaéti à bord du *Dauphin*, et y gagna la maladie ?

— Le capitaine Dumesnil, parbleu !

— C'est cela, Dumesnil ! Ah ! je ne me trompe pas, vous avez connu Dumesnil ?

— Je le crois bien ! mon meilleur ami.

— Non, monsieur, non : son meilleur ami, c'était moi, je m'en vante. Ah ! il y a une Providence, sacrédié ! oui, il y en a une, s'écria l'honnête chevalier avec des larmes dans la voix, et jurant pour la première fois de sa vie.

— Je l'ai toujours cru, répondit en souriant M. Chalier.

— Embrassez-moi, monsieur ! embrassons-nous ! dit le chevalier en jetant ses bras autour du cou de l'homme qu'il voulait égorger, dix minutes auparavant.

— Soit ! dit M. Chalier d'un ton flegmatique qui contrastait avec l'exaltation de M. de la Graverie ; reconnaissez qu'il y a une Providence, et, en l'honneur de cette Providence, embrassez-moi une fois, deux fois même si vous y tenez absolument ; puis ayez la bonté de vous expliquer ; car, d'après ce qui se passe, j'ai bien envie d'appeler mes commis et de vous faire conduire à Charenton.

— Monsieur, dit le chevalier, vous en avez le droit ; car je suis fou, oui, littéralement fou, mais fou de joie, monsieur ! Au reste, un seul mot vous expliquera tout.

— Alors, dites ce mot.

— Je suis le chevalier de la Graverie.

— Le chevalier de la Graverie ! s'écria à son tour M. Chalier sortant pour la première fois de cet aspect glacé qui semblait être la température habituelle de son caractère.

— Oui, oui, oui.

— Le passager qui vint nous rejoindre sur *le Dauphin*, le lendemain de la mort du pauvre Dumesnil ?

— Justement ! et qui fit route avec vous jusqu'à Valparaiso, où vous quittâtes la corvette, sur le pont de laquelle je n'avais pu monter qu'une ou deux fois, tant j'avais le mal de mer.

— En effet, c'est à Valparaiso que je débarquai, emmenant avec moi Black et la mère de Black, que vous avez connu tout petit. Ah ! vous voyez bien maintenant que je ne vous mentais pas.

— Oui ; mais occupons-nous, s'il vous plaît, d'autre chose que de Black en ce moment-ci.

— De tout ce que vous voudrez, monsieur.

— Mon nom, le chevalier de la Graverie, ne vous rappelle-t-il pas certaines circonstances ?...

— C'est vrai, monsieur.

— Ne vous rappelle-t-il pas le paquet que Dumesnil vous portait à bord lorsqu'il y attrapa cette fatale maladie dont il mourut, et le nom de la personne à laquelle ce paquet était adressé ?

— Madame de la Graverie...

— Mathilde !

— Hélas ! chevalier, répondit M. Chalier, je n'ai pu accomplir sur ce point la mission dont je m'étais chargé, croyant revenir immédiatement en France.

— Ah !

— Vous m'avez vu descendre à Valparaiso ?

— Oui.

— D'abord, j'y suis resté beaucoup plus longtemps que je ne croyais ; puis, au lieu de revenir en traversant les terres ou en doublant le cap Horn, je pris un bâtiment qui, accomplissant un voyage de circumnavigation, revenait par le Cap. Il en résulta que, lorsque j'arrivai en France, madame de la Graverie était déjà morte.

— Mais n'avez-vous eu aucun détail sur sa mort et sur l'enfant qu'elle laissait, monsieur ?

— Peu... Mais, enfin, tels que je les ai eus, je vais vous les dire.

— Oh ! je vous en supplie, fit le chevalier en joignant les mains.

— Votre frère, vous le savez sans doute, avait exigé qu'elle ne reconnût pas l'enfant dont elle allait accoucher ; elle accoucha d'une fille.

— C'est cela, oui, monsieur, c'est cela !

— Cette fille fut baptisée sous le nom de Thérèse.

— De Thérèse ! Vous en êtes sûr ?

— Parfaitement sûr, monsieur.

— Continuez, monsieur ! continuez ! Je vous écoute.

En effet, l'âme du chevalier semblait suspendue aux lèvres du narrateur.

— L'enfant avait été confiée à une femme nommée la...

M. Chalier chercha le nom.

— La mère Denniée, dit vivement le chevalier.

— C'est cela, monsieur ; mais, cette femme, je la cherchai sans pouvoir en découvrir la moindre trace.

— Eh bien, monsieur, je l'ai retrouvée, moi !

— Qui ?

— Thérèse !

— Thérèse ?

— Oui, et, grâce à vous, je pourrai bientôt, je l'espère, l'appeler ma fille.

— Votre fille ?

— Sans doute.

— Cependant, il me semblait...

M. Chalier s'arrêta court : le terrain sur lequel il s'aventurait lui sembla brûlant.

Le chevalier comprit sa pensée.

— Oui, cela vous étonne, dit-il avec un sourire triste ; mais, lorsque la mort a passé sur une offense, mon cher monsieur, malheureux est celui qui s'en souvient ! Puis, je vous l'avoue, je suis resté sept longues années de ma vie à n'aimer que moi, et, en vieillissant, je devins volage : j'ai commencé à me faire une infidélité avec un chien, et, d'un chien, je veux passer à mon enfant. Voyons, monsieur, un effort de mémoire ! Avez-vous quelque preuve sur laquelle nous puissions baser la naissance de cette jeune fille ?

— Sans doute, si vous pouvez prouver qu'elle est bien la même qui fut confiée à la femme Denniée, j'ai un acte, — celui que le pauvre Dumesnil était venu m'apporter à bord en me recommandant la mère et l'enfant, — j'ai un acte que madame de la Graverie lui avait fait passer, acte dressé par les conseils du médecin qui la soignait, où l'on constate que l'enfant du sexe féminin baptisé sous les noms de Thérèse-Delphine-Marguerite était bien sa fille.

— Et la mienne, par conséquent ! s'écria M. de la Graverie tout joyeux. *Pater is est quem nuptiæ demonstrant !*

Et jamais cet axiome du droit conjugal, qui a fait enrager tant de maris, ne fut invoqué d'un plus joyeux visage et d'un cœur plus satisfait.

Lorsque le chevalier eut donné cours à sa satisfaction, il jugea qu'il était temps de mettre M. Chalier au courant de la situation des différents personnages qui jouaient un rôle dans le drame dont lui, Dieudonné, cherchait avec tant de peine le dénoûment.

Il termina son récit en racontant ce qui s'était passé la veille, à l'estaminet Hollandais, entre lui et M. Gratien d'Elbène.

M. Chalier, en apprenant le duel qui devait avoir lieu le lendemain, fit tout ce qu'il put pour dissuader le chevalier de se battre.

Mais la vue de Black, et le commencement d'irritation que le chevalier avait éprouvé dans la matinée, lui avaient complétement remonté le moral.

— Non, mon cher monsieur, dit-il, non, non, non ! je suis inébranlable ! J'étais déjà décidé à me battre alors que je n'avais que des présomptions sur la naissance de Thérèse ; à présent que je suis certain qu'elle est bien la fille de Mathilde, j'affronterais mille morts pour elle ! Et, tenez, c'est encore de l'égoïsme, — j'ai toujours été égoïste et je resterai égoïste jusqu'à la fin ! — tenez, continua le chevalier en montrant Black, qui avait poussé la porte du salon et était venu poser mélancoliquement la tête sur ses genoux, j'ai découvert tant de jouissance à souffrir pour eux, que je suis certain qu'il y a, dans la mort endurée pour un être que l'on aime, une source de douceurs et de consolations dont personne ne se doute, et avec lesquelles je ne serai point fâché de faire connaissance.

— Eh bien, répondit M. Chalier, puisque votre parti est si bien pris, mon cher monsieur de la Graverie, faites-moi alors l'honneur de m'accepter pour second.

— Eh ! monsieur, j'allais vous le demander, s'écria le chevalier tout joyeux.

— Alors, c'est dit ?

— Oui, c'est dit ; et nous n'avons pas une minute à perdre.

— Comment cela ?

— Les témoins de mon adversaire doivent se promener de midi à une heure sur la terrasse des Feuillants, pour s'entendre avec les miens.

Le chevalier tira sa montre.

— Or, il est dix heures trente-cinq minutes, ajouta-t-il.
— Bon ! vous voyez bien que nous avons le temps.
— C'est vrai ! mais je n'ai pas déjeuné.
— Je vous offrirais bien de déjeuner avec moi ; mais il faut que je vous cherche un second ami.
— Pourquoi faire ?
— Pour discuter les conditions du combat.
— Inutile ! ce second ami, je l'ai ; seulement, je tiens, et pour les plus graves motifs, à ce qu'il ne voie mon adversaire et ses témoins que sur le terrain du combat ; je vous prierai donc de régler seul les conditions du duel.
— Quelles recommandations avez-vous à me faire ?
— Aucune.
— Mais, si notre adversaire nous laissait le choix des armes ?...
— N'acceptez pas ! il est l'offensé ; je ne veux aucune concession.
— Cependant, vous avez une préférence pour telle ou telle arme ?
— Une préférence, monsieur ? Oh ! non, Dieu merci, je les déteste toutes.
— Mais, enfin, vous savez tirer le pistolet, manier l'épée ?
— Oui ; mon pauvre Dumesnil, malgré ma répugnance pour ces instruments de destruction, m'a appris à m'en servir.
— Et vous vous en servez convenablement ?
— Monsieur, vous connaissez bien ces petites perruches vertes, à tête orange, qui sont un peu plus grosses que des moineaux francs et qu'on rencontre dans toutes les îles de l'Océanie ?
— Parfaitement.
— Eh bien, à la cime d'un arbre, j'en tuais régulièrement deux sur trois.
— Ce n'est pas la force de Dumesnil, qui en tuait trois sur trois ; mais c'est encore fort joli. Et à l'épée ?
— Oh ! quant à l'épée, je ne sais que parer, mais je suis très-fort pareur.
— Ce n'est pas assez.
— Et puis je connais un coup...
— Ah ! ah !
— Un seul.
— Si c'est certaine botte avec laquelle Dumesnil m'a touché dix fois, elle suffira.
— C'est cette botte-là même, monsieur.
— Alors, je ne suis plus inquiet de vous.
— Ni moi non plus ; mais à une condition, cependant...
— Laquelle ?
— Souffrez que Black nous suive demain sur le terrain, cher monsieur Chalier. Je suis fort superstitieux, et je crois que sa présence me portera bonheur.
— Black vous suivra, non-seulement demain, mais toujours, chevalier, et je suis vraiment heureux de pouvoir vous offrir un animal auquel vous attachez tant de prix.
— Merci, monsieur, merci ! s'écria le chevalier avec des larmes plein les yeux. Ah ! vous ne pouvez savoir le cadeau que vous me faites-là ! Black, voyez-vous, ce n'est pas un animal, c'est... Mais non, vous ne me croiriez pas, ajouta le chevalier en regardant tour à tour Black et son nouvel ami.
Puis, tendant les bras à Black :
— Black ! mon brave Black ! lui dit-il.
Black se jeta dans les bras du chevalier en poussant un doux hurlement de joie, auquel le chevalier répondit tout bas :
— Sois tranquille, maintenant, mon pauvre Dumesnil ! rien ne nous séparera plus !... à moins, pourtant, ajouta mélancoliquement le chevalier, à moins qu'une balle de pistolet ou un coup d'épée...
Mais, comme s'il eût compris, Black s'arracha des bras du chevalier et se mit à faire des bonds si allègres et des abois si joyeux, que M. de la Graverie, qui, ainsi qu'il l'avait dit, croyait aux présages, prenant celui-ci pour ce qu'il paraissait être, s'écria le plus crânement du monde, en tendant la main à M. Chalier :
— Sac à papier ! cher ami, n'avez-vous point parlé d'un déjeuner qui vous attendait et dont vous m'offriez de prendre ma part ?
— Oui, sans doute.
— Eh bien, à table alors, à table ! et vive la joie !

M. Chalier regarda le chevalier avec étonnement ; mais il commençait à se faire aux excentricités de sa nouvelle connaissance, et, d'une voix qui faisait un contraste des plus étranges avec ses paroles, il répéta :
— A table, donc, et vive la joie !
Et il introduisit son hôte dans la salle à manger, où était servi un déjeuner comme M. de la Graverie n'en avait pas mangé un depuis le jour où il avait renvoyé Marianne.
En sortant du n° 22, M. de la Graverie retrouva son fiacre à la porte.
L'honnête Pierre Marteau était près du fiacre et achevait un déjeuner moins somptueux, mais probablement aussi bien venu que l'avait été celui du chevalier ; le charcutier d'en face et le marchand de vin du coin en avaient fait les frais.
— Ah ! ah ! dit le brave homme en voyant le chevalier appuyé au bras de M. Chalier, et Black qui les suivait, il paraît que vous voilà raccommodé avec le propriétaire du chien, et que tout a fini le mieux du monde ?
— Oui, mon ami, dit le chevalier ; et, comme il faut que tout finisse le mieux du monde pour vous aussi bien que pour moi, vous allez continuer de m'accompagner jusqu'à l'hôtel, où, si vous le voulez bien, nous règlerons nos comptes.
— Ah ! ce n'est pas pressé, notre bourgeois ; je vous ferai volontiers crédit.
— Bon ! et si je suis tué demain ?
— Puisque vous ne vous battez pas !
— Je ne me bats pas avec monsieur, dit le chevalier en se redressant, mais je me bats avec un autre.
— En vérité ! dit Pierre Marteau. Non, parole d'honneur, à la première vue, je ne vous aurais jamais cru si mauvaise tête ; mais, par bonheur, vous dormirez d'ici là, et la nuit porte conseil.
Le chevalier monta dans le fiacre, où l'attendait déjà M. Chalier. Black, qui craignait sans doute un nouvel accident, n'y monta qu'après le chevalier. Pierre Marteau referma la portière sur les deux hommes et sur le chien ; après quoi, il reprit sa place près du cocher.
Au moment où le fiacre s'arrêtait rue de Rivoli, devant la porte de l'hôtel de Londres, deux officiers, arrivant chacun d'un côté opposé, se rencontraient sur la terrasse des Feuillants.
— Bon ! dit le chevalier, voilà nos hommes. Ne vous faites pas attendre, mon cher Chalier, et tenez ferme.
M. Chalier lui fit signe qu'il serait satisfait, et traversa la chaussée de la rue de Rivoli, tandis que le chevalier invitait Pierre Marteau à le suivre.
Pierre Marteau obéit.
Arrivé dans sa chambre, M. de la Graverie commença par réinstaller Black sur ses coussins, et, quand il l'y vit confortablement établi :
— Ah ! dit-il, à notre tour maintenant, mon brave homme !
Et, prenant dans un tiroir du secrétaire fermé à clef, un petit portefeuille de maroquin rouge qui indiquait, par la fatigue de la peau, le long usage qu'en avait fait son propriétaire, le chevalier y prit un petit morceau de papier transparent qu'il présenta à Pierre Marteau.
Celui-ci le déplia avec une certaine hésitation, et, quoiqu'il dût être assez peu familier avec la Banque de France, il reconnut le petit morceau de papier pour être sorti de cet estimable établissement.
— Oh ! oh ! dit-il, signé Garat ! c'est la signature qui s'escompte le plus facilement et pour laquelle on prend le moins de courtage. Combien faut-il vous rendre là-dessus, notre bourgeois ?
— Rien, répondit le chevalier. Je vous avais promis cinq cents francs si je retrouvais mon chien ; je l'ai retrouvé et je vous tiens parole.
— Pour moi, pour moi, tout cela ? Allons, pas de bêtises, bourgeois ? les émotions, ça porte à la peau !
— Ce billet est à vous, mon ami, dit le chevalier, gardez-le.
Pierre Marteau se gratta l'oreille.
— Enfin, dit-il, vous me le donnez de bon cœur ?
— De bon cœur, de grand cœur même !
— Mais, avec le billet, vous ne me donnerez pas une poignée de main ?

— Pourquoi pas ? Deux, mon ami ! deux, et avec grand plaisir !

Et il tendit ses deux mains au prolétaire.

Celui-ci tint les mains délicates du chevalier serrées pendant quelques secondes entre ses mains calleuses, et ne les lâcha que pour essuyer une larme qui glissait du coin de son œil sur sa joue.

— Eh bien, dit-il, vous pouvez vous vanter, vous, que le curé de Sainte-Élisabeth en dira demain une crâne, et à votre intention encore.

— Une crâne, quoi, mon ami ? demanda le chevalier.

— Une crâne messe, donc ! et je vous déclare une chose : c'est que, s'il vous arrive malheur demain, dans votre duel, c'est qu'il n'y a pas de bon Dieu là-haut.

Et Pierre Marteau sortit en essuyant une seconde larme.

Le chevalier en fit autant que Pierre Marteau ; seulement, il en essuya deux d'un coup.

Puis il alla à la fenêtre et l'ouvrit en essayant de siffloter un petit air.

Il vit M. Chalier en grande conférence avec les deux témoins de Gratien d'Elbène.

## XXXVI

*Qui sera très-agréable à ceux de nos lecteurs qui aiment à voir Polichinelle emporter le diable à son tour.*

Le chevalier de la Graverie dormit, cette nuit-là, comme un bienheureux.

Il est vrai qu'il avait près de lui son ami Dumesnil sous le pseudonyme de Black.

A sept heures du matin, grâce à un coiffeur qu'il avait envoyé chercher rue Castiglione, le chevalier était non-seulement habillé, mais encore rasé et coiffé avec un soin que depuis longtemps il ne donnait plus à sa toilette, et il se promenait dans sa chambre, calme et presque souriant.

Black, de son côté, semblait d'une gaieté folle.

Il est vrai que le chevalier ne pensait pas le moins du monde à son duel, et que ce n'était nullement, comme on pourrait le croire, par courtoisie pour M. Gratien d'Elbène qu'il s'était fait raser et coiffer.

Non ; le chevalier pensait à Thérèse ; à Thérèse, qui allait venir le rejoindre, et que, par deux lettres écrites, l'une à M. Chalier et l'autre à Henri, il laissait, grâce à l'acte de madame de la Graverie, bel et bien sa fille, et dûment sa seule et unique héritière.

C'était pour Thérèse qu'il s'était fait coiffer et raser.

Il pensait quelle joie ce serait pour Thérèse lorsqu'il lui apprendrait qu'elle était sa fille ; car il était bien décidé à n'altérer en rien cette joie en parlant à l'enfant des fautes de sa mère.

Il s'était même dit qu'au besoin il prendrait à sa charge l'abandon si prolongé de la pauvre orpheline.

A sept heures et un quart, on heurta à la porte de la chambre du chevalier.

C'était Henri d'Elbène.

M. de la Graverie jeta un coup d'œil rapide sur le jeune homme et vit facilement, à la sérénité de son visage, qu'il ignorait complétement quel était l'adversaire du chevalier.

— Vous voyez, monsieur, dit Henri avec une courtoisie qui sentait d'une lieue son gentilhomme, combien je suis exact et fidèle à venir dégager ma parole.

Une espèce de remords mordit le chevalier au cœur.

Était-ce bien à lui de faire ainsi Henri son second contre Gratien, de faire crier vengeance au frère contre le frère ?

Aussi fut-ce avec une physionomie légèrement assombrie qu'il répondit au jeune homme :

— Tenez, monsieur Henri, tout en vous remerciant de votre ponctualité et de la preuve d'intérêt que vous voulez bien me donner, je vous avoue que j'eusse mieux aimé vous voir manquer au rendez-vous.

— Pourquoi cela, monsieur ? demanda le baron étonné.

— Parce que ce qui va se passer vous touche de beaucoup plus près que vous ne l'avez supposé, et que vous ne pouvez même le supposer.

— Que voulez-vous dire ?

Le chevalier posa sa main sur l'épaule du jeune homme, et, avec une parfaite dignité :

— Monsieur, lui dit-il, malgré la grande différence de nos âges, vous m'avez, par votre caractère ferme et dégagé de sots préjugés, par l'élévation de vos sentiments, inspiré une profonde estime, et, permettez-moi de le dire, une vive amitié. Mais ce n'est, cependant, ni cette estime ni cette amitié qui m'ont amené à vous faire la confidence que vous avez reçue de moi, l'autre jour.

— Et par quel autre motif avez-vous donc été dirigé ; monsieur ?

— Écoutez, mieux vaut que vous ne le sachiez pas ; mieux vaut que, tandis qu'il en est temps encore, vous partiez sans m'accompagner là où je vais. Je vous relève de votre serment ; je vous tiens quitte de votre promesse, et plus j'y pense, plus je trouve non-seulement raisonnable, mais loyal, mais humain, d'agir ainsi. La pauvre enfant que vous avez aimée, et qui, elle, vous aime encore, pourrait m'en vouloir de vous avoir associé au châtiment.

— Que signifient ces réticences, monsieur le chevalier ? demanda Henri ; de qui parlez-vous, je vous en conjure ? La pauvre enfant que j'ai aimée et qui m'aime encore, dites-vous ? Mais j'ai aimé une seule femme dans ma vie, et cette femme, c'est...

Henri hésita ; le chevalier acheva pour lui.

— C'est Thérèse, n'est-ce pas ? dit-il.

— Comment savez-vous le nom de Thérèse ? comment savez-vous que j'ai aimé Thérèse ? demanda vivement le baron.

— Parce que Thérèse est ma fille, monsieur, ma fille unique, mon enfant chérie, et que son séducteur, l'homme qui a abusé de sa ressemblance avec son frère pour commettre un crime, c'est... votre frère !

— Gratien !

— Lui-même.

— Alors, c'est contre mon frère que vous vous battez ?

Le chevalier se tut ; son silence était une réponse.

— Oh ! le malheureux ! s'écria Henri en cachant son visage entre ses deux mains.

Puis, après un instant :

— Mais comment, demanda-t-il, comment a-t-il consenti à se battre contre le père de la jeune fille qu'il a séduite ?

— Il ignore que je suis le père de Thérèse ; d'ailleurs, je lui ai fait une telle insulte, qu'elle ne lui laissait pas le choix de se battre ou de ne point se battre.

— Oh ! mon Dieu ! mon Dieu ! fit Henri.

— Allons , du courage, mon ami ! dit le chevalier ; cela me semble vraiment bizarre d'en être arrivé à le recommander si vite aux autres... du courage ! Rentrez chez vous ; seulement, il est une de vos promesses sur laquelle je veux compter encore.

Henri fit un signe indiquant que le chevalier pouvait compter sur lui.

— Si je succombe, ce qui est possible, continua le chevalier avec un sourire doux et triste, si je succombe , je vous lègue mon enfant, ma fille, ma Thérèse... la vôtre, Henri ! Veillez sur elle, consolez-la, protégez-la ! M. Chalier, dont voici l'adresse, vous fournira les moyens de faire reconnaître ses droits à sa fortune.

— Non, monsieur, non ! s'écria Henri en se redressant et en domptant son émotion ; la conscience est la conscience, et l'on ne transige pas avec elle. Ce qui était infâme de la part d'un autre que mon frère, continue d'être infâme de la part de mon frère. Je ne vous abandonne pas. Si votre adversaire n'était pas Gratien, je voudrais pouvoir prendre votre place ; car c'est moi, bien plus que vous, qu'il a offensé ; mais, quels que soient les liens qui m'attachent à lui, je témoignerai par ma présence de toute l'horreur que je ressens pour son abominable action. Si vous devez devenir le châtiment, moi, je personnifie le remords. Marchons donc, monsieur ! marchons !

— Voilà une résolution qui vient d'un grand cœur, mon

jeune ami, et je ne saurais mieux vous prouver toute l'estime que m'inspire l'élévation de vos sentiments; mais, songez-y, j'ai insulté si gravement votre frère, je vous le répète, que tout espoir d'accommodement sur le terrain serait chimérique.

— Ah! si j'étais libre, monsieur, s'écria Henri, Thérèse serait heureuse, Thérèse serait réhabilitée... quoique... Oh! c'est bien affreux! un frère! mais, tout jumeaux que nous sommes, monsieur, autant il y a de ressemblance dans nos traits, autant il y a de différence dans nos caractères : lui, vit dans le bruit des bals et des cafés ; moi, je vis dans la solitude. Depuis son retour à Paris, je ne l'ai pas vu deux fois... Mais je m'écarte de la question ; je m'excuse en quelque sorte auprès de vous du crime d'un autre. Enfin, quand vous la reverrez, chevalier, — car, si dénaturé que vous paraisse un pareil souhait, j'espère que vous la reverrez, — dites-lui que celui qui l'a tant aimée, qui l'aime encore, n'a pas voulu abandonner son père en ce moment suprême, quoi qu'il en coûtât à son cœur !

Le chevalier tendit la main au jeune homme ; puis, jetant les yeux sur la pendule :

— L'heure avance, mon cher Henri, dit-il. C'est ma première affaire ; je n'ai pas acquis le droit de me faire attendre. Partons donc. — Ici, Black !

— Est-ce que vous emmenez votre chien ?

— Sans doute... ce n'est pas dans un pareil moment que je voudrais que mon meilleur et mon plus ancien ami me quittât. Ah ! s'il n'était pas mort, pauvre Dumesnil !

Henri regarda le chevalier avec étonnement.

— Ne faites pas attention, dit celui-ci, je m'entends.

En descendant l'escalier, le chevalier et Henri d'Elbène rencontrèrent M. Chalier, qui arrivait : il était venu dans sa voiture, excellente calèche fermée, attelée de deux bons chevaux.

Tous trois montèrent dans la voiture.

— Chatou ! dit M. Chalier au cocher.

Le chevalier présenta ses deux témoins l'un à l'autre.

— Qu'avez-vous décidé avec les témoins de notre adversaire, monsieur ? demanda Henri au négociant.

— L'affaire est réglée en tout point, répondit M. Chalier. Ces messieurs n'ont voulu se prévaloir en rien de l'offense ; le hasard a décidé de tout. Ces messieurs se placent à trente pas, chacun un pistolet chargé à la main ; ils ont le droit de faire feu chacun cinq pas, ce qui réduit la distance à vingt, et de faire feu à volonté.

— Vous tirez le pistolet ? demanda Henri au chevalier avec un léger tremblement dans la voix.

— Oui, un peu, grâce à Dumesnil, répondit le chevalier en caressant les oreilles soyeuses de son chien.

— Bon ! dit M. Chalier ignorant le degré de parenté qui unissait Henri à Gratien, en Amérique le chevalier tuait deux perruches sur trois ; un homme est bien quatre fois gros comme une perruche : vous voyez que cela nous donne quelque chance.

Le chevalier remarqua la physionomie sombre de Henri et lui prit la main.

— Mon pauvre ami, lui dit-il, si je n'avais derrière moi Thérèse, Thérèse à consoler et à aimer, je vous dirais : « Soyez bien tranquille sur le sort de mon adversaire ! »

— Faites votre devoir, chevalier, répondit Henri. Ma vie était bien triste déjà ; c'est pour en supporter le fardeau que j'ai cherché les distractions dans l'étude : quoi qu'il arrive, elle sera encore plus triste désormais ; mais je prierai Dieu d'en abréger la durée.

Si discret qu'il fût, M. Chalier allait risquer une interrogation ; le chevalier lui fit signe de garder le silence.

Le cocher, selon la recommandation de son maître, s'arrêta en face de l'île de Bougival.

Une seconde voiture qui stationnait sur la berge prouvait que l'adversaire du chevalier l'avait devancé au rendez-vous.

En effet, lorsque le chevalier et ses deux témoins furent dans le bateau qui devait les passer dans l'île, ils aperçurent, au milieu des arbres, la silhouette noire des trois officiers.

Tous trois étaient en bourgeois.

On prit terre.

M. Chalier, s'avançant le premier, marcha vers Louville, qui fumait son cigare, assis sur la table de pierre qui subsiste encore à l'extrémité de l'île.

— Pardon, monsieur, de vous avoir fait attendre, dit-il en tirant sa montre ; mais, vous le voyez, nous ne sommes pas en retard. Le rendez-vous était pour neuf heures, et il est neuf heures moins cinq minutes.

En effet, l'église de Chatou, qui avançait de cinq minutes sur M. Chalier, se mit à sonner neuf heures.

— Ne vous excusez pas, monsieur, dit Louville ; vous êtes, au contraire, exact comme un cadran solaire ; d'ailleurs, en vous attendant, nous avons mis le temps à profit : nous avons choisi une clairière qui a l'air d'avoir été ménagée tout exprès pour se couper la gorge. La régularité des peupliers qui l'entourent servira peut-être un peu trop de guidon aux armes de ces messieurs et rendra la rencontre plus meurtrière ; mais, comme, après tout, ils ne sont pas venus ici pour se lancer des noyaux de cerise, et comme c'est ce que nous avons trouvé de mieux, j'espère que vous ratifierez notre choix.

M. Chalier s'inclina en signe d'adhésion, et, en s'inclinant, il démasqua Henri, qui donnait le bras au chevalier.

Gratien aperçut son frère et devint pâle comme la mort ; mais il ne lui adressa point la parole.

Le petit groupe se dirigea en silence du côté de la clairière dont avait parlé Louville.

— Ah ! mon pauvre ami, disait le chevalier à Henri d'Elbène, je suis vraiment désolé de vous voir ici.

— Ne pensez plus à cela, répondit Henri ; pensez à vous, parlons de vous.

— Oh ! que non pas, répondit le chevalier. Peste ! vous me rendriez là un très-mauvais service, sans vous en douter. Ne parlons pas de moi, au contraire, et pensons-y le moins possible. Tenez, à vous, cher ami, je puis l'avouer, je ne suis brave ou plutôt je n'ai l'air brave que parce que je pense à toute autre chose que ce que je vais se passer ; et tout à l'heure, lorsque j'ai aperçu ces fourreaux de serge verte qui renferment les armes dont l'une, dans dix minutes, m'aura peut-être couché sur l'herbe, j'ai été pris d'un frisson de très-fâcheux augure... Ah ! mon cher Henri, j'ai à Chartres une chambre si charmante, si parfumée par l'odeur des rosiers qui s'épanouissent sous ma fenêtre, que je me dis tout bas que j'y voudrais bien être, au lieu d'être ici. Mais, encore une fois, morbleu ! ne songeons plus à tout cela ; seulement, n'oubliez pas ma recommandation à propos de Thérèse.

— Soyez tranquille.

— Vous me le promettez ?

— Ai-je besoin de vous promettre une chose qui sera douce à mon cœur ?

— Ah ! fit le chevalier en pâlissant légèrement, nous voici arrivés, je crois. L'endroit me paraît, en effet, admirablement choisi. Décidément, le lieutenant Louville s'entend mieux à cela qu'à empoisonner les chiens ; n'est-ce pas Black ?

Les témoins s'arrêtèrent ; on tira de leurs fourreaux de serge les pistolets qui avaient donné le frisson au chevalier de la Graverie, et M. Chalier et l'un des témoins de Gratien commencèrent de les charger.

Pendant ce temps, Gratien fit signe à M. de la Graverie de se rapprocher du groupe des témoins ; puis, évitant de lever les yeux sur son frère :

— Messieurs, dit-il, j'ai été gravement insulté par M. de la Graverie ; l'honneur de l'uniforme que je porte exige une réparation ; cependant il y a entre lui et moi une telle disproportion d'âge, s'il veut seulement déclarer qu'il regrette d'avoir cédé à son emportement, bien qu'il soit un peu tard pour le faire, je me contenterai de ses excuses.

— Je vous ferai des excuses, monsieur, je vous les ferai à genoux, répondit le chevalier, je vous les ferai le front dans la poussière, et les larmes dans les yeux, si vous, à votre tour, vous voulez reconnaître les torts que vous vous êtes donnés vis-à-vis de Thérèse de la Graverie, ma fille, et les réparer en l'épousant.

— Allons donc ! fit le lieutenant Louville.

— Silence, monsieur ! dit Henri d'Elbène en saisissant vivement le bras du jeune homme, silence ! Votre intervention a été, jusqu'à cette heure, trop funeste à ces deux hommes pour que vous la continuiez ici, où elle est non-seulement dangereuse, mais encore inconvenante.

Puis, s'adressant à Gratien :

— Répondez, mon frère, lui dit-il ; à une interpellation

adressée à vous, c'est à vous de répondre, et non à un étranger.
— Je n'ai rien à répondre, fit Gratien.
— Songez-y !
— C'est justement parce ce que j'y songe, que je me tais. Si j'acceptais sur le terrain les conditions du chevalier, on dirait que j'ai eu peur.

Un salut poli mais définitif accompagna ces derniers mots, et le chevalier et Henri se retirèrent à l'écart.

Alors MM. Chalier et Louville mesurèrent trente pas que M. Chalier fit les plus larges possible, marquèrent d'une branche brisée les limites jusqu'auxquelles les deux adversaires pouvaient s'avancer, puis s'apprêtèrent à leur remettre les armes.

— Monsieur, dit Henri, vous affirmez sur votre honneur que les pistolets sont inconnus à l'adversaire de M. de la Graverie ?
— Sur l'honneur, répondirent les deux officiers.
L'un d'eux ajouta :
— C'est moi qui les ai loués chez Lepage.
— Sont-ils à double détente ? demanda Henri.
— Non, monsieur.
— Cela suffit, monsieur, dit Henri.

Les pistolets furent remis aux deux adversaires.

Ceux-ci allèrent prendre leurs places.

Black suivit le chevalier, et s'appuya contre lui ; le chevalier le pouvait sentir : il le remercia d'un coup d'œil reconnaissant.
— Allons, monsieur, dit Louville, renvoyez votre chien.
— Mon chien ne me quitte pas, monsieur, répondit le chevalier.
— Et si on le tue ?
— Ce ne sera pas la première fois qu'il aura couru chance de mort pour avoir été trop fidèle ; vous en savez quelque chose, monsieur Louville.

Puis, comme M. Chalier lui adressait quelques derniers avis :
— Ah ! lui dit tout bas le chevalier, vous ne savez pas quel singulier effet cela me fait d'avoir à tirer sur un homme : il me semble que jamais je ne saurai m'y décider.

En effet, le chevalier était très-pâle ; son pistolet vacillait dans sa main ; ses lèvres blêmes étaient agitées d'un petit tremblement convulsif ; de temps en temps, il se redressait et se secouait comme pour se débarrasser de l'émotion qui le gagnait malgré lui.

— Monsieur, dit le second témoin de Gratien en venant presser la main du chevalier, vous êtes un vrai brave, et vous avez dix fois plus de mérite qu'un autre à l'être.

Les témoins s'étaient déjà retirés lorsque Gratien, qui, depuis quelques minutes, paraissait en proie à une vive agitation, fit signe à son frère qu'il désirait lui parler.

Henri courut au jeune officier.

Celui-ci l'emmena à l'écart et lui dit quelques mots à l'oreille.

Henri semblait profondément ému de ce que lui disait son frère.

Lorsque celui-ci eut fini de parler, il le prit dans ses bras, le serra contre son cœur, et l'embrassa à plusieurs reprises.

Puis, le quittant, il alla s'asseoir à terre à la gauche du chevalier, tournant le dos au combat et la tête entre ses mains.

Louville demanda si les adversaires étaient prêts.
— Oui, répondirent ceux-ci d'une même voix.
— Attention ! dit Louville.
Et il compta :
— Une... deux... trois !

Selon la recommandation de M. Chalier, le chevalier de la Graverie, au mot trois, se porta rapidement en avant.

Gratien tira tandis qu'il marchait.

La balle du jeune homme perça le collet de l'habit du chevalier, mais sans même effleurer la peau.

Henri se retourna vivement ; il vit les deux adversaires debout, le canon du pistolet de Gratien fumait.

Il poussa un soupir et détourna les yeux.

Le chevalier, tout étourdi, était resté immobile à sa place.
— Mais tirez donc, monsieur ! tirez donc ! crièrent les témoins.

Sans se rendre probablement compte de ce qui en résulterait, le chevalier leva son arme qui pendait le long de sa cuisse, étendit le bras, et, faisant feu sans viser :

— A la volonté de Dieu ! dit-il.

Gratien tourna sur lui-même et tomba la face contre terre.

Henri se retourna et vit son frère étendu sur l'herbe.

Il jeta un cri, puis murmura :
— C'est véritablement le jugement de Dieu !

Tous coururent à lui.

Henri releva le blessé et le soutint dans ses bras.

Le chevalier, éperdu, sanglotait et demandait pardon à Dieu du meurtre qu'il venait de commettre.

La blessure était des plus graves.

Elle pénétrait dans la poitrine au-dessous de la sixième côte droite, et devait s'être perdue dans le poumon.

Le sang coulait à peine ; l'épanchement devait se faire en dedans.

Le blessé étouffait.

M. Chalier tira une lancette de sa poche et le saigna ; il avait, pendant ses longs voyages, appris à pratiquer cette opération, si nécessaire dans une foule de circonstances.

Le blessé fut soulagé et respira plus facilement.

Cependant une écume rougeâtre monta à ses lèvres.

On fit à la hâte un brancard et on le transporta au bateau.

Pendant ce temps, Henri, très-pâle, mais dominant son émotion, s'approcha du chevalier.

— Monsieur le chevalier, dit-il, au moment de commencer ce combat, auquel il ne voulait pas renoncer pour obéir à un préjugé que je déplore, mon frère m'a chargé, quelle que fût l'issue de ce duel, de vous demander de daigner lui accorder la main de mademoiselle Thérèse de la Graverie, votre fille.

A ces mots, le chevalier se jeta dans les bras du jeune homme, et, succombant à son émotion, il s'évanouit.

Lorsqu'il revint à lui, Henri, les témoins du blessé et le blessé s'étaient éloignés ; il était seul avec M. Chalier, qui lui frappait dans les mains, et Black, qui lui léchait le visage.

## XXXVII

**Lequel se gardera bien de finir autrement que ne finissent d'ordinaire les derniers chapitres de roman.**

Lorsque M. de la Graverie rentra à l'hôtel de Londres, on lui apprit que Thérèse était arrivée et l'attendait dans sa chambre.

L'émotion du chevalier était si forte, qu'il ne se sentit pas le courage d'annoncer à la jeune fille les événements qui venaient de modifier si profondément son existence.

Il mit M. Chalier au courant de ce qu'il y avait à dire, et le poussa dans la chambre, tandis que lui attendait derrière la porte.

Thérèse fut fort étonnée de voir entrer un étranger au lieu de M. de la Graverie ; mais M. Chalier se hâta de la rassurer ; d'ailleurs, Black, qui avait flairé sa jeune maîtresse, suivait le négociant et faisait toutes sortes de caresses à Thérèse.

Seulement, lorsque celle-ci apprit le danger auquel M. de la Graverie venait de s'exposer pour elle, elle s'écria, tout éperdue :
— Oh ! mon père ! mon bon père ! où donc êtes-vous ?

Le chevalier ne put résister à ce cri.

Il ouvrit la porte et se précipita dans les bras de la jeune fille, qu'il pressa contre son cœur en lui couvrant le front de baisers.

— Mordieu ! cordieu ! s'écria-t-il lorsqu'il se fut dégagé de cette étreinte, me voilà payé de tout ce que j'ai fait pour toi, mon enfant. Oh ! que c'est donc bon de se revoir et de s'embrasser, lorsqu'on a été si près d'être à jamais séparés. Non, ventrebleu ! il n'est rien sur terre qui vaille ce bonheur-là !

Puis, s'arrêtant tout à coup, comme effrayé de lui-même :
— Ah çà ! mais, ajouta-t-il, il est temps, ce me semble, que je rentre dans mon assiette ; depuis deux jours, je jure comme un païen ; ce qui ne m'était jamais arrivé même dans mes grandes colères contre Marianne. Sac à papier ! c'est maintenant que la bonne chanoinesse ne me reconnaîtrait plus !

— Cher père, dit Thérèse en embrassant de nouveau le chevalier, cher père, jamais dans mes rêves les plus ambitieux, je n'aurais osé souhaiter ce qui m'arrive aujourd'hui.

Puis, passant à un autre ordre d'idées :

— Hélas! dit-elle, ma pauvre mère est donc morte! Oh! nous en parlerons souvent, n'est-ce pas?

M. Chalier jeta un regard plein de compassion et d'anxiété sur le chevalier.

Mais celui-ci ne parut aucunement ému de la demande que lui adressait la jeune fille.

— Oh! bien certainement que nous en parlerons, répondit-il. Elle était si bonne, elle était si belle! tout ton portrait, mon enfant. Ah! si tu savais combien elle m'a rendu heureux dans ma jeunesse! quels charmants souvenirs elle m'a laissés d'un temps qui est bien loin de nous, mais qui reste toujours présent à mon cœur!

— Elle aussi a donc été bien malheureuse?

— Hélas! oui, chère petite. Que veux tu ! ajouta le chevalier avec un soupir, j'étais jeune et je n'ai pas toujours été raisonnable.

— Oh! c'est impossible, père! s'écria la jeune fille; et, si ma mère a été malheureuse, je jure bien que ce n'est point par vous.

— Savez-vous que c'est de l'or en barre que votre cœur? dit M. Chalier à l'oreille du chevalier de la Graverie.

— Bon! reprit celui-ci, mon cœur, mon cœur... je le lui en veux! S'il n'avait pas été si paresseux et si lâche, il y a huit ans que je dorloterais sur mes genoux ce ch r petit être-là. C'est cela qui doit être bon, mon ami, d'être embrassé par une fillette de neuf ans, toute blonde et toute rose!— Eh bien, voilà un bonheur dont mon égoïsme m'a sevré.

En ce moment, le garçon de l'hôtel entra, prévenant M. de la Graverie qu'un jeune homme, le même qui était déjà venu dès le matin, l'attendait sur le palier.

Le chevalier sortit vivement.

C'était Henri, en effet.

— Thérèse est là, lui dit M. de la Graverie. Voulez-vous la voir?

— Non, monsieur, répondit Henri. Cela ne serait convenable ni pour elle ni pour moi. Je n'assisterai pas même à la cérémonie. Mon père, auquel je viens de raconter tout ce qui s'est passé et qui a donné son consentement à cette réparation trop tardive, mon père représentera notre famille près de mon malheureux frère.

Mais Thérèse avait entendu une voix, et, avec cette perception extraordinaire que donnent les affections profondes, elle avait reconnu celle de Henri.

Avant que M. Chalier eût pu s'opposer à son dessein, avant qu'il eût pu même le soupçonner, elle ouvrit la porte, et, se jetant dans les bras du jeune homme :

— Oh! Henri! Henri! dit-elle, tu sais que ce n'est qu'à toi que j'ai cédé.

— Je sais tout, ma pauvre Thérèse, dit Henri.

— Oh! pourquoi m'as-tu abandonnée! murmura la jeune fille.

— Hélas! j'expie cruellement ma faiblesse, répondit Henri; mais soyons aussi grands que notre malheur, Thérèse. Dans quelques instants, vous serez ma sœur. Restons l'un et l'autre dignes des nouveaux liens qui vont nous unir. Laissez-moi me retirer.

— Ne m'abandonnez pas en ce moment, Henri, je vous en supplie! restez près de moi jusqu'à ce que de nouveaux serments nous aient séparés pour la seconde fois.

Henri, qui lui-même souffrait horriblement de quitter Thérèse, n'eut point la force de résister à sa prière, et se résigna à l'accompagner près de son frère.

Si douloureux que dût être le trajet, Gratien avait exigé qu'on le reconduisît à Paris.

On l'avait déposé à l'hôtel du faubourg Saint-Honoré.

Le chevalier, Thérèse, Henri et M. Chalier trouvèrent M. d'Elbène le père et les deux officiers qui avaient servi de témoins, auprès du lit du blessé.

Un chirurgien avait été appelé et lui donnait des soins.

Gratien était couché sur un lit de repos et maintenu par des coussins dans une position presque perpendiculaire, afin d'empêcher le sang de s'accumuler dans la poitrine.

Il était pâle, et cependant ses yeux avaient un calme et une sérénité qui jadis manquaient complètement à son regard.

Lorsqu'il vit entrer Thérèse, pâlie elle-même, et changée par sa grossesse, soutenue qu'elle était, d'un côté par Henri, de l'autre par le chevalier, Gratien tira lentement ses bras de dessous ses draps maculés de sang, et les joignit, comme pour demander pardon à la jeune fille.

Sa respiration était tellement oppressée, qu'il parlait avec la plus grande difficulté.

Au reste, ce fut le comte d'Elbène qui prit la parole :

— Mon fils a eu de grands torts envers vous, mademoiselle, dit-il ; il les expie justement, mais cruellement! Daignez lui pardonner et adoucir, par votre compassion, les derniers moments de mon pauvre enfant.

Thérèse se jeta à genoux près du lit de Gratien, prit dans ses mains les mains déjà glacées du moribond, et les pressa contre ses lèvres en sanglotant.

En sentant cette étreinte, Gratien se ranima et il essaya d'adresser à sa triste fiancée un sourire de remerciment.

En ce moment, l'officier de l'état-civil et les prêtres que l'on avait envoyé chercher entrèrent dans l'appartement.

Le premier procéda à l'union légale des deux époux.

Puis le prêtre et ses acolytes, ayant revêtu leurs habits sacerdotaux, commencèrent la cérémonie religieuse.

C'était un spectacle vraiment imposant que celui qui s'accomplissait dans cette chambre.

Partout l'appareil de la mort, des linges imprégnés de sang épars sur le tapis, une trousse et des instruments de chirurgie sur un meuble; assis dans des coins ou debout autour du lit, des hommes à visage pâle et consterné; au milieu de tout cela, le bruit des sanglots de Thérèse, interrompant la voix monotone du prêtre, qui psalmodiait les prières, et, par dessus tout, le sifflement strident de la respiration du blessé; enfin, la physionomie des deux époux, dont l'un était cette pauvre fille à peine remise de la terrible maladie à laquelle elle venait d'échapper, et qui, succombant sous son émotion, ne semblait vivre que pour conserver à l'existence l'enfant qu'elle portait dans son sein, et dont l'autre se fiançait à la mort en même temps qu'à la jeune femme, et devait avoir un cercueil pour lit nuptial ; tout cela, éclairé par la lueur vacillante de quelques cierges, formait un tableau des plus émouvants.

Lorsque le prêtre demanda à Gratien s'il consentait à prendre Thérèse pour épouse, Gratien prononça le oui si clair et si distinct, qu'on l'entendit à l'autre bout de l'appartement ; puis, appuyant sa tête sur ses mains, il sembla attendre avec anxiété que Thérèse répondît à la même question.

Au moment où l'officiant prononça les paroles qui consacraient devant Dieu l'union des deux époux, Gratien laissa retomber sa tête sur l'oreiller, sa main pressa doucement la main de Thérèse, que le prêtre avait mise dans la sienne; puis, cherchant des yeux M. de la Graverie, qui, agenouillé au pied du lit, priait avec ferveur :

— Êtes-vous content, monsieur? murmura-t-il d'une voix éteinte.

Mais le double effort qu'il avait fait pour répondre oui, et pour adresser cette question au chevalier, avait épuisé le blessé. Un mouvement convulsif l'agita ; ce qui restait de rouge sur ses joues et de flamme dans ses yeux s'effaça.

— Madame, dit le prêtre, si vous voulez recueillir le dernier soupir de votre mari, il est temps.

La jeune femme se précipita sur le corps de Gratien ; mais, avant que ses lèvres eussent touché les lèvres du blessé, l'âme avait quitté le corps.

Gratien avait rendu le dernier soupir.

Black, à qui personne ne songeait, fit entendre une longue et funèbre plainte, qui fit passer un frisson dans les veines de tous les assistants.

*⁂*

Le chevalier de la Graverie fut longtemps à se remettre de la terrible émotion que lui avaient causée, et cette catastrophe, et les circonstances qui l'avaient précédée.

D'autre soins, d'autres inquiétudes parvinrent seuls à l'en distraire.

Madame la baronne d'Elbène était devenue mère, et, pour un cœur aussi impressionnable que l'était celui du chevalier, le nouveau venu — car l'enfant se trouvait être un garçon — le nouveau venu n'était pas un médiocre sujet de tourment.

Il se préoccupait à la fois, et du choix de la nourrice, et des soins à donner à l'accouchée et à son enfant; et, comme si ce n'avait point été assez de ces soins, son imagination, qui tenait apparemment à rattraper le temps qu'elle avait passé dans l'engourdissement, lui faisait entrevoir tout à la fois le sevrage, l'enfance, l'adolescence et l'âge viril du bambin. Il songeait aux moyens qu'il emploierait pour préserver des dangers du monde ce pauvre petit être qui n'avait pas encore échappé à ceux de la dentition. Un jour, lorsque Thérèse fut rétablie, le chevalier insista pour qu'elle l'accompagnât dans sa promenade habituelle, interrompue par tant d'événements.

La baronne d'Elbène, qui ne savait rien refuser à un père si tendre et si prévenant, y consentit avec bonheur.

Le chevalier la conduisit au banc de la butte de la Courtille, sur lequel il avait l'habitude de s'asseoir tous les jours autrefois, en contemplant le paysage.

Il s'y plaça le premier, fit asseoir Thérèse à sa droite, la nourrice à sa gauche; puis, prenant Black entre ses genoux :

— Et dire, fit-il, que M. Chalier nie absolument que Dumesnil soit sous cette peau noire... Et cependant c'est lui qui a tout fait !

— Non, mon père, répondit la jeune femme en souriant, ce sont les morceaux de sucre que vous aviez laissés dans votre poche.

Le chevalier resta quelques instants silencieux, l'œil fixé sur les deux immenses flèches de la cathédrale, qui élevaient au milieu des nues leur croix de bronze et d'or :

— Au fait, s'écria-t-il en montrant le ciel, il est bien plus simple de croire que tout ce qui s'est passé est l'œuvre de Celui qui est là-haut... Mais, en tout cas, tu n'y as pas nui, mon pauvre Black !

Et, tout en baisant le nez de l'épagneul, il ajouta tout bas :

— Mon cher Dumesnil !

Pendant ce temps, les braves Chartrains qui promenaient leur désœuvrement sur les buttes, observaient le chevalier en disant :

— Voyez donc M. de la Graverie, il est radieux !

— Je crois bien ! son estomac devenait mauvais : les truffes ne passaient plus ; le homard ne passait plus ; il a trouvé juste à point un nouveau péché pour remplacer l'ancien...

— Oh ! pouvez-vous dire cela ! puisque l'on prétend que cette jeune femme est sa fille.

— Sa fille ! et vous croyez cela, vous ? Ah ! vous êtes bonne, ma chère ! Vous ne savez pas combien ils sont roués, ces vieux de l'ancien régime !

FIN.

CLICHY. — Impr. Maurice Loignon et Cie rue du Bac-d'Asnières, 12.

www.ingramcontent.com/pod-product-compliance
Lightning Source LLC
LaVergne TN
LVHW050626090426
835512LV00007B/686